"*El fuego de Josiah* es [...] mará, se inspirará y se conmove [...] poder de Dios expresados en la vi [...] ne en las visitaciones y revelacior [...] rán reveladas las dimensiones y [...] ̣s cielos".

—PATRICIA [...], escritora, presentadora de televisión y fundadora de *Patricia King Ministries*, www.patriciaking.com

"Dios, en su misterio y majestad, es capaz de verter su gloria sagrada en vasijas de barro. Sabemos que su gracia es suficiente, que incluso se magnifica en nuestra debilidad. Pero a veces, pareciera que el Señor hiciera un esfuerzo adicional por mostrar sus maravillas. Este es el caso de la vida del joven Josiah. Esta vasija pura y de gran valor posee un don poderoso del Espíritu Santo. Prepárese, porque los testimonios que aparecen en este sorprendente libro lo dejarán impactado, atónito y con ganas de conocer más de Dios".

—DR. JAMES W. GOLL, fundador de *God Encounters*, entrenador de *Life Language* y escritor renombrado

"Todas las familias tienen problemas. Este maravilloso libro nos ofrece nuevas esperanzas".

—DR. KEVIN LEMAN, autor del éxito de ventas del *New York Times, The Birth Order Book*

"¿Alguna vez se ha preguntado si Dios, el cielo y los ángeles realmente existen? Si es así, disfrutará leyendo *El fuego de Josiah,* una fascinante historia de la vida real sobre un niño autista. El mundo de la familia Cullen se estaba desmoronando, hasta que Josiah aprendió a comunicarse. Aunque el cuerpo físico de Josiah está limitado por el autismo, sus escritos han impactado al mundo. ¡Prepárese para encontrar señales y maravillas mientras recorre los caminos de Dios a través de los ojos y oídos de este joven mensajero!

—BRIAN Y CANDICE SIMMONS, del proyecto *The Passion Translation*

"¡Usted no puede perderse este magnífico libro! *El fuego de Josiah* es una historia de la vida real que trata sobre una familia que halló fe, esperanza y luz divina durante el extraordinario recorrido con su hijo autista. Este libro no es solo para familias con niños con necesidades especiales, es una historia maravillosa y fascinante que aumentará su deseo de acercarse a Dios y escuchar su voz, así como su deseo de conocer el cielo".

—CAROL KENT, aclamada oradora internacional y autora galardonada de *When I Lay My Isaac Down*

"*El fuego de Josiah* es uno de esos libros que no podemos parar de leer. Trata sobre una familia que enfrenta un gran reto, donde un pequeño niño lleva la batuta en un viaje hermoso y esperanzador hacia una nueva forma de vivir basada en la fe, el amor y la manera en que el universo debe funcionar (cuán distinto sería si pudiéramos ver el mundo como Josiah lo hace). Josiah es un poeta y profeta muy especial, y estoy seguro de que usted quedará rendido a sus pies, como me ocurrió a mí".

—SUSY FLORY, autora o coautora de once libros reseñados por el *New York Times*, entre los cuales se incluye el éxito en ventas *Thunder Dog*

"*El fuego de Josiah* me abrió un mundo totalmente nuevo, en el que he podido reflexionar sobre la forma en que Dios actúa y se comunica con quienes están prestos a escucharlo. Quedé totalmente atrapado con la historia, a veces a punto de llorar, y a veces a punto de reír. ¿Por qué 'a punto'? Porque lo que leía me impresionaba tanto que era casi imposible comenzar a llorar o reír. Este libro, majestuosamente escrito, renovará sus esperanzas. Es una historia que tenía que ser contada".

—MIKE SHREVE, pastor, evangelista, y autor de los éxitos de ventas *65 Promises From God for Your Child* y *In Search of the True Light*

"*El fuego de Josiah* es un soplo del cielo que ha sido liberado a través de un niño en la tierra. El increíble viaje sobrenatural de Josiah está lleno de encuentros transformadores con Dios y de visitaciones angélicas. Nuestro Padre escogió a Josiah como emisario para compartir revelaciones directamente desde su trono. Comparte muchas verdades sobre el cielo y la naturaleza del Dios trino. A través de las luchas de los padres de Josiah con su personalidad autística, Dios revela su amor y su preocupación por todas las personas, independientemente de las discapacidades o dificultades que tengan. Estas páginas, repletas de esperanza y amor, lo animarán a vivir de victoria en victoria".

—JOAN HUNTER, autora y evangelista,
www.joanhunter.org

El fuego de Josiah es revelador, convincente y conmovedor. Desde el principio lleva al lector por un viaje trepidante y fascinante junto a la familia Cullen. La verdad bíblica se hace expresión de alegría cuando descubrimos que el pequeño Josiah puede ver y oír en un Reino que no está disponible para la mayoría de nosotros. Esta es una de las historias de la vida real más inspiradoras que he conocido en mucho tiempo".

—KATHI MACIAS, oradora y autora galardonada de más de cincuenta libros, www.kathimacias.com

"Lo que este niño autista nos enseña sobre el cielo y la tierra es increíble y fascinante, pues levanta el velo que se interpone entre ambos mundos. Tahni Cullen nunca olvidará el diagnóstico que cambió a su familia para siempre, pero en medio de la tristeza, nació un milagro. Josiah le ha dado a su madre, y a todos nosotros, una vislumbre de ese lugar donde los que sufren pueden volver a sonreír. Cheryl Ricker, una extraordinaria narradora de historias de la vida real, es la coautora de este relato con toques sobrenaturales y un amor incomparable. Prepárese: *El fuego de Josiah* le atrapará con llamas sagradas desde la primera página".

—ANITA AGERS BROOKS, oradora motivacional, experta en traumas comunes, conferenciante internacional y autora galardonada de *Getting Through What You Can't Get Over*

"Vaya, *El fuego de Josiah* es sorprendente. Estoy totalmente asombrada. Es hermoso, absolutamente valioso, casi increíble. Pero creo con humildad y reverencia en un Dios que puede hacer cualquier cosa, con cualquier persona, en cualquier momento y de cualquier forma que Él considere adecuada. Pocos reciben dones tan especiales como este bello niño. No puedo si no quedarme extasiada ante el mismísimo

Dador de todo bien. La gloria sea para Dios. Él está haciendo grandes cosas a través de esta historia familiar, que es de lectura obligatoria".

—CHERI KEAGGY, artista consagrada, ganadora del Premio Dove, compositora, oradora, bloguera, www.cherikeaggy.com

"Me he dado cuenta de que aquellos individuos que son considerados *menos importantes* por la sociedad son los que Dios *más* usa. Y la adversidad muchas veces nos coloca en la escuela de aprendizaje de Dios. Josiah no es la excepción. Este destacado chico sufre de autismo, ¡pero el autismo no lo ha vencido! No hay límites para lo que Dios puede hacer con una vida totalmente rendida a Él. Este libro le ayudará a dar más de sí y a fortalecer su relación con Jesús. ¡Adquiera un ejemplar para usted y diez para regalar! Sus amigos se lo agradecerán".

—FRANK SHELTON, escritor, corresponsal de Fox News, representante de *My Hope with Billy Graham* y *The Franklin Graham Decision America Tour* en Washington D.C.

"Las Escrituras dicen que debemos ser como niños para poder entrar al Reino de los cielos. *El fuego de Josiah* es una historia de redención, esperanza y amor divino expresados a través de un pequeño niño autista que no puede hablar. El joven Josiah posee una profundidad espiritual que no es común en muchos adultos, así como un conocimiento del cielo que no está escrito en ningún libro. Esta obra también narra la historia del amor, perseverancia y sacrificio de una madre para que el mundo escuche las palabras que su hijo no puede vocalizar. Esta brillante lectura convierte una historia de la vida real en una vislumbre sorprendente e inspiradora de una mente prodigiosa y un Dios milagroso. Usted querrá leer este libro aunque no sepa nada sobre el autismo, pero con el anhelo de conocer más sobre el cielo".

—JANETH THOMPSON, fundadora de *Woman to Woman Mentoring*, oradora, editora independiente y autora de 18 libros, entre ellos *Forsaken God? Remembering the Goodness of God Our Culture Has Forgotten*

"¡*El fuego de Josiah* es una experiencia increíble! A través de un método de comunicación sorprendente e inusual, un joven con un grado profundo de autismo nos abre un mundo de asombrosa inteligencia, misteriosas reflexiones, y una vislumbre del cielo. Las descripciones de la actividad de los ángeles son extremadamente convincentes. Pero más allá de eso, le hará ver a Dios con otros ojos. Josiah lo dejará fascinado con sus increíbles experiencias en el cielo, que son tan reveladoras como revolucionarias. Muy pocos libros me han cautivado tanto, al punto de sacrificar sueño y tiempo. ¡Este libro lo hizo! Léalo, y se sentirá más dispuesto a participar gozosamente del cielo en la tierra".

—MARK HENDRICKSON, *Dwelling Place Ministries*, autor de *Supernatural Provision*

"¡Conmovedor! ¡Fascinante! Inspirador…difícil dejar de leerlo. ¡Recomiendo ampliamente *El fuego de Josiah*!"

—DR. JEFFREY SEIF, reconocido profesor de Estudios Bíblicos y Judíos de la Universidad Kings

"Como un periodista escéptico, he desarrollado la capacidad de distinguir un fraude a kilómetros de distancia. Créame, Josiah Cullen no es un fraude. Sin saber absolutamente nada sobre mí, escribió 23 detalles de mi vida que *nadie* pudo haber sabido jamás, como no fuera a través del Espíritu de Dios. Este niño autista de diez años, aun sin poder hablar, me dio un mensaje que cambió mi vida, reavivando mi interés en Jesús y las Escrituras. *El fuego de Josiah* es una experiencia transformadora de principio a fin, que me conmovió hasta las lágrimas".

—MAX DAVIS, autor de más de 30 libros, entre ellos *Dead Dog Like Me* y *When Jesus Was a Green-Eyed Brunette*

"Como la exterapista de ABA (Applied Behavior Analysis o Análisis Conductual Aplicado) de Josiah, he tenido el placer de presenciar su gran trabajo y coraje. Cuando logró comunicarse, Tahni y yo discutimos la validez de sus palabras y pude escribir con él muchas cartas sobre sus problemas, deseos y temores. Josiah es un ejemplo maravilloso de la existencia de un alma más allá de lo físico, y demuestra por qué es tan importante tratar y valorar a todos los niños por igual. Estos niños tienen habilidades que pueden transformar la vida de quienes estén abiertos a recibir sus mensajes. La voz de Josiah abre las puertas a la comprensión espiritual y me complace que lo comparta con el mundo".

—KIMBERLY ZESZUTEK, consejera y fundadora de *Filtering Light Counseling* en Portland, Oregón

"No podía parar de leerlo. *El fuego de Josiah* es una historia de esperanza y gozo en medio del dolor. Sus entretenidas y refrescantes relatos nos ayudan a tener una nueva perspectiva de la vida. Las experiencias de Josiah son increíbles. Su vida nos recuerda que ver la luz en medio de las tinieblas es una bendición, y que no debemos dejar que nuestro dolor y discapacidades nos impidan cumplir el destino que Dios nos trazó".

—DR. GERSHOM SIKAALA, autor de *You Shall Live* y *A New Dimension of Glory*, www.gershomsikaala.org

"Tengo el privilegio de conocer a Tahni Cullen personalmente. Es una mujer dedicada al estudio de la Palabra y la oración, que ama a Dios profundamente y que vive según sus creencias. Unas semanas después de conocerla, su hijo Josiah, de nueve años, me dio un poderoso mensaje relacionado con mi ministerio y el grupo con el cual trabajo a miles de millas de distancia. Las palabras de Josiah fueron tan increíblemente acertadas que no pude más que llorar y adorar a Dios, totalmente conmovida. Cada capítulo de *El fuego de Josiah* nos ayuda a entender mejor a un Dios personal y omnipresente que anhela comunicarse con nosotros, redimir nuestro dolor y llevarnos más cerca de su corazón".

—REV. RUTH TUTTLE CONARD, autora de *Designer Women: Made by God*

"Es imposible que cualquier niño, mucho menos un niño con autismo, pueda poseer un nivel de percepción tan notable. La verdad es que Josiah ha recibido un don directamente del Señor. Un don que crecerá, se transformará y enseñará a otros a ver y comprender los tesoros de Dios en los lugares profundos. Recomiendo ampliamente esta hermosa, transparente y cautivadora historia sobre una familia en problemas que halla una extraordinaria esperanza de la forma más sorprendente".

—PAUL RAPLEY, evangelista internacional de sanación,
www.paulrapley.com

"Durante los quince años que he conocido a la familia Cullen, he visto a Tahni, una amiga confiable y socia en el ministerio, responder en obediencia a Dios en las circunstancias más difíciles. Sé lo increíblemente difícil que fue para ella enfrentar los riesgos de compartir esta historia, pero a Tahni le importaba más lo que Dios pensara de ella que la opinión de los demás. Cada capítulo, lleno de la realidad del amor y la presencia de Dios, es una confirmación de que decirle a Dios que 'sí' siempre valdrá la pena".

—SUSAN LENNARTSON, ministra, autora, oradora, *coach*,
y una abuela en contacto con el autismo

"Esta historia de la vida real, conmovedora y hermosamente escrita, nos muestra lo que puede pasar cuando una familia común y corriente atraviesa circunstancias extraordinarias. *El fuego de Josiah* no solo posee un carácter y estilo particular, sino todos los elementos de una historia cautivante, que atrapa nuestro corazón desde el principio y no lo suelta".

—DENISE GEORGE, autora de 30 libros, profesora de
escritura no ficticia, www.bookwrittingbootcamp.org

"Una historia sorprendente e inspiradora sobre Josiah, mi nuevo chico favorito. ¡Este libro grita a los cuatro vientos que *nada es imposible para Dios*! Cuando lo adquiera, asegúrese de comprar un segundo ejemplar para alguien que esté teniendo problemas para confiar en Dios. Poco a poco se irá sorprendiendo ante el hecho de que Dios no solo tiene un plan detallado para usted y su familia, sino de que Él disfruta cumplir su plan en aquellos que tienen una fe imperfecta. Cuando lea este libro, proclamará igual que yo: '¿Existe algo demasiado difícil para nuestro Dios?'".

—STEVE SHULTZ, fundador de *The Elijah List*

El fuego de Josiah

TAHNI CULLEN
y Cheryl Ricker

CASA
CREACIÓN

La mayoría de los productos de Casa Creación están disponibles a un precio con descuento en cantidades de mayoreo para promociones de ventas, ofertas especiales, levantar fondos y atender necesidades educativas. Para más información, escriba a Casa Creación, 600 Rinehart Road, Lake Mary, Florida, 32746; o llame al teléfono (407) 333-7117 en Estados Unidos.

El fuego de Josiah por Tahni Cullen y Cheryl Ricker
Publicado por Casa Creación
Una compañía de Charisma Media
600 Rinehart Road
Lake Mary, Florida 32746
www.casacreacion.com

A menos que se indique lo contrario, el texto bíblico marcado (NVI) ha sido tomado de la Santa Biblia, Nueva Versión Internacional® NVI® copyright © 1999 por Bíblica, Inc.® Usada con permiso. Todos los derechos reservados mundialmente.

Traducido por: www.thecreativeme.net (tr.: Peggy Tovar, ed.: Ernesto Giménez).
Diseño de portada por: Garborg Design en GarborgDesign.com
Director de diseño: Justin Evans

This book was first published in the United States by BroadStreet Publishing, 2745 Chicory Road, Racine, WI 53403, with the title *Josiah's Fire*, copyright © 2016, by Josiah's fire. Translated by permission.

Library of Congress Control Number: 2017931023
ISBN: 978-1-62999-062-0
E-book: 978-1-62999-327-0

Impreso en los Estados Unidos de América
17 18 19 20 21 * 6 5 4 3 2 1

NOTA DE LA AUTORA

Cuando el pequeño Josiah pudo comunicarse milagrosamente a través de un iPad en el año 2012, escribió una hilera de palabras sin espacios ni puntuación, que fue guardada sin modificación alguna. Para fines de lectura, hemos añadido espacios y puntuación, e igualmente hemos corregido algunas faltas de ortografía. Por razones de espacio, también hemos omitido palabras y oraciones.

CONTENIDO

Prólogo

El fuego de Josiah

No tiene causa conocida. No tiene cura conocida. Es de por vida. El diagnóstico se repetía en mi cabeza como una sentencia a prisión, mientras nos dirigíamos a casa en nuestro Corolla. El viaje de cuarenta minutos en contra del fuerte viento, parecía un viaje al cementerio para enterrar nuestros sueños.

Cuando mi padre murió, sentí una tristeza profunda, pero fui capaz de superarlo. No me ocurría lo mismo con esta especie de muerte progresiva, que amenazaba con masacrarme con su tormento continuo.

Miré a Josiah, cuyos ojos azules, que una vez estuvieron llenos de vida, miraban inexpresivos hacia la nada. ¿A dónde se había ido? ¿A ese mismo lugar donde estaban presas sus palabras? Palabras tan anheladas como *mamá, papá, galleta, abejita.* ¿Alguna vez podré recordar ese sonido que salía de sus labios?

Joe y yo estábamos en completo silencio, mientras la bestia invisible del autismo burlonamente nos acosaba, como susurrándonos: "Convertiré su vida en un infierno. Independientemente de dónde vayan, allí estaré, en el asiento de atrás, con ustedes".

1

Lo estoy perdiendo

"Si pudiera hablar, nunca daría malas noticias".
—Josiah Cullen

18 de agosto de 2007

Cuando una bomba nuclear explota, nadie puede predecir el alcance de su destrucción. Jamás olvidaré el día en que descubrí que esto también es válido para las bombas de tipo emocional.

Joe y yo conversábamos en el comedor con los padres de él. El reloj marcaba los segundos, la salsa barbacoa resbalaba por los platos que estaban en el fregadero, y yo sonreía pensando en nuestro hijo de veintidós meses, que dormía plácidamente en la habitación al final del pasillo.

Los padres de Joe nos visitaban por segunda vez en las últimas dos semanas, esta vez para llevar su automóvil a las ciudades gemelas porque, aparentemente, aquí había una mayor variedad de repuestos para automóviles que en las tiendas de Dakota del Norte.

Frank se acomodó en su asiento y dijo con su acento neoyorquino: "No es fácil tocar este tema, pero necesitamos hablar algo con ustedes".

Me enderecé.

"Te escucho…".

"No queremos que se alarmen", aseguró.

Demasiado tarde. Ya mi mente había entrado en modo peligro. ¿Hablaban de Frank o Kathy? ¿Alguno de los dos estaba enfermo? ¿Qué estaba pasando?

Unas horas antes, el pastor Bob había hablado de tormentas. "O nos dirigimos a una, o estamos en medio de una, o estamos saliendo de una". Su mensaje me recordó a Joe, que había tenido un derrame cerebral hacía cuatro años. También recordé a mi padre, que había tenido un ataque cardíaco mortal cuatro años antes de esto último. Pero estos últimos cuatro años habían transcurrido para nosotros sin mayores sobresaltos. Dios nos había dado una hermosa casa en un vecindario agradable. Incluso teníamos guardería infantil en la misma calle y un compañero de juegos para nuestro hijo, un vecino que vivía en las cercanías.

Josiah. Qué gran regalo. Esa mañana, cuando estábamos en el estacionamiento de Kohl's, yo reía con ganas mientras él y Joe jugaban haciéndose ojitos en el retrovisor. Me encantaba la conexión que tenían; me sentía ansiosa de poder ver cómo aumentaría con el paso de los años.

La habitación quedó en silencio, mientras Frank carraspeaba.

"Josiah no se ve tan interesado en nosotros como antes. Mmm, ¿cómo puedo decirlo? Los niños pequeños normalmente son más interactivos".

Me quedé paralizada.

"¿Qué quieres decir?".

"Bueno, no quiero alarmarlos, pero escuchamos una entrevista radial por la NPR (National Public Radio) que hablaba sobre el autismo".

"¿El autismo?".

Enormes nubes llenaron mi mente, mientras la palabra se atoraba en mi garganta. ¿Qué estaba sugiriendo...que nuestro hijo tenía un problema?

"No estamos diciendo que sea eso. No tenemos idea. Pero hemos visto un par de cosas que nos han dejado preocupados".

Joe permaneció en calma.

"¿Qué tipo de cosas?".

"Bueno, la semana pasada, no le hizo ningún caso a su primo Keenan, como siempre hacía. Cuando Kathy y yo regresamos a casa, hablamos de su comportamiento cuando nos visitaron hace tres meses. Se quedó ensimismado viendo los patrones de la cerca metálica. Eso es todo".

Las nubes se oscurecieron más. Algunas imágenes aparecieron repentinamente en mi cabeza. El primo, la cerca, la mirada. Había leído artículos sobre el autismo y siempre respiraba aliviada, diciendo: *Gracias a Dios que no es el caso de mi hijo.*

"Solo pensamos que sería bueno que lo viera un doctor", dijo Kathy dijo con rostro pesaroso.

"Pero él ha alcanzado todas sus etapas", dije. "Aplaude, habla, señala con el dedo. Nadie ha mencionado nada sobre esto nunca, ni siquiera en la guardería".

Frank hizo un gesto con la mano.

"Probablemente no sea nada. Solo nos pareció conveniente decírtelo".

¿Probablemente no sea nada? ¿Cómo podía no ser nada la carga que estaban poniendo sobre mí? De solo pensarlo, sentía que nuestro mundo se rasgaba en mil pedazos. Justo en ese momento, una pieza del rompecabezas en particular me incomodaba.

El fin de semana anterior, había caminado con Josiah por el túnel de vidrio del acuario del Mall of America, y él había actuado de forma extraña. Aunque los tiburones y las mantarrayas nadaban por encima y alrededor de Josiah, él miraba hacia lo lejos, como si fueran invisibles. Como si no pudiera ver sus colores brillantes, sus ojos enormes y sus bocas redondeadas. Parecía como si mi hijo estuviera medio drogado.

Pobrecito, me dije. Mi pequeño acababa de terminar una segunda ronda de antibióticos para la conjuntivitis, que le había saltado de un ojo al otro.

Miré a mis suegros.

"Escuchen, si algo le pasa, definitivamente queremos saberlo. Gracias por preocuparse. Lo llevaré al doctor".

Al día siguiente, hicimos un esfuerzo en nuestro estado de ánimo para visitar el museo de los niños. Jugamos con bloques de madera e ilusiones ópticas. Externamente, lucíamos como todos los demás: una familia divertida y amorosa que pasaba tiempo junta. Pero internamente, se había desatado una tormenta.

Mientras Josiah corría de un lado al otro, trepándose y escondiéndose en el laberinto, mi mente no paraba. Otra pieza se sumaba al rompecabezas: Joey, el dulce chico pelirrojo encargado de la guardería de Josiah, me había comentado recientemente que Josiah le había estado halando el cabello a los demás niños. Yo me había olvidado del asunto, pensando que se trataba de otra etapa. Joey no pensaba que fuera algo grave, así que ¿por qué debía hacerlo yo? Pero el incidente, de repente, cobró un nuevo significado. ¿Y si significaba algo más?

Mis ojos se movían como imanes, pendiente de cualquier niña de cabello largo que pudiera ser víctima potencial de los rápidos deditos de Josiah.

¡Para!, me dije, *o te vas a volver loca con este exceso de aprensión.*

Esperaba que este paseo demostrara que mis suegros estaban equivocados y que Josiah volviera a ser el niño cariñoso que solía ser, pero hasta ahora eso no había ocurrido. Viéndolo a través de esta nueva y terrible perspectiva, no podía evitar analizar cada uno de sus movimientos. Una gran caja negra se había abierto y una multitud de posibilidades sombrías salían de ella atropelladamente.

¡Y faltaba tanto para la consulta médica de Josiah! El Dr. Roger siempre había calmado los temores de mi madre con sus consejos sabios y alentadores. Cuando Josiah se tardó para caminar, el doctor le hizo un examen exhaustivo y me aseguró que el niño estaba bien.

"Cada quien aprende a caminar a su ritmo" me dijo. "Los varones se tardan más, pero te digo algo: si Josiah no camina para cuando tenga 24 meses, *entonces* ya sería diferente".

Unas semanas después, algo conectó entre la cabeza y los pies de Josiah, y el pequeño recuperó el tiempo perdido, dejando mis preocupaciones en el polvo, muy atrás.

Cuando le conté al Dr. Roger sobre las observaciones recientes de mis suegros, me respondió con su calma usual.

"Josiah luce bien. No tengo ninguna preocupación real todavía. ¿Qué te parece si le damos otros seis meses y lo volvemos a examinar?".

"¿Y cuáles serían mis otras opciones?".

"Bueno, en realidad no creo que sea necesario, pero si eso te tranquiliza, ¿por qué no nos adelantamos y lo referimos al Courage Center para que le practiquen unos exámenes adicionales?".

Las siguientes tres semanas, Josiah empeoró rápidamente. Sus palabras comenzaron a desvanecerse en el aire, como humo. Esas palabras que habíamos practicado juntos. Esas palabras que habíamos celebrado, que habían traído su personalidad colorida a nuestro mundo. ¿A dónde se habían ido? ¿Por qué sus ojos de repente lucían tan huecos y vacíos, cómo si alguien le hubiera apagado la luz? Se apagaba y se encendía como un bombillo con una conexión floja. ¿Qué le ocurría a nuestro hijo?

Joe y yo nos encerramos en la casa todo el fin de semana del Día del Trabajo, enclaustrados en la más profunda tristeza. Josiah seguía encendiendo y apagando luces, encendiendo y apagando, encendiendo y apagando. También apretaba los botones de sus juguetes repetidamente. *Bip. bip, bip, bip.*

"Josiah, mira a mamá".

Le hice cosquillas con los dedos en la barriguita.

Nada.

Me cubrí la cabeza con una manta y me puse frente a él. Aún sin respuesta. Se quedaba con la mirada en blanco, mirando hacia un punto indefinido.

"Joe, ¡es como si nos lo hubieran secuestrado!".

No había suficientes pañuelos para mis lágrimas, así que enterré mi rostro en una toalla y lloré. ¿Cómo era posible que el doctor pudiera estar tan equivocado? ¿Por qué Dios permitía que le ocurriera esto a nuestro hijo?

Los exámenes de Josiah en el Courage Center se convirtieron en una terapia tres veces a la semana, pero aún no podían darnos una respuesta concreta. Tampoco la gente de Early Childhood Intervention, que venía a hacerle evaluaciones a nuestra casa.

La vida se convirtió en una prueba de equilibrio, mientras Joe y yo nos turnábamos para llevar a Josiah a la ciudad y de nuevo a la guardería. Después de cada consulta, salíamos disparados a nuestros trabajos, sin tener idea de cuando pararía este trajín desenfrenado. ¿Qué le ocurría a nuestro hijo?

A finales de septiembre, Aneta, una de las terapeutas más experimentadas de Josiah, nos dio un pequeño aliento de esperanza.

"En verdad no creo que Josiah tenga autismo", dijo.

Sentí que mi rostro se iluminó.

"¿De verdad?".

"De verdad. Él no presenta los síntomas clásicos. Creo que es buena idea mandarle a examinar la vista y los oídos. Tal vez sea otra cosa".

Los ojos y los oídos, por supuesto. ¿Por qué no habíamos pensado en eso? Obviamente la mala audición puede afectar la vida de una persona.

Con esperanzas renovadas, llevé a Josiah a un otorrinolaringólogo en Maplewood. Josiah se sentó en mi regazo en una habitación a prueba de ruidos, mientras pequeños fragmentos de sonidos leves eran canalizados a través de unos audífonos. Música, pitidos, susurros, soplos, sonidos de animales, silbidos agudos. Cada vez que escuchaba un sonido, se volvía en dirección a donde este provenía. Desafortunadamente, sus oídos estaban funcionando perfectamente.

El 4 de octubre, cuando celebrábamos su segundo cumpleaños, lo llevamos a Stillwater para realizarle un examen de la vista. Había un destello de esperanza, y me aferré a él como a un salvavidas.

Una chica delgada nos condujo a una habitación tranquila, y me convertí en la camisa de fuerza humana de Josiah, sujetando su inquieto cuerpecito. Cuando la chica le aplicó la solución dilatadora en los ojos, lloró, gritó y se agitó, todo a la vez.

Treinta minutos después, el doctor trató de llamar la atención de Josiah con una luz giratoria, mientras yo me protegía la cara lo mejor que podía de su cabeza enloquecida. El doctor puso su lupa frente a los ojos de Josiah para ver si sus pupilas enfocaban.

"Lamento tener que darle esta noticia, pero su hijo sufre de una fuerte miopía y necesita lentes".

Los ochocientos dólares que gastamos en dos diminutos pares de lentes nos dieron más esperanzas de la que habíamos tenido en semanas.

Apenas llegamos a casa, le colocamos los pequeños anteojos y lo enseñamos a mantenerlos puestos.

"¡Aquí vamos!".

Manteniendo sus manos a los lados, comencé a cantarle una canción. *"Había una vez un barco chiquitito…"*.

Lo hicimos durante diez segundos antes de que se los quitara.

"Buen trabajo, JoJo. Hagámoslo durante un poco más de tiempo la próxima vez. *Que no podía, que no podía, que no podía navegar…"*.

Le repetíamos esta canción día y noche, pero no nos miraba.

Después de una semana trabajando con él y los anteojos, dos de sus terapeutas nos sentaron, con el rostro serio.

"Nosotros también teníamos esperanzas" dijo uno de ellos "pero esto claramente es algo más que un problema de la vista".

Sentí que las fuerzas me abandonaron. Por supuesto que era así. Las lágrimas volvieron a anegarme.

"Mamá, lo estamos perdiendo", lloré al teléfono.

En los últimos años, mi madre había sido un pilar para mí. Una mujer de fe, que sabe exactamente qué decir y cuándo decirlo. Vivía a kilómetros de distancia pero, a juzgar por el grado de cercanía que teníamos, podía muy bien haber vivido frente a nuestra casa.

"Sé que es extremadamente difícil, cariño".

Contuve el llanto.

"No dice una palabra, no come casi nada y se despierta de madrugada con terribles pesadillas. Tiene los ojos abiertos, pero no puede salir de su ensoñación. Madre, esto es aterrador. Es un niño totalmente diferente".

"Lo superaremos, preciosa. Josiah es tu bebé, pero tú eres mi bebé y aquí estoy para ti. Vamos a orar".

Cuando papá falleció, fui yo quien reconfortó a mi madre cuando ella creía que no podría superarlo.

"Si, lo lograrás", le aseguré, "con la ayuda de Dios".

La llamaba durante el día para leer las Escrituras, llorar y orar. La abrazaba con mis palabras, que llegaban hasta ella como una mano que sostiene una pluma. Ahora era ella quien me consolaba en la fuerza de Dios.

"Padre, dale a Tahni y a Joe de tu paz y tu sabiduría. Revélale cualquier cosa que esté oculta. Muéstrales que hacer ahora. Mantén a mi nieto cerca de ti y cuídalo. En el nombre de Jesús, amén".

Después de colgar el teléfono, colapsé en la mesa de la cocina, donde todo había comenzado tres meses atrás. *Señor, ¿dónde estás?*

Asistí toda mi vida a una iglesia y una escuela bautista, incluso tuve experiencias con el Espíritu Santo. Había orado por protección para Josiah desde que estaba embarazada: *Señor, cubre a este niño o niña bajo tus alas. Haz que sea una luz para las naciones.*

¿Cómo podía ser una luz para las naciones, si tenía sus circuitos completamente apagados?

2

La peor pesadilla

"La prisión del autismo no es un picnic".
—Josiah Cullen

Octubre de 2007

Estaba en el sofá cubierta con una manta buscando los síntomas de Josiah en Google. *Por favor*, pensé, *cualquier cosa menos la palabra con A*. Pero seguía apareciendo, como las maléficas manzanas en las máquinas tragamonedas.

Pasé horas recorriendo páginas web, hasta que encontré un video comparativo entre un niño normal y uno autista. Me puse tensa al ver al terapeuta darle una vela a cada niño, un supuesto pastel de cumpleaños y plastilina. El niño normal colocó la vela en el pastel, mientras que el niño autista la puso sobre la plastilina.

"Los niños normales aprenden imitando", explicó el narrador. "Los niños con autismo no saben imitar o fingir. Sus neuronas espejo no funcionan, lo que impide tener habilidades sociales".

Los terapeutas les dieron a los niños un muñeco de Abelardo, una taza y una cuchara. El niño normal jugó a alimentar a Abelardo, mientras que el niño autista golpeó la bandeja con la cuchara.

Sentí que el corazón se me salía del pecho. Subí las escaleras corriendo, dejando atrás la cesta de ropa sucia, las fotos sonrientes en los portarretratos, el cuarto donde Josiah dormía, y me paré frente a Joe, que estaba viendo un juego de fútbol.

"Ey, ¡me estás tapando!", dijo tratando rodearme para ver el televisor.

"Joe, necesito enseñarte algo. Ya sé qué es lo que pasa con Josiah".

Me siguió en silencio. Bajamos las escaleras, y le mostré el video con la inequívoca comparación. Ni él ni yo pudimos negarlo. El niño con autismo actuaba exactamente como Josiah.

Joe no pudo disimular su tristeza, se acercó y me apretó contra su pecho. Cuando nos separamos, sus ojos estaban enrojecidos y húmedos. Me colocó un mechón de pelo detrás de la oreja.

"Nena, vamos a superar esto".

Su voz grave se quebró.

"Haremos lo que sea necesario para ayudar a nuestro hijo".

Joe comenzó a investigar sobre el autismo.

"Tengo una idea", dijo apartando sus ojos de la laptop. "Jason, el bloguero de deportes que sigo, tiene un hijo con autismo. Me pondré en contacto con él para pedirle orientación".

El amigo bloguero de Joe le recomendó poner a Josiah en terapia durante seis o siete horas al día. *Los primeros cinco años son los más críticos*, escribió. *Los niños con autismo tienen mayores posibilidades de mejorar si se les pone en el programa adecuado.*

Joe hizo unas llamadas y encontró un lugar llamado Partners in Excellence, una institución que ofrece terapia de análisis conductual aplicado a tiempo completo. Se apuntó para una visita.

"Esto será una aventura", le dije a Josiah.

Joe abrió la puerta del edificio y unos segundos después una mujer, de unos hermosos y cálidos ojos azules, nos extendió la mano.

"Hola, soy Keri, la directora. Por favor, pasen adelante".

Abrió varias puertas con la ayuda de una tarjeta hasta que llegamos a una habitación con un enorme trampolín y muchos estantes llenos de juguetes. Las estaciones de juego hacían ver el lugar como una especie de ciudad, con consultorio médico, cocina, tienda y escuela. Cada estación tenía contenedores plásticos y todos los tipos de disfraces que uno pueda imaginar

"Hacemos todo lo que podemos para estimular la imaginación del niño".

La dulce voz de Keri redujo mis niveles de estrés, pero todavía tenía que luchar contra las lágrimas. Habíamos soñado con visitar preescolares, no centros de terapia.

Dos terapeutas sonrientes se pararon junto a Josiah. Muy claros en lo que debían hacer, le dijeron amigablemente: "¿Estás listo para jugar?".

No podía creer que lo que vi a continuación. Josiah se alejó de nosotros y se fue con estos completos extraños, sin siquiera mirar atrás.

¿Dónde estaba el niño que hasta hace poco batallaba con problemas de ansiedad cuando se separaba de nosotros? ¿El niño que solía gritar "mamá, mamá" cada vez que lo dejábamos en la escuelita de la iglesia? Qué no habría dado por volver a escuchar esos gritos insistentes. Mi pequeño JoJo. ¿Me recordará? Cómo no podía yo esperar que tuviera problemas para irse con gente extraña si, al final, en su mente ya estaba a miles de millas de distancia.

Keri nos llevó por un pasillo y abrió una puerta.

"Este es nuestro salón de puentes. Es para los niños que se preparan para su transición al preescolar público el próximo año".

Sus bromas y su personalidad extrovertida me recordaban al Josiah de antes. Si los terapeutas de Partners podían ayudar a estos niños, tal vez también podían ayudar a mi Josiah. Incluso tal vez podría asistir a su clase algún día.

Keri cerró la puerta y comenzó nuestro recorrido por columpios terapéuticos, cositas divertidas que saltaban, y un sinuoso laberinto de cubículos.

"Cada uno de estos espacios pertenece a un niño", nos dijo. Cada cubículo tiene una mesita, dos sillas plásticas, un estante y un organizador con los objetos favoritos de cada uno. Los niños vienen aquí varias veces al día para los ejercicios".

Joe levantó una ceja.

"¿Ejercicios? ¿Qué tipo de ejercicios?".

"Diferentes cosas. En uno, utilizamos un sistema de recompensas. El niño combina cosas para obtener una recompensa, combina y clasifica cosas para obtener una recompensa. Incluso funciona para lavarse las manos. Se mojan las manos por una recompensa, hacen espuma por una recompensa y se enjuagan por una recompensa".

A mí sinceramente esto me sonaba más como una academia para entrenar perros. Reducir las tareas más básicas a los pasos ritualistas más pequeños.

Keri me tocó el hombro.

"Ustedes tienen la ventaja de que lo están trayendo bien pequeño. Un niño de menos de dos años sería el más pequeño del grupo, pero nos dedicaremos a él y le daremos toda la ayuda adicional que necesite".

Por la cara de Joe, podía decir que ella lo había convencido.

"¿Cuándo puede comenzar?", pregunté.

"Apenas tenga un diagnóstico médico oficial para el seguro".

Joe recorría la sala de un lado a otro.

"Hay un problema", dijo. "Llamé al Centro Alexander, a la Universidad de Minnesota y al Hospital de Niños. Todos tienen una lista de espera de entre cuatro meses y un año".

"¿Qué podemos hacer?", le pregunté.

"Bueno, me anoté con el Centro Alexander porque tenían la lista más corta, pero creo que necesitamos un plan B".

En esos días encontré un psicólogo calificado que aceptó venir a casa, observar a Josiah y hacerle el informe oficial.

El psicólogo, de cabello canoso, se puso cómodo. Parecía salido de un libro de historia. Comenzó a examinar a Josiah usando unos pequeños triángulos y automóviles de juguete como teletransportados de los años cincuenta.

Al final de nuestra visita, me hizo llenar un formulario tan grueso que parecía un examen de aptitud académica. Incluso necesité un lápiz número 2 para rellenar los círculos.

Cuando el costoso informe finalmente llegó por correo, abrí el sobre con cuidado, sabiendo que esas planillas podrían ser más perjudiciales para el futuro de Josiah que una carta de rechazo de la universidad.

La leí ansiosamente, pero cuando llegué a la última línea, me quedé paralizada: "No se ha determinado una enfermedad dentro del espectro del autismo".

Llamé al psicólogo con voz temblorosa.

"Mi hijo necesita ayuda cuanto antes y la única forma de poderlo recluir en el centro que escogimos es que usted le dé un diagnóstico oficial. Usted dice que no presenta *todos* los síntomas, pero usted vio con sus propios ojos que presenta la mayoría de ellos. *Por favor*, reconsidere el diagnóstico y diga que mi hijo tiene autismo".

"Es cierto", dijo. "Lo haré".

En ese momento fue como que exhalé todo mi estrés.

Josiah comenzó en Partners con buen pie, lo cual despertó en nosotros una avalancha de sueños y posibilidades.

"¡Qué niño tan dulce!", dijo Kim, una amable terapeuta de poco más de veinte años. "Descubriremos qué le gusta y avanzaremos a partir de allí".

Los terapeutas se dieron cuenta rápidamente de que le gustaba la música. Cuando Joe y yo lo visitamos, los escuchamos cantando *"Take Me Out to the Ball Game"* y *"The Wheels on the Bus"*. Esperábamos la hora de visita junto al personal de Pod 10 y nos hicimos amigos de los padres de los compañeros de Josiah. Como nuestros viejos amigos ya no sabían cómo relacionarse con nosotros, esto fue un gran alivio.

Kim sonreía cada vez que mencionaba los avances de Josiah. Le encantaba mi hijo y a mí me encantaba la relación que tenían.

En las reuniones y entrenamientos con los padres, los terapeutas nos contaban cuán arduamente trabajaba Josiah. Esto solo podía significar una cosa: estábamos en el camino correcto y pronto veríamos resultados.

Después de estar un mes en Partners, nos llamaron del Centro Alexander para avisarnos que tenían una vacante para una evaluación oficial de Josiah. Ya nosotros teníamos un diagnóstico oficial de un psicólogo, pero necesitábamos más opiniones y certeza profesional. Un análisis detallado explicaría la gravedad del autismo de Josiah, y los doctores nos darían recomendaciones médicas sobre qué esperar en el futuro.

Durante dos largos días visitamos doctores, especialistas del habla, terapeutas ocupacionales y especialistas en desarrollo infantil. Había más profesionales con batas blancas que ángeles en un acto de Navidad.

Joe y yo nos sentamos junto a nuestro hijo de dos años y llenamos una gran cantidad de papeles. En los descansos, le dábamos gracias a Dios por los reproductores portátiles de DVD y por amigos como Tanya, que se ganó el título de "héroe del año" por cuidar de Josiah y ver una y otra vez sus interminables videos de *Praise Baby*.

Al final del segundo día, nos llamaron a la sala de juntas para darnos sus conclusiones. Cinco doctores se sentaron alrededor de la mesa, mientras yo trataba de ignorar la caja de Kleenex que estaba en el centro de la misma.

Los psicólogos pediátricos se aclararon la garganta y nos dieron una carpeta azul con cuatro palabras escritas con letras grandes en el frente: "Trastornos del espectro autista". El diagnóstico de mi hijo resumido en una etiqueta grande y fea. Sentí la garganta seca mientras la abría.

Se turnaron para darnos los detalles de la evaluación de Josiah, Sus habilidades eran tristemente escasas. Vi en el reporte que algunos niños de la edad de Josiah podían dominar ciertas habilidades que él no dominaba en absoluto. En algunas evaluaciones, tenía la habilidad de un niño de nueve meses. Tenía deficiencias y carencias importantes en casi todas las categorías de aprendizaje.

Cada vez que los hombres de blanco hablaban de otra deficiencia, sentía que le arrancaban otro trozo a mis esperanzas. Esto era peor que sacar las peores calificaciones en la universidad. Ver la falta de habilidades de tu hijo, un niño que antes era normal, era como recibir una golpiza.

Joe los miraba directo a los ojos.

"Sabemos que tiene retrasos, pero ¿cuán grave creen ustedes que será su autismo?".

Sus rostros eran austeros cuando uno de los doctores habló.

"Es demasiado pronto para hacer este tipo de predicciones, pero es bueno que comiencen a tratarlo temprano".

Tomé aire.

"¿Es todo lo que pueden decirnos?".

Un doctor barbudo sacudió la cabeza.

"Lo único que podemos decir del autismo es que no tiene causa conocida, no tiene cura conocida y es de por vida".

Sus palabras fueron como una sentencia a prisión en una corte.

"¿No hay nada más que podamos hacer? ¿Algo como una alimentación especial, o medicina alternativa? He investigado un poco sobre las dietas sin lácteos ni gluten. ¿Qué opinan del tratamiento biomédico?".

El doctor suspiró.

"Esas ya son creencias populares. Yo no le voy a decir cómo

gastar su dinero, pero esos hallazgos son solamente anecdóticos o experienciales. Hay padres que reportan los mismos resultados con placebos. Si fuera usted, no malgastaría mi dinero en nada de eso. Con mantenerlo en Partners es suficiente".

Los demás doctores asentían mientras el que había hablado cruzaba los brazos como si fuera el héroe del grupo.

Cuando llegué al automóvil y me senté al lado de Joe, colapsé. Noté que en la parte externa de la carpeta que me habían dado había un folleto pegado. Lo desprendí. ¿Qué? ¿Pulseras de identificación para los niños autistas? Es decir, ¿hay peligro de que los niños se escapen y los ubican con un brazalete especial? Tiré el folleto al piso y lo pisoteé. Si lo que los doctores decían era cierto, necesitaríamos algo más que un brazalete para traer a mi hijo de vuelta.

Joe me tomó de la mano mientras nos dirigíamos a la casa, en silencio. Miré a Josiah, cuya respiración se hacía más lenta a medida que se iba quedando dormido.

Mi hermoso bebé. Con qué gusto cambiaría de lugar contigo...

Sus ojos se movían de un lado al otro detrás de sus párpados. ¿A dónde iba, debajo de esos dos hermosos pozos azul transparente que solían brillar cada vez que nos veía? Después de la siesta, yo besaba sus mejillas gorditas y le decía: "Es hora de jugar, mi dulce bebé". Ahora cuando se despierta, nos lleva a un mundo completamente diferente.

El viento golpeaba contra nuestro Corolla, y el viaje de cuarenta minutos se sentía como un viaje al cementerio para enterrar nuestros sueños.

Me acordé de cuando mi padre había muerto. Acababa de comerse la comida que mamá le había preparado, se sentó junto a ella en el sofá, la rodeó con el brazo y le dijo: "Creo que debemos llamar al doctor".

Mi mamá se levantó por un segundo, y cuando regresó lo encontró desmayado en el suelo. Murió unos minutos después, dentro de la ambulancia, rápida e inesperadamente.

Lloré muchísimo su muerte, pero cuando era el momento, continué con mi vida. Esta bestia llamada autismo, sin embargo, amenazaba con atormentarme indefinidamente. "Convertiré sus vidas en un infierno", me susurraba. "Independientemente de dónde vayan, allí estaré, en el asiento de atrás, con ustedes".

¿Era esta muerte infinita mi nueva realidad?

No viviría las graduaciones de mi hijo, ni jamás le enseñaría a conducir. También debía olvidarme de conocer a su futura esposa. Y por supuesto de tener nietos.

Mirando hacia el futuro, solo podía ver una pérdida tras otra, incertidumbre en todas partes, y un hijo que estaría ajeno a todo eso.

3

Comienza la carrera

"Hablar es difícil para mí. Los hombres deben hablar".
—Josiah Cullen

Enero de 2008

Joe y yo entramos en una cafetería cerca de Partners como dos almas que se ahogan y tratan de salvarse mutuamente.

"Lo lograremos, Tahni. Estamos haciendo todo lo posible".

El amigo bloguero de Joe tenía razón sobre la importancia de actuar en los primeros cinco años, pero ese lapso de tiempo tan corto solo hacía que el fantasma del tiempo nos acechara con mayor intensidad.

"Lamento que hayas tenido una mañana difícil con el fiasco de las muestra de orina de Josiah".

Él conocía mi rutina. Antes de dormir, debía llevar al niño a la cama, amarrarle una gruesa esponja en los genitales y conectarle la bolsa para orinar del pañal. Al amanecer, debía despertarlo para limpiar todo. El doctor dijo que la prueba de orina nos diría si su cuerpo contenía contaminantes químicos, virales o ambientales que pudieran causar inflamaciones o enfermedades crónicas.

Pero esta mañana Josiah lo había hecho otra vez. Josiah había movido y retorcido su cuerpo de tal manera que derramó toda la orina dentro del pañal, precisamente donde no debía caer. Esto significaba que yo tenía la divertida tarea de extraer hasta la última gota de la esponja, solo para descubrir que la cantidad no alcanzaba la línea mágica en el recipiente, lo cual significaba que toda la prueba había sido un fracaso.

"Siempre hay un mañana", le dije a Joe con fingido entusiasmo. "Si completamos el kit, terminaremos con esto. Colocamos la muestra en un sobre, pagamos los setenta dólares, y la enviamos a Francia. Aún no entiendo por qué sus laboratorios son mejores que los nuestros, pero bueno".

Joe soltó una risa apagada.

"Sabes lo que pienso, cariño. Necesitamos más 'drama' en nuestras vidas".

Ahora fui yo quien rió. Joe y yo habíamos vivido en medio del drama desde que estábamos en la universidad. Nuestro interés común en la actuación nos había llevado a trabajar en el Fuerte Abraham Lincoln, donde interpretábamos personajes históricos durante los recorridos. Joe se vestía de soldado y yo de lavandera del ejército. Nuestros mundos convergían y giraban en torno al drama y las comunicaciones. Lo más extraño es que aún era así. Solo que ahora nuestro drama giraba en torno a nuestro hijo, que *no* podía comunicarse.

Terminé lo que quedaba de mi rosquilla y la leche, dos alimentos que Josiah no podía comer, debido a que los niños con autismo sufren mucho de problemas digestivos. Según el especialista DAN (de Venciendo al Autismo Ahora, por sus siglas en inglés) de Josiah, su sistema inmunológico estaba afectado. El doctor quería desintoxicarlo y rescatarlo de esos pequeños terroristas celulares.

Le dimos cúrcuma, calcio, zinc, aceite de pescado, vitamina D_3, extracto de hoja de olivo y más. Cualquier cosa que nos dijeran la metíamos en la licuadora para prepararle una bebida. "Tómatelo JoJo. Te hará bien".

Era bueno para él, pero terrible para nuestra cuenta bancaria. Los especialistas DAN no estaban cubiertos por el seguro, así que los tratamientos y las consultas de Josiah nos costaban entre seiscientos y ochocientos dólares al mes. No era nada fácil con nuestro presupuesto limitado. Desgraciadamente, los tratamientos no funcionaron tan bien como esperábamos, así que el doctor DAN nos sugirió que consultáramos con un médico que le prescribiera inyecciones de vitamina B_{12}.

Nunca olvidaré el día cuándo, de pie en la cocina con una jeringa en la mano, miré a Joe con desamparo.

"No sé si podré hacer esto sin antes practicar".

"Puedes practicar conmigo", se ofreció él.

Reí.

"Seguro, buena idea".

"Espera. Estaba bromeando".

"Pero yo no".

Me lanzó una mirada cansada y se frotó la nuca.

"Es una mala idea, créeme".

"Escucha, Joe. Si un niño de tres años puede aguantarlo, estoy segura de que eres lo suficientemente mayor para aguantarlo también".

Me miró como un niño en su primera consulta odontológica.

"Mmm…¿Y si nos olvidamos de que dije algo?".

"Demasiado tarde. Ya te comprometiste".

Lo perseguí hasta el dormitorio.

"Está bien" dijo, jadeante. "Salgamos de esto".

Apreté la jeringa.

"Recuerda, lo estás haciendo por JoJo. Así que inclínate y muéstrame tu nalga".

Él apretó los dientes.

"¿Estás segura de que no quieres practicar con un peluche?".

"No, ellos no sienten dolor. Aguanta".

"¡Ay!".

"¿Estás bien?".

Respiró aliviado.

"Ja. En realidad, casi no lo sentí".

Le di un beso.

"Lo siento, no tengo chupetas. Pero gracias".

Armada de una confianza renovada, entré calladamente a la habitación de Josiah y me paré en la puerta. Por supuesto, él no me vio. Tomándolo en mis brazos, lo llevé hasta la mesa de cambiar pañales y lo acosté boca abajo.

"JoJo, hemos encontrado otra manera de darte las vitaminas. Es solamente un pellizquito. ¿Estás listo?".

Lo hice tan rápido que ni siquiera se movió.

Lamentablemente, eso tampoco funcionó.

El método biomédico había sido solamente ensayo y error desde el primer día. La dieta apenas mejoró sus lagunas mentales y sus heces blandas. No ayudó en lo absoluto con su habla. Lo mismo ocurrió con las inyecciones de vitamina B_{12}. El breve lapso de cinco años solo lograba que las oscuras sombras de mis propias lagunas mentales crecieran sin parar.

El dolor me seguía donde quiera que iba, incluso a Target. Mientras hacía fila, una pequeña me hacía ojitos para llamar mi atención y lo logró.

"Tengo así", me dijo mostrándome cuatro dedos. "En mi cumpleaños, mi mamá me regaló una muñeca con el pelo muy largo, pero no se lo puedo cortar porque se vería fea".

Qué criatura tan fascinante, me dije. *Tan llena de vida.*

"Yo juego a que soy su nana", dijo. "Y cuando la acuesto a dormir, siempre me aseguro de que diga sus oraciones, porque le da miedo la oscuridad".

Su madre la atrajo hacia ella.

"Esta niña, es muy conversadora", me dijo.

Yo le sonreí, conteniendo las lágrimas.

Con el paso de los días, devoraba cualquier libro, video y artículo que pudiera encontrar sobre el autismo. Descubrí que una personalidad de la televisión que tenía un hijo autista utilizaba una cámara hiperbárica de oxígeno. A estas alturas, yo era capaz de intentar cualquier cosa y como una de nuestras doctoras de biomedicina acababa de adquirir una cámara hiperbárica inflable para su consultorio, me quedé observando el largo tubo inflado en mi próxima visita.

"Vaya, es pequeña", dije. "¿Cabemos mi hijo y yo en ella?".

"Sí, incluso pueden ver un video o leer un libro", nos aseguró ella.

"¿Puedo entrar?".

"Adelante".

Abrió el cierre de la cápsula y me incliné para entrar en el tubo, que era una mezcla de una cama autobronceadora y un ataúd. Funcionaría perfectamente para una película de terror porque aborda tres fobias a la vez: al encierro en lugares pequeños, a los ruidos fuertes y el miedo a ser enterrado vivo.

Reflexioné en la idea de la cámara durante semanas. Un día en Partners, cuando me encontraba pensando en Kim, la terapista favorita de Josiah que se había ido para continuar estudiando, conversé con Jeni, la madre de uno de los compañeros de Josiah.

"Recientemente rentamos una máquina inflable para Ben", me dijo. "La colocamos en la cocina. Vivimos en Wisconsin, pero si deseas puedes venir con Josiah a probarla y ver si le gusta, antes de hacer ese gasto tan grande de dinero".

Así que aceptamos el ofrecimiento de Jeni. Cuando Josiah se acostumbró, hablé con Joe, y decidimos buscar un consultorio con un modelo rígido. El gasto de tiempo y dinero sería enorme, pero por la posibilidad de ayudar a Josiah a reencontrar sus palabras, valdría la pena.

Cuando llegamos para la primera inmersión, el técnico se inclinó a la altura de Josiah.

"Muy bien, hombrecito, necesitamos medir tu cuello para poder colocarte una de estas refinadas capuchas de oxígeno. Las llenaremos de oxígeno puro y lucirás como un astronauta".

Uno de los auxiliares subió con nosotros. Cuando cubrió la cabeza de Josiah con la capucha, traté de sostenerla. ¿Cómo iba a estar Josiah con esa cosa en la cabeza durante una hora completa? Si se la quitaba, el tratamiento se arruinaría.

"Vamos a abrocharte el cinturón", dijo.

Comencé a cantar: "Todos vivimos en un submarino azul, un submarino azul, un submarino azul...".

El asistente señaló dos agujeros a un lado del tubo.

"Por estos agujeros puedes ver videos".

"¿Oíste eso, JoJo? Videos".

Oraba mientras encendían la máquina y no podía creerlo. Dos minutos después, Josiah se quedó dormido. Su cabeza estaba encerrada en la capucha de plástico, se quedó colgando a un lado, mientras la baba salía de su boca.

Finalmente, la maquina hizo su último ruido y yo solté un suspiro de alivio. Habíamos logrado una inmersión, faltaban treinta y nueve. Por lo que había leído, la mejora podía ser inmediata, pero algunas personas tardaban hasta más de veinte inmersiones para ver algún resultado.

En la sesión número treinta, nos empezamos a preocupar. Yo estaba buscando la menor chispa de progreso. Josiah dormía un poco mejor y parecía que nos veía un poco más, pero ¿por qué no hablaba? ¿Dónde estaba el "mamá, mamá"?

Espera, me dije. *Todavía faltan diez tratamientos. Eso significa que hay diez oportunidades más de oxigenar esas células y regenerar los caminos de sanación.*

Cuando llegó nuestro último tratamiento y salió de él sin pronunciar una palabra, el doctor me miró. "¿Le gustaría intentar cuarenta inmersiones más?".

Salí abatida y derrotada. Habíamos agotado todos los recursos para llegar a este callejón sin salida y ya no teníamos nada más que dar, nada más que hacer. Definitivamente, necesitábamos un milagro.

Una noche, me dolía la espalda y no podía dormir, así que me puse a hojear el diario de bebé de Josiah. Comencé a leer:

4 de febrero de 2006

Josiah, ya sabes muchas palabras. Mami, papi, jugo, queso, no-no, llo-llo (para pollo), JoJo, banana, galleta, abejita, zumbido, bien, sí y caballo.

Te encantan los libros, especialmente aquellos donde aparezcan bananas, queso y pollos.

Fuimos al centro comercial hace un par de semanas y rentamos un cochecito. Tenía un volante, así que tenías una mano sobre el volante y el otro brazo descansando a un lado. Te creías de lo más guapo. Te portaste muy bien todo el tiempo.

La abuela y el abuelo nos visitaron unos días antes de su viaje a Hawái. Tú los viste y les diste muchos abrazos. Te divertiste mucho enseñándoles todos tus trucos.

Ya estas tarareando tus propias melodías.

¡Te amo, mi pequeño ángel!

Sé que no serás un bebé durante mucho tiempo, así que estoy saboreando cada abrazo, cada apurruño y cada caricia.

Bajé las luces y apreté el diario contra mi pecho. Ni siquiera traté de contener las lágrimas.

Señor, ¿por qué no viniste en mi ayuda durante todos estos tratamientos? ¿Cómo puedes permitir que esto ocurra? Si estás allí, necesito sentirte otra vez. Por favor, te lo suplico.

4

Sentir a Dios

"Las millas te hacen feliz en las cosas pequeñas, para
hacerte amigo de las más grandes aventuras".
—Josiah Cullen

Agosto de 2008

Llegué cansada hasta la cama desordenada y colapsé como una muñeca de trapo. El autismo me había agotado y sentía que Dios estaba a millas de distancia. El sueño me reclamaba y yo ansiaba escapar de este solitario agotamiento.

Joe estaba afuera haciendo diligencias y Josiah dormía en el sofá, después de pasar otra noche sin dormir, así que aproveché esa oportunidad de oro. Respirando pesadamente, me lancé en una piscina de sueños.

Me desperté de golpe.

Mi nariz se contraía y mi corazón latía rápidamente. ¿Qué era ese olor? Una fragancia increíble, cautivadora y deliciosa.

Miré mi reloj. Qué raro. No eran ni las cuatro de la tarde. Había dormido menos de media hora. ¿Qué tipo de olor podía despertarme así? ¿De dónde había venido y como podía llenarme de tanto gozo?

¿Era vainilla incinerada? ¿Canela? ¿Crème brulée? Mi mente trataba de identificarlo mientras caminaba alrededor de la habitación como un sabueso, oliendo y mirando, dispuesta a descubrir de dónde provenía. ¿Provenía de mi almohada? No. ¿De mis sábanas? No. ¿De mi cabello? No, tampoco.

Me dirigí a la ventana y chequeé la rendija de la secadora del vecino, pero no, no había ni el más mínimo rastro de vapor. ¿Me estaba volviendo loca?

Me dirigí a la sala. No había ningún olor allí. Regresé rápidamente a mi cama y durante veinte minutos estuve disfrutando de ese delicioso aroma hasta que se desvaneció.

Un momento. ¿No había experimentado mi madre algo parecido cuando mi padre murió? Mi madre estaba visitando a mi hermano en Arizona, cuando se despertó en medio de un aroma intenso. Ella lo había llamado la fragancia del Señor.

Me apresuré a la cocina, tomé mi laptop y busqué en Google *presencia del Señor, olor de vainilla y canela.* Mis ojos se abrían mientras bajaba el cursor por las páginas de internet que hablaban de otras personas que habían experimentado este fenómeno.

Quedé atónita. Había estado atrapada en un círculo vicioso de horribles pensamientos antes de que la fragancia apareciera. Pensaba que Dios me había abandonado. Pero, ¿esto? ¿Realmente Él me había mostrado una manifestación sobrenatural en la forma de una experiencia sensorial? Sí, yo creía que sí. Al inundarme con la riqueza de su presencia, me recordaba que no se había olvidado de mí. Había caminado por mi habitación y me había ayudado a sentirlo tan cerca como el aire que respiraba. A causa de todo el sufrimiento, había endurecido mi corazón, pero Dios entró en él para mostrarme que nunca me había abandonado. Él no era el que se había ido, y ahora yo sabía con certeza que nunca lo haría.

La fragancia había desaparecido, pero la potente verdad de la presencia de Dios continuaba allí, otorgándome paz y calma.

Gracias, Señor, por llegar a mi espacio oscuro cuando no podía sentirte. Gracias por avivar la llama de mi fe y despertarme con la seguridad de tu presencia.

Febrero de 2010

Durante dos largos años, Joe y yo intentamos varios tratamientos para nuestro hijo, ahora de cuatro años. Pero nada logró ni la más mínima mejora en los retrasos que sufría.

Después de experimentar la fragancia del Señor, sin embargo, estudié la Biblia con intensidad renovada. Para ayudarme a hacerlo, Dios me condujo a Michele, una dama de la iglesia que tenía un hijo autista. Gravitamos la una hacia la otra como mariposas nocturnas que buscan la luz.

Un día helado, llegué a casa de Michele.

"¿A que no adivinas? ¡Encontré en la internet un video sobre una mujer cuyo hijo fue sanado milagrosamente del autismo!".

Ella se emocionó.

"Tengo que ver eso".

"La mujer asiste a una iglesia grande en Redding, California", le dije. "Vi el sermón de su pastor en YouTube y me hizo llorar. Él mostró en las Escrituras que Dios quiere sanar a los enfermos, levantar a los muertos, expulsar a los demonios y limpiar a los leprosos. Él dice que no debemos inventar teologías o excusas sobre por qué la gente no es sanada, porque Jesús, por medio de sus acciones, ya es nuestra teología perfecta".

"Oh, te refieres a la iglesia Bethel. Me encantan sus canciones de adoración. Me pregunto si dan conferencias o algo. Deberíamos averiguar".

Me reí.

"Sí, y hacer un viaje a París mientras estamos en eso".

Pero por más que lo intentaba, no podía sacarme la idea descabellada de Michele de la cabeza. Así que me senté frente a mi computadora y vi que Bethel ofrecería una conferencia de evangelismo en tres semanas. Una conferencia que entrenaba y liberaba tanto a los creyentes tímidos como a los más experimentados, para mostrar el Reino de los cielos a través del amor y el poder.

Deja de soñar, Tahni, me dije. *Josiah depende de ti como su pilar. ¿Cómo podrías dejarlo con Joe durante tantos días?*

Ignorando todo razonamiento lógico, le envié la información a Michele.

Ella me contestó unas horas después: "Vamos a orar por eso, le preguntaremos a nuestros esposos, y veremos si Dios nos da luz verde".

Me sentía como en un sueño. Estaba con Michele en California asistiendo a nuestra primera sesión. Joe me había dicho: "No te preocupes, tu fortachón esposo puede con esto". Así que aquí estábamos.

"Debemos tomar riesgos y actuar con autoridad", dijo el conferencista. "Deje de vivir a la defensiva. Usted tiene el mando, así que póngase de pie y alcance la gloria. ¡Su momento de brillar ha llegado!".

Antes del almuerzo, nos animó a ir al mercado y pedirle a Dios que nos señalara personas a las que quería que le habláramos. Se me esfumó el apetito, aunque íbamos a un restaurante chino.

Cuando me senté a la mesa con nuestro pequeño grupo, intercambié algunas miradas nerviosas con Michele. ¿Y si los demás creen que formábamos parte de una secta o algo así?

Una joven camarera asiática se acercó.

"¿Listos para ordenar?".

Le dijimos lo que queríamos, y una de las mujeres, Sunneye, cambió de tema y comenzó a decirle a la camarera todas las cosas hermosas que Dios sentía por ella, incluso detalles personales sobre su vida.

"¿Có-cómo sabe usted eso?", le preguntó la camarera.

Sunneye apuntó hacia arriba.

"El Señor lo sabe. Él simplemente me usa para compartir sus mensajes".

La mujer se secó los ojos.

"Bueno, soy madre soltera, trato de trabajar y estudiar a la vez. Es muy difícil, pero sus palabras me han hecho sentir mucho mejor".

Le dimos una propina generosa y nos sentimos maravillosamente mientras salíamos hacia nuestra nueva aventura en el área comercial.

Cuando entramos, Michele y yo tratamos de lucir naturales y nos ubicamos a un lado, mientras mirábamos a Sunneye y Kim abordar a los transeúntes con un cálido "Hola". Oraron por un joven con una lesión en la rodilla, y después de doblar su rodilla varias veces, nos dijo que todo el dolor había desaparecido. Mi fe creció. ¿Cómo es que personas normales como nosotros podíamos simplemente abordar a desconocidos, demostrarles amor y orar por ellos en medio de la calle?

Al día siguiente, cuando entramos a Walmart, sentí que algo importante ocurriría. Nuestro líder nos había pedido que hiciéramos un dibujo para dárselo a alguien que Dios nos señalara en esta "búsqueda del tesoro".

Después de que nuestro grupo se separó, saqué el dibujo de mi cartera. En ese preciso momento, una mujer se detuvo frente a mí, y yo no podía creer lo que veía. La parte de atrás de su camisa tenía un río con líneas serpenteantes y rocas, ¡exactamente como mi dibujo!

Dios, si esta es la persona a la cual debo hablarle, tendrás que mostrarme qué le voy a decir.

"Disculpe", le dije, sudando frío.

Me miró con ojos interrogantes y yo desdoblé mi dibujo, tratando de lucir como que era algo que hacía todos los días.

"Esto tal vez le parezca extraño", le dije, "pero estoy en una búsqueda de un tesoro con algunos amigos y creo que usted es el tesoro. Antes de venir aquí, dibujé esto y es muy parecido al dibujo de su camisa".

Lo puse frente a sus ojos sintiéndome como una tonta.

"¿Usted dibujo esto?".

Yo asentí.

"¿Le importaría si le digo lo que creo que significa este dibujo?", le dije.

"Claro, ¿por qué no?".

Contuve un suspiro y le dije que sentía que la religión, con todas sus reglas y su rigidez, comenzaban a erosionar las riberas del río.

"Dónde sea que fluya el río de Dios, hay vida", le dije. "Dónde la religión nos ha hecho daño, Dios quiere liberarnos", exhalé. "¿Eso significa algo para usted?".

Subió una ceja.

"Sí, así es".

"¿De verdad? Es decir, ¡genial! ¿Le importaría si oro por usted?".

"Nah, estoy bien".

A pesar de que se negó a orar, ¡me sentí sumamente dichosa porque había escuchado a Dios! No necesitaba que Él tocara un timbre y dijera: "Atención, les habla Dios". Solo necesitaba lanzarme a las aguas y verlo separarlas.

Cuando regresamos a la conferencia, el orador nos dijo que debíamos estar tan llenos de Dios que su presencia debía desbordarse en todo lugar donde pusiéramos nuestros pies. Habló de un gozo desinhibido, algo que me sonaba tan extraño como maravilloso.

Durante el ministerio, la gente se acercaba a mi amiga Michele para orar por ella. *¿Por qué a ella y no a mí?*, me preguntaba. *¿Cuándo* *recibiré uno de esos mensajes especiales?* En caso de que Dios lo hubiera olvidado, yo aún lo necesitaba para curar el autismo de Josiah, eso sin mencionar mis dolores de espalda.

En ese momento, un hombre alto se me acercó y se me aceleró el pulso. Claramente, Dios había escuchado mi clamor y lo había enviado en la dirección correcta.

"Tengo una palabra para usted", dijo.

"Adelante", dije, cerrando los ojos con expectación absoluta.

"¿Tiene usted juanetes en los pies?".

Abrí los ojos de par en par.

"¿Disculpe? Sí, pero...".

"Bien, Dios me lo acaba de mostrar, así que me gustaría orar por usted".

¿En serio? ¿Eso era todo lo que el Señor podía hacer? ¿Qué se suponía que era esto exactamente? ¿Algún tipo de chiste cósmico? Mis juanetes apenas me molestaban y francamente, no me sentía cómoda hablando de eso con un extraño.

Mientras él decía su sentida oración y yo me sentía como un neumático desinflado, abrí un poco mis ojos y vi a Michele. Estaba de pie en la esquina, y estaban orando por ella otra vez. Tenía una sonrisa tan grande en el rostro que parecía que se había ganado la lotería.

No es necesario decir que cuando la conferencia llegaba a su fin, tuve una pequeña conversación con Dios. *Señor, Michele sigue recibiendo una increíble renovación y a mí solo me han hablado de mis juanetes. ¿Puedes por favor enviar a alguien que me dé una palabra seria? ¿Una palabra de aliento, tal vez?*

En ese momento, un miembro del grupo me tocó en el hombro.

"Hola. Dios me acaba de enviar para darte este regalo".

"¿De verdad?".

Estoy segura de que lucía totalmente asombrada cuando me entregó un corazoncito rojo de vidrio, del tamaño de una moneda.

"En los últimos cinco años, solo he entregado cuatro de estos", dijo, "pero el Espíritu Santo quiso que te diera este a ti".

Apenas podía hablar. Mientras me hablaba del amor único de Dios hacia mí, una lágrima rodaba por mi mejilla. Yo solía ser perfeccionista y una persona de rendimiento excesivo que hacía las cosas más difíciles de lo que debían ser, incluso el regalo del amor de Dios. Con toda seguridad, yo no tenía problemas en decirle a Dios cuanto *lo* amaba, pero cuando se trataba de recibir su amor, me derrumbaba. Mi padre terrenal me había abrazado mucho, pero no sabía cómo abrirse y comunicarse conmigo. Esto me dejó deficiencias afectivas. Astillas en el alma.

En nuestra sesión final, el orador habló sobre la mentalidad de huérfano y me di cuenta de que esa era yo antes de la conferencia. Pero ya no más. La adoración empezó, y aunque la espalda me dolía, levantaba las manos y cantaba con gozo. Entonces el líder de adoración nos pidió que cantáramos desde la perspectiva de Jesús.

"Tahni, eres hermosa, eres valiosa y te amo". Lágrimas rodaban por mi rostro mientras la verdad del Dios inundaba mi sequedad y desesperación.

Cerramos con una canción sobre el poder de Jesús de resucitar todas nuestras esperanzas y sueños rotos.

Michele y yo, animadas por todo lo que había pasado en la conferencia, no podíamos parar de reír mientras llevábamos nuestros bolsos al vehículo que habíamos alquilado.

"Dios, tú nos amas", grité.

"¡Queremos saltar en tu río!", gritó Michele.

Me detuve y contorsioné mi espalda.

"¿Qué haces?", preguntó Michele.

"Casi no me duele", le dije. "El Sanador ya ha comenzado su buena obra".

5

De golpe...

"Saquen el amor de las puertas garantizadas".
—Josiah Cullen

Noviembre de 2010

Joe y yo nos sentamos a esperar en las sillas azul y naranja de la sala de conferencias de Partners, llenos de una mezcla de miedo y esperanza. Ya no había más nada qué hacer. Era el final del lapso de cinco años que nos habían dado.

Había un delicioso aroma a carne guisada que provenía del cuarto de descanso de los empleados.

"Gracias por la invitación a cenar", apuntó Joe.

Cada seis u ocho semanas, nos reuníamos en esta sala de conferencias para un análisis detallado del progreso de Josiah. Comenzaron con un video para mostrarnos que el buen comportamiento de Josiah le había hecho merecedor de una saltada en el trampolín con su buena amiga, Emma.

"Es muy encantador", dijo Kristin, su terapeuta principal. "Escuchen su risa contagiosa. Emma lo adora".

Nicole, una terapista de más edad, sonrió.

"Se divierte tanto cuando está con ella. Pero cuando otro chico aparece, todo cambia".

Miré por la ventana la construcción que estaba al otro lado de la calle, y me hizo pensar en que este proceso era para Josiah una construcción. También recordé nuestra última conversación con Kim antes de que ella se fuera de Partners. En esa reunión, ella había señalado un azulejo que se había posado en la ventana. Estaba allí, y en un instante se había ido.

Un millón de emociones habían tenido lugar entre estas paredes. Keri, la directora, nos entregó una copia del informe de Josiah; en el que una gran cantidad de datos aparecían expresados en detalle con gráficos de barras multicolores.

Los terapeutas vigilan muy de cerca a los niños y toman una gran cantidad de notas para sus informes manuales. El personal usa además contadores en las trabillas de sus cinturones para registrar cada movimiento de los niños. Solo Dios podía vigilarlo más de cerca.

Cuando revisé los informes, mi corazón se encogió. Los números y porcentajes de Josiah no podían ser más desalentadores. Después de tres años de terapia, todavía seguía en el último percentil para su rango de edad. Números del seis por ciento y menos asaltaban mis ojos, y cada descripción pesaba como un yunque.

Uno de los comentarios decía: *Josiah sigue presentando retrasos sensoriales importantes que han afectado su habilidad de mantener la estimulación necesaria para participar en tareas funcionales.*

¿Cómo era posible? Sus habilidades parecían más bajas que nunca.

Nicole pudo leer la expresión de mi cara.

"En realidad no sabemos en qué medida Josiah entiende lo que le hemos estado diciendo durante estos días", miró a Keri. "Creo que debemos parar los ejercicios de habilidad verbal y concentrarnos en la comunicación con imágenes".

¿Qué? ¿Parar los ejercicios de habilidad verbal? Ese había sido nuestro objetivo principal. Comencé a llorar.

"Lo sentimos", dijo Keri. "Ustedes son unos padres maravillosos. Los hemos visto poner todo su empeño en esto. Creo que nunca hemos visto a unos padres tan preocupados como ustedes dos".

Incluso con su suave tono de voz, las palabras eran como golpes. Nuestros sueños cayeron en picada y se estrellaron contra las rocas. Se le estaba siendo muy difícil ser parte de los niños del programa Puentes, que se preparaban para asistir a la escuela pública. El informe prácticamente decía que no estaba calificado en lo absoluto.

Mi mente viajó en el tiempo hasta los días en que yo iba a la escuela, cuando recibía mis propios reportes de calificaciones. Cualquier cosa que no fuera una A me desanimaba enormemente. Al menos en esos tiempos, un gran esfuerzo producía grandes resultados. No podía decir lo mismo con el autismo.

*Reprobaste, Tahni. Reprobaste el examen más importante. Y no hay
nada que puedas hacer, porque tu bebé jamás volverá a ser como antes.*

Me enteré de que los hijos de varios de nuestros amigos habían recibido informes favorables. No era justo. Ellos no se habían esforzado
ni una fracción de lo que nosotros lo habíamos hecho. Nos habíamos
quedado en la ruina intentando cada recurso, ¿y qué habíamos recibido a cambio? Nada más que una cuenta bancaria vacía.

Sue, la psicóloga, se pasó la mano por su cabellera roja.

"Esta ha sido una carrera corta, pero de alta velocidad para ustedes;
pero el autismo se parece más a un maratón".

Tomó un trozo de papel y dibujó una curva.

"Así es el aprendizaje para un niño normal", siguió dibujando. "Y
así es el aprendizaje para un niño con autismo".

Cuando vi el remolino de líneas que había dibujado, me costó
digerirlo.

"No pierdan la alegría de criar a su hijo", dijo. "Jueguen con él, di-
viértanse con él, hagan lo que a él le gusta hacer. Van a haber momentos difíciles, sí. Cuando eso pase, comuníquense con nosotros.
Siempre estaremos aquí para ustedes.

"JoJo tiene mucha más vida en su interior", añadió Kristin. "Algún
día podría terminar sorprendiéndonos a todos".

Pero ninguna de estas palabras de aliento de mi segunda familia
eran lo suficientemente convincentes como para sacarme de mi tristeza. Habíamos orado para que Josiah alcanzara una categoría de autismo de "moderada" a "de alto funcionamiento"; pero ahora, al final
del lapso de cinco años, seguía estancado en la categoría de "grave" y
"de bajo funcionamiento".

¿Utilizar comunicación por imágenes en vez de los ejercicios para
hablar? Eso ni se nos había ocurrido.

El año anterior, cuando Joe y yo notamos la fascinación de Josiah por el iPod Touch de Joe, investigamos un poco. En ese momento, conocimos Proloquo2Go, una aplicación para comunicarse
por medio de símbolos, que decía las palabras en voz alta. Desesperada por encontrar algo que nos pudiera ayudar a comunicarnos con
él, compramos un iPad.

Cuando llegó el iPad, mostramos las aplicaciones a la gente de

Partners, esperando que pudieran ayudar a otros. Finalmente, este sistema reemplazó el sistema de tarjetas con velcro para etiquetar y hacer requerimientos básicos. Dios nos permitió ser pioneros al presentar a otras familias este nuevo invento. Sin embargo, las palabras e imágenes computarizadas eran solo una manera temporal de comunicarnos mientras esperábamos que Josiah recuperara el habla. La comunicación a través de imágenes debía ser nuestro punto de partida, no nuestro triste final.

"Sé que esto es extremadamente difícil", dijo Nicole, "pero les estamos diciendo esto por un motivo. No sabemos si él comprende algo de lo que le hemos dicho estos días. Pero no se preocupen. En lo que respecta a la comunicación por imágenes, no se quedará en el punto donde está ahora. Esperamos que aprenda mucho más que presionar una imagen para decir *galleta*. Le enseñaremos a presionar primero el botón de *yo quiero*. Lo mismo ocurrirá cuando quiera usar el baño, y con todo lo demás.

¿Galletas? ¿El baño?....¿Y si quiero saber lo que piensa y siente mi hijo?

Joe y yo no podíamos contener las lágrimas.

"Lo siento", dije, secándome el rostro. "Están haciendo su mejor esfuerzo, y se los agradezco".

¿Qué más podía decir? Nos habíamos esforzado en vano para ayudarlo a recuperar el habla, y ahora habíamos llegado a un horrible callejón sin salida.

Desesperada por sacar lo mejor de esta situación, me anoté para asistir una conferencia de un día sobre el autismo en River Falls, Wisconsin.

Fui con una nueva amiga del grupo de padres de Partners que era doctora, y que me miraba con los ojos enrojecidos mientras yo conducía.

"Es que no entiendo cómo pudo pasar esto. Una se cuida durante todo el embarazo. Hace todas las cosas bien y, ¡pum! Sale el niño autista".

"Lo siento mucho", le dije. "Te entiendo".

La escuché desahogarse durante una hora, identificándome plenamente con ella y recordando todo lo que había vivido. Cuando llegamos a la Universidad de Wisconsin, dimos la vuelta unas seis veces, buscando un lugar para estacionar, pero los puestos más cercanos al edificio principal estaban todos ocupados, así que tuvimos que estacionar en un puesto alejado.

"Lo lamento", le dije, mientras atravesábamos montículos de nieve bajo ese gélido clima. "Si hubiera sabido esto, le habría advertido que trajera botas de nieve y una chaqueta gruesa".

Tiritábamos como esquimales cuando entramos al recinto, pero tenía la esperanza de aprender nuevas técnicas en una sesión aparte, opcional, que se llamaba "Actividades para el estudiante no verbal". Tres oradores se subieron a la tarima y nos dijeron que normalmente trabajaban con chicos mayores de catorce años. Oh, bueno. Al menos esto podría ayudarme en el futuro.

Bajaron las luces y mostraron un video de una clase real, con más de una docena de adolescentes. "En este grupo hay tres categorías", dijo la oradora, articulando claramente los términos. "Los no verbales, los de bajo funcionamiento, y los que tienen discapacidad intelectual. Muchos de los alumnos no verbales tienen mayores dificultades para aprender destrezas funcionales que los que tienen discapacidad intelectual".

Me sentía tensa.

"Nuestros alumnos con problemas intelectuales pueden ejecutar bastante bien ciertas actividades laborales, como clasificar tornillos y tuercas. Algunos incluso pueden barrer, limpiar y guardar los abarrotes en bolsas. Pero en el caso de los alumnos con autismo grave y de bajo funcionamiento, nos sentimos satisfechos si logramos enseñarles algunas destrezas funcionales, como aplastar latas y triturar papel".

Necesitaba aire. Me costaba trabajo respirar.

"Es importante que los adolescentes no verbales tengan sus actividades programadas, para evitar que se hagan daño a sí mismos y a los demás. Es necesario vigilarlos porque cuando se sienten frustrados, todo puede empeorar rápidamente. Son muy fuertes cuando llegan a la pubertad. Hemos visto adolescentes romper vidrios con la cabeza y golpear paredes de paneles de yeso con los puños. Así que hay que estar atentos y descubrir si hay demasiado o muy poco estímulo sensorial. Debemos aprender a tranquilizarlos y ayudarlos a redirigir su energía agresiva".

El recinto se agitó.

En el video, la maestra les entregó a sus alumnos una caja grande llena de piedras para que la pasaran sobre sus cabezas. La caja fue pasando de un adolescente a otro.

"Con cuidado", decía ella, como si le estuviera hablando a unos niños pequeños. "¡Buen trabajo!".

Mi corazón se puso pequeñito. ¿Cómo podía hacer que estos adolescentes realizaran tareas tan infantiles e inútiles? Una cosa era pensar en que tu hijo no podría conducir un automóvil o ir a su fiesta de graduación, y otra imaginar esta clase de pesadilla.

Mientras los adolescentes realizaban más "actividades" en la pantalla, los años venideros de Josiah pasaban rápidamente frente a mis ojos. No había aceptado el hecho de que él pudiera estar en la categoría no verbal durante el resto de su vida, ¿cómo iba a aceptar que tal vez no sería capaz de realizar actividades prácticas? ¿Que probablemente no podría controlarse? *Aplastar latas, triturar papel.* Esas palabras se repetían en mi mente una y otra vez hasta que ya no pude soportarlo más. Me levanté de un salto y salí corriendo del lugar para poder llorar.

"Señor, estos hermosos niños atrapados... Es tan horrible verlos así. Tú les prometiste un futuro y una esperanza a tus hijos. Cumple tu promesa, Señor. Independientemente de lo que pase, ¡mi hijo no será así!".

Cuando llegué a casa, comenté lo que había aprendido en la conferencia con mi grupo de apoyo, un puñado de madres de Partners que nos reuníamos de vez en cuando. Me encantaba este grupo. Mientras que para las madres de los niños normales era una tragedia que Billy o Susie no sacaran las mejores calificaciones o no lograran entrar en el equipo de baile, estas madres se movían en una onda totalmente diferente.

Durante una de las primeras reuniones, una de las madres expresó sus sentimientos.

"¡Detesto esta clase de mierda!", dijo.

"Yo también", replicó otra.

"Oigan, eso es. Deberíamos llamarnos el grupo CACA: Café de Apoyo entre Conocidos de Autistas". Y así fue como comenzamos.

Cuando el grupo CACA escuchó mi experiencia, trataron de animarme, así que Jennifer nos invitó a su casa de estilo rústico para ver un documental llamado *A Mother's Courage* (La valentía de una madre).

Danette y yo nos sentamos en el sofá, Lesley se acomodó en el sillón y Jennifer se sentó en el taburete de la cocina, desde donde nos pasaba panecillos, jugo de naranja y frutas.

Yo nunca había oído hablar de ese documental, y me senté a verlo fascinada. Cuando los médicos le dijeron a una mujer islandesa que su hijo, que sufría de autismo grave no verbal, tenía la mentalidad de un lactante y que no podía entender nada, ella se negó a aceptar su negatividad. Decidió viajar al extranjero para tratar de encontrar cómo conectarse con estos niños. Yo estaba familiarizada con todas las técnicas básicas y las terapias que ella encontró, hasta que mencionó a Soma, una mujer de la India.

Soma había aprendido como resultado de su trabajo con su hijo Tito, que sufría de autismo grave. Soma se esforzó al máximo en la educación del niño y, al final, su comunicación experimentó un avance importante. Ansiosa de compartirlo con los demás, abrió un centro para enseñar a los niños con autismo grave a deletrear. Miré asombrada como, poco a poco, Soma se comunicaba con cada niño utilizando una técnica personal inventada por ella, llamada *Rapid Prompting Method [Método de impulso rápido]*, o RPM. ¡Niños como Josiah podían señalar letras y deletrear palabras! Con los ojos fijos y el cuerpo tembloroso, sus dedos apuntaban una letra tras otra en una sencilla plantilla de plástico. Soma hablaba con ellos como si fueran inteligentes, ¡y ellos respondían positivamente!

Jennifer se secó las lágrimas.

"¿No es increíble?".

"Irreal", le dije. "Necesito saber más sobre esto".

6

La puerta abierta

"La paz rebota como una pelota. Pon la
paz en la red si quieres anotar".
—Josiah Cullen

Yo había trabajado en la iglesia Eagle Brook durante casi diez años, cuando el pastor Bob anunció que la iglesia abriría varias sedes nuevas como parte de un plan de expansión. Se transmitiría simultáneamente el mensaje del pastor en vivo desde la sede principal. Cada sede necesitaba un pastor y un director de ministerio, alguien que supervisara al personal y a los pastores, que movilizara a los voluntarios y que cuidara de la membresía.

Naturalmente, con esta enorme restructuración, me preguntaba qué pasaría con mi puesto de directora de comunicaciones y promociones. Últimamente en mi blog me había concentrado en animar a los padres de niños autistas. No solo me encantaba este tipo de acercamiento, sino que además se había despertado en mí un fuerte deseo de marcar una diferencia en la vida de los demás. ¿Sería esta expansión de la iglesia la manera en que Dios me estaba llamando a avanzar en una nueva dirección, hacia un ministerio importante, tal vez?

Me acordé de cuando nos mudamos a las Ciudades Gemelas desde Dakota del Norte y empecé a trabajar en un espacio de artes escénicas llamado Teatro De La Jeune Lune. Dieciocho meses después, sentí la misma inquietud que sentía ahora y Dios la usó para que entrara al ministerio en Eagle Brook. ¿Era hora de intentar algo completamente nuevo?

Hablé con Joe sobre el tema y oramos. Luego pedimos una cita con Scott, quien para ese entonces era el pastor ejecutivo y mi jefe.

Cuando me senté frente a él en su escritorio, fui directo al grano: "Con todos estos cambios, ¿tendré que buscar un empleo nuevo?".

Scott se mostró dubitativo.

"No sé dónde te pondremos, pero eres una empleada fabulosa y no queremos perderte".

"Bueno, he estado concentrada en el tema del autismo desde hace un tiempo, y Dios ha hecho un gran trabajo en mi vida espiritual. Durante el tiempo que he estado en esta organización, he estudiado las Escrituras y he aprendido mucho. Lo que trato de decir es... ¿me consideraría para una posición pastoral?".

"¿De verdad?", dijo él acomodando sus anteojos. Sacó una carpeta y la puso frente a mí. "Aún necesitamos directores de ministerio en dos de nuestras sedes, Spring Lake Park y White Bear Lake. ¿Te gustaría trabajar en alguno de estos lugares?".

"¡Claro! Quiero decir, sí. Me encantaría ser directora de ministerio en Spring Lake Park. Allí está el pastor Steve y yo lo respeto mucho. Me encantaría aprender bajo su liderazgo".

Él se echó hacia atrás en su asiento.

"Muy bien. Veré si Steve y los otros están de acuerdo, pero creo que ese puesto te va perfectamente. Solo necesito que llenes la planilla y la declaración de fe, y lo paso a la junta directiva. Después de firmar, te daremos varios meses de entrenamiento y después podrás aplicar para tu licencia de pastora".

A Joe le hizo mucha gracia la idea de que me llamaran "pastora Tahni". Pero me dio todo su apoyo, aun sabiendo que nuestro horario sería cualquier cosa, menos normal.

Y cuando Dios me concedió el empleo y todo estuvo a punto, me dediqué por completo a mi nuevo rol.

Me encantaba mi equipo pastoral en Spring Lake Park y adoraba estar a disposición de la gente en todos los servicios. Dos mil quinientas personas acudían a nuestro servicio y muchas se me acercaban los domingos para comunicarme sus pensamientos, necesidades y sentimientos.

"¿Cómo supo que yo necesitaba oración?", me preguntó una mujer. "Jamás le dije nada al respecto".

"Cuando actuamos con amor", le dije, "Dios nos guía".

Aprendí a orar por la gente en el momento en vez de decirles
simplemente que oraría por ellos. Cuanto más avanzaba, más me
recordaba Dios lo que me había mostrado en Bethel. Él quiere hablarnos a todos. Solo debemos aprender a escuchar su voz.

Poco tiempo después de recibir mi licencia de pastora, Kriste, mi
sobrina de diecisiete años, me llamó a las tres de la mañana, llorando.

"¿Tía Tahni?".

"¿Qué pasó, cariño?".

"Mi papá. ¡Lo perdimos!".

Me quedé congelada, tratando de digerir lo que estaba escuchando.
¿Mi hermano de cuarenta y siete años? No. Esto no tenía sentido. Yo
sabía que había estado batallando contra una infección pero, ¿muerto?
Dean, ¿por qué no fuiste al médico?

Yo amaba a mi hermano mayor, motociclista, con todos sus ta-
tuajes y su ropa de cuero. Lucía como un tipo rudo, pero tenía un
corazón de oro. Todo el mundo amaba su extraordinario sentido del
humor. ¿Cómo podía haberse marchado así como así?

Lo próximo que recuerdo es estar de pie en un podio, frente a mi
familia, y amigos de mi ciudad natal ¿Cómo es que mi primer funeral lo estaba oficiando para mi propio hermano? Porque cuando mi
madre me lo pidió, no pude decirle que no. Comencé hablando de su
otro servicio funerario en Arizona.

"Uno de los amigos de Dean dijo que era un hombre grande, pero
no se estaba refiriendo solamente a su tamaño. Dijo que había sido
como un gran manto, e invitó a la gente a mirar alrededor, a las
cientos de vidas que Dean había tocado. Tristemente, debido a su
apariencia, Dean no era aceptado en muchas iglesias. Pero la manera como amó, lo hacía muy parecido a Jesús. Nosotros también podemos tocar vidas de esa manera en el poco tiempo que nos ha sido
dado. ¿Cómo lo podemos hacer?".

"¿Estamos viviendo con los puños apretados, buscando siempre
nuestro propio beneficio, o con las manos abiertas, listos para re-
partir un poquito de esperanza?".

"Tal vez creemos en Dios. Tal vez nos gusta Jesús. Tal vez le
hemos agradecido en algún momento. Pero, ¿lo hemos convertido en

nuestro Señor? Dar este paso es realmente muy sencillo. Simplemente debemos decir en nuestro corazón: 'Señor, estoy cansado de hacer las cosas a mi manera. Soy pecador. Soy un desastre. No lo hago bien y te necesito. Necesito que tu Hijo Jesús entre en mi vida, me perdone y me llene con su Espíritu. Acepto a tu Hijo, quien murió en la cruz por mí. Acepto tu regalo de eternidad en el cielo y tu dirección sobrenatural en la tierra. Tú eres el Señor, y quiero seguirte'".

"Dean no era para nada perfecto", concluí. "Pero algo puedo decirles que él dio ese paso. Es por eso que nuestro llanto no es de desesperanza. Y sé algo más: Dean quiere vernos a todos con él en el cielo, algún día".

Conduje hasta el cementerio en silencio. Conocía bien aquel largo camino de grava que se extendía media milla fuera del pueblo. El cementerio estaba dividido en dos partes: una para los protestantes y otra para los católicos. Gracias a Dios, todos estaremos juntos en el cielo, siempre y cuando hayamos creído en Cristo.

El viento arreció, levantando una polvareda mientras mi familia, mis amigos y yo nos acercábamos a la cima de la colina.

Desde allí observé las planicies de Dakota del Sur, una extensión interminable de vegetación salpicada de casas y edificios pequeños. Miles de historias yacen anidadas en este pueblo de seiscientos habitantes. Y un millar de recuerdos familiares se encuentran atrapados debajo de un extenso mar de sepulcros, cuyos nombres han sido esculpidos bajo las sombras: el abuelo Rusty, la abuela Mary, el abuelo John, la abuela Alma, la tía y, por supuesto, mi amado padre. Ya el nombre de mi madre y su año de nacimiento habían sido grabados junto a los de papá, con un guion abierto a la espera del último dato. Abracé a mamá y a Shane, mi otro hermano.

Una parte de las cenizas de Dean se reunirían con las de mi padre y la vida continuaría. Cada vez que pensáramos en Dean, haríamos lo posible por imaginárnoslo en el cielo, riendo con nuestros otros familiares.

Enfrentar la muerte nunca es fácil. Honestamente, no esperaba tener que encararla de nuevo algunos meses después.

El pastor Steve y yo habíamos estado visitando en el hospital a una pequeña de dos meses llamada Gracie. Por esos días, el hijo mayor del pastor Steve murió repentinamente, y yo pensaba que ya no podía pasar nada peor. Pero me equivoqué. Gracie murió al día siguiente. Nunca me había sentido tan impotente como cuando me senté en la habitación esterilizada, junto a Becky, la madre de Gracie, que se aferraba con brazos temblorosos al cuerpo sin vida de su bebé.

Las horas pasaban mientras yo escuchaba, le expresaba mi amor, y oraba, sin ofrecer otra cosa más que mi presencia.

Una enfermera vino para limpiar a Gracie y hacer un registro de sus piecitos y sus manitos. Tuve que salir un momento a la capilla para dar rienda suelta a mi dolor reprimido.

"Señor, esto va más allá de mi comprensión. No entiendo esto. Necesito que me des las palabras para consolarlos en estos momentos tan importantes. Por favor, no me dejes caer en trivialidades. No quiero decir nada equivocado, Ayúdame a mantener la calma, por ellos".

Cuando regresé a la habitación, vi que los acompañaban otros familiares que también lloraban, entre ellos el pastor del padre de Gracie y el abuelo de Gracie, que también era pastor. ¿Qué estaba haciendo yo allí con todos estos pastores, a quienes la familia conocía mucho mejor que a mí? ¿Cómo había llegado a ser invitada a un momento tan doloroso y privado?

Gracie estaba en los brazos de su mamá, con un pequeño vestido rosado con volantes. Puse mi mano en el hombro de Becky y pronuncié una sentida oración, que solo pudo provenir de un lugar secreto. Un lugar rebosante de bienestar, verdad y fuerza.

La paz cubría la habitación cuando abrí mis ojos húmedos. El abuelo de Gracie, el pastor, se acercó a mí y me dijo:

"Esa es una de las oraciones más poderosas que he escuchado".

"Gracias Jesús", susurré.

Tocaron la puerta y entró una enfermera de la morgue, que había venido a buscar a Gracie.

"¿Estás lista, querida?".

Becky finalmente entregó a su pequeña.

"Adiós, mi amor. Siempre te amaremos".

Lágrimas cayeron en santo silencio.

Gracias, Señor, por ayudarme a estar con esta familia en su espacio más sagrado. Ahora, si puedes, por favor ayúdame en mi propia casa.

7

Problemas matrimoniales

"¿Cuándo mejorarán las cosas?
¿Por qué hace frío una y otra vez?".
—Josiah Cullen

Verano de 2011

"Extraño a mi esposa", me dijo Joe una noche.

Nuestro matrimonio había chocado contra un iceberg y el agua fría se estaba colando por las grietas. Todos los días, después del trabajo, me tenía que enfrentar a las necesidades ilimitadas de Josiah. Josiah me despertaba en la madrugada y después debía tomarme una taza de café de veinticuatro onzas para poder ir al trabajo.

Joe y yo siempre supimos que mis responsabilidades en el trabajo le añadirían a él una carga pero, ¿qué podíamos hacer? Habíamos aceptado este reto y ahora yo debía cumplir con mis compromisos. Además, ¿qué daño le podría hacer a Joe pasar más tiempo con nuestro hijo?

Joe estaba pasando por un momento de poca espiritualidad. De hecho, cuanto más me acercaba a Dios, más parecía él avanzar en la dirección contraria. Le pregunté si podíamos orar pidiendo sabiduría en cuanto a ciertos asuntos, como por ejemplo, si debíamos intentar o no con Josiah el método Rapid Prompting Method (RPM, por sus siglas en inglés o en español el Método de impulso rápido), y él me contestó frustrado.

"¿Para qué?", me dijo. "Siempre que le pido algo a Dios, hace lo contrario".

¿Qué le había pasado al hombre que no se saltaba un día de su plan de lectura de la Biblia; el hombre que solía memorizarse un versículo bíblico a la semana?

Un día tomó el libro de las promesas de Dios que yo había dejado en el baño, y lo blandió frente a mi rostro.

"¿Qué significa esto?".

Yo tragué grueso.

"Es algo que pensé que deberías leer, solo eso".

"Tú crees que sabes cómo resolverlo todo, ¿cierto?".

"La verdad, no. Solo quiero ayudar".

"Bien, no soy como tú, Tahni".

¿Qué estaba pasando? ¿Formaban estas pataletas parte de su depresión situacional? Fuera lo que fuera, la brecha que estaba creciendo entre nosotros amenazaba con tragarse todo a su alrededor. ¿Cómo era posible que dos personas con experiencia en comunicación fueran incapaces de hablar, cuando antes solían pasar horas juntas?

Cuando estábamos recién casados, solíamos decir: "¿Cuál es el problema con los primeros años de matrimonio? Que son fáciles". Pero desde el diagnóstico de Josiah, habíamos retrocedido. Vivíamos de tropiezo en tropiezo, avanzando en un largo y tortuoso camino que nos había dejado sumergidos en una zanja, como le ocurre a muchas familias de niños autistas. Golpeados, desanimados y agotados.

Una noche, cuando estábamos en la cama, la crisis llegó a su punto máximo.

"Ha sido una semana difícil", le dije, "y ahora tengo que dar las clases de membresía los jueves, porque Heath no puede".

Joe torció la boca.

"¿Este jueves? Eso no va a poder ser. Judy me necesita para que opere la cámara en la reunión de la comisión".

"¿No pueden conseguir a alguien más? Soy la única entrenada para dar esas clases y un centenar de personas asisten a ellas".

"Lo siento, Tahni, pero tengo que hacerlo. No he podido ofrecer la ayuda adicional como han hecho los demás. Le dije a Judy que podía contar conmigo".

"Bueno, yo también necesito contar contigo. Para mí es difícil encontrar a alguien que pueda dar una clase de membresía. Fui entrenada específicamente para ese propósito, y *necesito* dar esa clase. Estoy segura de que tú no eres la única persona que puede manejar una cámara".

Joe se sentó.

"¿Por qué soy siempre yo el que tiene que sacrificar todo? Actúas como si tu carrera y todo lo que haces fuera más importante que lo que yo hago. Mis asuntos son importantes también, ¿sabías?".

"Sé que es así, Joe, pero tienes que verlo desde el punto de vista lógico. Es más fácil para ellos remplazarte a ti, que para la gente de la iglesia remplazarme a mí, dadas las circunstancias. Alguien necesita quedarse con Josiah en casa. Lógicamente, esa persona debes ser tú".

Él cruzó los brazos.

"Un hombre me ha robado a mi esposa y no puedo hacer nada, porque ese hombre es Dios. ¡Dios es quien te ha alejado de mí!".

Me senté con la cara caliente.

"¿Cómo puedes decir algo tan doloroso? Si no fuera por Dios, no sería capaz ni de respirar. Bien, ¡por lo menos Dios me ama!".

Él saltó de la cama.

"Escúchate. Estás hablando cosas sin sentido. Ya no puedo con esto. ¡Has arruinado mi vida! Si no estuviera contigo, probablemente sería un presentador en un noticiero, en un canal importante de Dakota del Norte. Pero no, tú te empeñaste en que nos mudáramos para acá. Tomas todas las decisiones importantes, y yo simplemente me tengo que adaptar. Bueno, ¿sabes qué? Mi vida da asco".

Lo miré.

"Si tu vida da asco, no es mi culpa. Si no fuera por mí, nunca se tomaría una decisión en esta casa. La gente crece, ¿sabes? Tiene que decidir qué casa comprar, si debe o no empezar una familia, incluso si debe cambiar de trabajo. Pero no, ¡tú eres el rey de la mediocridad!".

"¡Muchas gracias!", dijo él. "Claro, esperar hasta este momento para decirme lo que realmente piensas sobre mí. Entonces yo también lo haré: ¡Detesto estar aquí!".

"Bien. Entonces quizás deberíamos separarnos. Me llevaré a Josiah conmigo. Comenzaré desde cero y viviré con mi madre si es necesario. Tú puedes regresar a Dakota del Norte y vivir en el sótano de la casa de tus padres, ¡no me importa! Así podrás quitarte toda esta responsabilidad de tus pobres hombros y no tendrás que preocuparte por nada más que por ti mismo".

Salí hecha una furia, lanzando la puerta. Me subí al automóvil y me alejé llorando. Con eso lograría que se preocupara por mí, se lo merecería. Me detuve en un parque cercano y apagué las luces del automóvil, llorando a lágrima viva, hasta que alguien tocó la ventanilla.

"¿Todo en orden, señora?".

Suspiré, secándome las lágrimas.

"¡Señor agente! ¿Cómo está? Sí, nada grave, solo una noche difícil... Usted sabe, ¿una de esas noches en las que uno solo quiere estar solo y desahogarse llorando? Mmm, ¿hay algún problema con que me estacione aquí? Me pareció que era lo mejor, en vez de andar dando vueltas por allí como una loca, ¿sabe a lo que me refiero?'.

Contuvo la risa.

"No hay problema, tómese su tiempo. Que tenga buenas noches".

Cuando regresé a casa, cerca de la medianoche, encontré a Joe mirando fijamente hacia el techo. Por su respiración, podía darme cuenta de que había estado llorando.

"Lo siento", le dije, tomándole las manos.

"Yo también".

"¿Podremos superar esto, Joe?".

"Sí. Lo que pasa es que ambos estamos estresados y cansados".

Carraspeé.

"Mmm, creo que para solucionar esto necesitaremos más que sueño y descanso, Joe. Estoy muy enojada contigo, pero te amo. Así que buenas noches".

Nos hicimos un favor y fuimos a visitar un terapeuta. Un doctor de cabello alborotado, que tenía una colección de figuras de *El Señor de los anillos*. El terapeuta solo nos escuchaba hablar, una y otra vez.

"Me pregunto si alguna vez va a decir algo", le dije a Joe en el automóvil, "o si simplemente va a dejar que seamos nosotros los que hablemos. Porque si nunca nos va a decir nada, entonces bien podríamos darle los cien dólares a un vagabundo. Poner el dinero dentro de su lata y quejarnos todo lo que queramos frente a él".

En nuestra décima sesión, el terapeuta puso su libreta de notas a un lado.

"Le daré a cada uno unos lápices de colores y una mesita. Doy terapia tanto a niños como a adultos, y una de las formas en las que a los niños les gusta expresarse es el dibujo. Pienso que sería divertido que ustedes personificaran la emoción que los hace explotar. Dibujen esa emoción monstruo y pónganle un nombre".

Joe y yo no pudimos evitarlo. Nos reímos. ¿Estaba hablando en serio? La última vez que había dibujado algo había sido en la conferencia de Redding, y esto no me parecía un juego. Pero bueno, lo hice. Tomé un creyón rojo y dibujé algo que parecía una gran bola de polvo, esponjosa y desordenada.

"¿Qué tenemos aquí?", preguntó el terapeuta.

"Creo que lo llamaré Presión, porque eso es lo que siento".

Luego, Joe mostró su boceto de un pequeño y enjuto monstruo de color verde.

"Saluden a Clive".

"Bien, bien", dijo el terapeuta. "Buen trabajo. Tahni, háblame de Presión".

"Presión nunca me deja descansar. Siempre debo cuidar de alguien. Siempre hay alguna tarea por realizar. Apenas me siento y, ¡bum!, alguien me necesita. En cuanto logro controlar la tormenta y tener todo bajo control, llega Presión y desparrama toda la basura".

"Muy bien, excelente. Continúa".

"Solo quisiera que alguien se hiciera cargo de las cosas que liberan a Presión. Así tal vez no me sentiría obligada a resolver todo, ni como una fracasada si no lo hago".

"Hermoso", dijo él. "Joe, cuéntame de Clive".

Joe miraba fijamente a un punto indefinido. No se parecía en nada al productor de televisión cuya profunda voz resonaba a través de las ondas hertzianas.

"Clive me hace sentir pequeño y asustado. Quiero ser fuerte y seguro de mí mismo, pero Clive me dice que soy un fracaso y que a nadie le importa lo que pienso. Clive se burla de mí por mi poca habilidad con las manos y por no saber resolver los problemas de mi familia. Si no puedo arreglar un lavabo, ¿cómo podré resolver algo importante? Clive me dice que no soy tan importante como los demás y que nadie se daría cuenta si yo no existiera.

"¡Ajá!", dijo el terapeuta. "Finalmente estamos llegando a algo.

Tahni, quiero que imagines que estás sacando a Presión de tu vida", dijo esto dándole un estirón a su camisa, como si se la estuviera quitando. "Joe, quiero que tú saques a Clive. Presión y Clive representan las inseguridades que los mantienen discutiendo e hiriéndose mutuamente. La verdad es que ninguno quiere herir al otro, porque se aman. Pero Presión y Clive siguen metiéndose y haciendo mucho ruido dentro de sus cabezas".

"Pero Joe me hace sentir muy mal conmigo misma".

"No. Joe nunca *será* el responsable de nada que tú sientas. Tú eres responsable de cómo te sientes".

Gracias a estas sesiones, Joe y yo comenzamos a abrirnos con el otro de una forma más saludable. Incluso comenzamos a tener citas.

Una noche, mientras estábamos sentados en el automóvil, le dije:

"Estoy leyendo un libro que se llama *You Don't Have to Be Wrong to Repent* [Usted no tiene que estar equivocado para arrepentirse]".

"Buen título", dijo él. "Definitivamente lo tendré en cuenta durante nuestra próxima discusión".

"Muy gracioso", le dije, volteando los ojos. "Como si tú fueras el que siempre tiene la razón".

Sonrió.

"Yo sabía que esa te iba a gustar, nena".

Mientras Joe me guiñaba el ojo, recordé el poder sanador de la risa. La risa siempre había sido una compañera fiel en nuestro matrimonio. En verdad Dios sabía lo que hacía.

Gracias Señor. Contigo llevando las riendas, estoy segura de que de ahora en adelante todo mejorará.

8

Un impulso rápido

"No estoy perdido en este lugar de mi pensamiento.
Estoy perdido en mi desempeño como todos los demás".
—Josiah Cullen

Julio de 2011

Desde que vi *La valentía de una madre*, no podía dejar de pensar en el método RPM. Buscando en la internet, descubrí que Soma, su creadora, había inaugurado un centro de entrenamiento RPM en Austin, Texas. También Erika Anderson, una exterapeuta de Applied Behavior Analysis o análisis conductual aplicado (ABA, por sus siglas en inglés) que había sido aprendiz de Soma, ofrecía un "campamento de verano" de cuatro días en Green Bay, Wisconsin.

Este método funcionaría, o no funcionaría. Los videos que vi en la internet me parecieron muy convincentes, pero, ¿no había pensado lo mismo con la cámara hiperbárica de oxígeno? ¿Para qué meterme en otro proyecto costoso? No quería. Pero tampoco quería perderme de algo que pudiera ayudar a nuestro hijo a comunicarse.

"Hola, Erika", le dije al teléfono. "Estoy interesada en tus campamentos. ¿Aceptan niños de cinco años?".

"Oh, me encantan los más pequeños", dijo ella. "Tienen un lapso de atención más corto, pero a menudo sobresalen en RPM".

"¿Qué precio tiene la sesión de cuatro días?".

"Unos quinientos dólares. Todavía tenemos vacantes, pero se están agotando rápidamente."

"Bien, estoy interesada".

Cuando colgué, mi corazón vibró de esperanza. No sería nada barato con el hotel y los costos de viaje, pero quizás valdría la pena.

Joe me dio su bendición y la iglesia me concedió el tiempo. Todo parecía ir sobre ruedas para que nuestro hijo de cinco años y yo intentáramos este inusual método comunicativo. Empaqué nuestra ropa y algunos juguetes, y me fui a la cama muy temprano, para prepararme para mi viaje por carretera de cinco horas.

A las dos de la mañana, una extraña sensación acuosa me subió por la garganta. No…Apenas pude llegar al baño antes de vomitar. ¿Intoxicación alimenticia? ¿Gripe? ¿Nervios? No lo sabía, pero fuera lo que fuera, ¡tenía que irse!

¡Aléjate, Satanás! ¡Josiah y yo estamos haciendo esto en el nombre de Jesús! Padre tienes que sanarme.

Estuve vomitando en el retrete el resto de la noche, pero mi estómago no mejoraba.

Todavía vamos a ir, me dije hasta el momento en que debíamos partir. Amarré a Josiah en el asiento de atrás, oré, tomé Pepto-bismol y traté de ignorar la preocupación que se apoderaba de mi mente.

¿Y si vomito en el automóvil y tengo que pararme en medio de la autopista? ¿Y si no puedo aprender suficientemente rápido y termino siendo una profesora terrible?

Detente, me dije. El exceso de incertidumbre no ayuda para nada a mi pobre estómago, ni a mi cerebro privado de sueño.

Todo salió bien la primera hora. Josiah estaba tranquilo, entretenido jugando con unos rompecabezas en el iPad. Pero abrió la ventana y el aire me entró por los oídos, desatando un dolor de cabeza.

"Josiah, pensé que ya habíamos superado esa etapa. ¡Súbela!".

Si me entendía, no lo demostraba en lo absoluto. Tuve que volverme y cerrarla yo misma.

"¡No la vuelvas a tocar!".

Diez minutos después, la volvió a bajar y ahí me *colmó* la paciencia.

"Josiah, *no* te voy a seguir el juego. ¡Deja la ventanilla cerrada! ¿Por qué no juegas con tus juguetes musicales? Ya vamos a llegar al McDonald's y te voy a comprar una hamburguesa".

Pasaron diez minutos y volvió a bajar la ventanilla. Esta vez lanzó su juguete a control remoto a través de ella. *Genial*, pensé mientras veía a través del espejo como el juguete se hacía añicos en la autopista. *Lo que me falta es que venga un policía y me detenga por ensuciar*. Probablemente me dirá que controle a mi hijo. Y yo le diré: "Me gustaría poder hacerlo, señor. Mi hijo tal vez parezca un niño de cinco años común y corriente, pero funciona completamente diferente".

Esa noche, cuando llegamos al hotel, me estacioné, bajé el equipaje y tomé a Josiah de la mano. Apenas entramos a nuestra habitación, el niño se aceleró y se agitó. Se subió a la cama, luego saltó a una silla y luego otra vez sobre la cama.

"Joe", le dije a través del teléfono. "Creo que esto fue mala idea. Josiah va a despertar a todo el hotel. ¿Cómo vamos a aguantar esto durante cuatro noches y recuperarnos para ir a la terapia?".

La mañana trajo consigo una nueva esperanza, cuando nos reunimos con Erika. Ella le dio un nuevo enfoque a la frase "impulso rápido". Los terapeutas normalmente pasan un par de semanas conociendo al niño antes de pasar a las lecciones, pero como en este caso solo serían cuatro días, teníamos que ir directo al grano.

La pequeña habitación blanca no tenía fotografías ni adornos, solo un sencillo escritorio y unas sillas para minimizar las distracciones. Josiah se lanzó contra las persianas y se las arregló para enredarse entre las cuerdas.

"¡Josiah, no!", le grité, alejándolo de las persianas. "Lo siento mucho".

"No hay problema. Josiah, vamos a divertirnos hoy. Ven, siéntate junto a la pared".

Erika se ubicó a la derecha del niño y lo colocó entre la pared y el escritorio, para que se sintiera más protegido.

Cuanto más le hablaba a Josiah, peor se comportaba, contoneándose y haciendo fuertes ruidos. Veía las sombras en las persianas y se quedaba concentrado mirando las luces, así que Erika las apagó.

"Josiah, ¿quieres hablar sobre personajes famosos o animales?".

Le indicó ambas opciones, las escribió en un papel, lo partió por la mitad y colocó cada pedazo a unas seis pulgadas de distancia del otro, frente a él.

"¿Personajes famosos?", preguntó ella, señalando uno de los trozos de papel, "o animales?", señaló el otro papel. "Tú eliges".

Sin dudar un instante, Josiah señaló el papel que decía *personajes famosos* y se lo dio.

"Bien. Ahora te voy a hablar sobre el hombre que descubrió nuestro país, pero primero quiero hacerte una pregunta. ¿Vivimos en Europa o en América? Tú eliges".

¿Qué? Aún estaba estupefacta de que hubiera escogido *personajes famosos*, ¿y ahora había escogido *América?* No podía ocultar mi emoción.

Erika tomó un libro, *What Every Kindergartner Needs to Know* [Lo que todo niño en preescolar debe saber]. Para nada. Josiah no estaba ni cerca de dominar los temas del preescolar, pero Erika lo abrió y sacó un pequeño plan de lecciones.

"Tienes razón, vivimos en América. En América vive gente de muchos países diferentes, pero no siempre fue así. De hecho, quiero hablarte de un hombre llamado Cristóbal Colón".

Escribió el nombre Cristóbal para que Josiah pudiera verlo. Como de costumbre, sus ojos miraban hacia cualquier otro lugar, pero ella continuó.

"Cristóbal Colón fue un explorador que vino de España y navegó por el océano azul en un barco, en el año 1492". Erika rompió el papel por la mitad. "¿En qué navegó Cristóbal Colón? ¿Navegó en un B-A-R-C-O, barco", señaló el papel, "o en un A-U-T-O-M-O-V-I-L, automóvil?". Señaló el otro papel.

Me quedé sin aliento mientras Josiah señalaba la palabra *barco*. O había sido un golpe de suerte, o realmente sabía la respuesta.

"Es correcto, Josiah. Cristóbal Colón navegó en un barco. Reunió una tripulación completa y preparó tres barcos. Los barcos se llamaban La Niña, La Pinta y La Santa María".

Rompí a llorar mientras Erika leía el resto de la historia. No lo podía creer. A mi hijo le estaban empezando a enseñar cosas importantes, y él entendía lo que ella le estaba diciendo. Ya no era solo cuestión de decirle: "Toca el cuadrado rojo", o "¿Dónde está la letra A?" Esta mujer había liberado a mi hijo, ¡me había mostrado que él sí estaba ahí!

Me senté sorprendida, mientras Erika le hablaba de una variedad de temas: primero historia, luego cómo decir la hora, y después sobre la fotosíntesis. Modulaba la voz, haciendo énfasis en las palabras clave. Luego, utilizó su dedo para dibujar en la mano de Josiah. Le hizo tocar objetos ásperos, como cinta adhesiva, para distraer sus sentidos.

Josiah seguía saltando sobre su silla, contoneándose y riéndose, pero Erika no permitió que eso la molestara. Simplemente lo llamaba a concentrarse en la lección y continuaba. Josiah se había equivocado en algunas de las preguntas de selección, ¡pero contestó correctamente el ochenta por ciento de ellas! Demasiado para todas las cosas negativas que decían sobre las limitaciones de su lenguaje receptivo.

Para la sesión de la tarde, Erika ya había apagado las luces y cerrado las persianas. Josiah entró y fue directo a su silla, con una actitud amable.

"Vamos a practicar matemáticas", dijo Erika.

¿Escuché bien? Josiah no sabía nada de matemáticas. Ni siquiera cuanto era dos más dos. Pero Erika contó del uno al diez, dando golpecitos sobre la mesa. Luego repitió la rutina de romper el papel y escribir.

"¿Qué número viene después del siete? ¿Cuatro", señaló uno de los trozos de papel, "u ocho?". Señaló el otro. "Tú eliges".

Josiah puso la mano sobre el número ocho.

"Muy bien. Hagámoslo de nuevo. Si tienes ocho lápices y quitas uno, ¿cuántos te quedan? ¿Tres", señaló el papel, "o siete?". Señaló el otro papel. "Tú eliges".

¡Pum! La mano de Josiah se posó sobre el número siete. ¿Yo estaba imaginando cosas, o su cara se había iluminado de orgullo? Bueno, yo también estaba orgullosísima de él. Después de esto ya no podría verlo de la misma manera.

"Sus peculiares sonidos y movimientos pueden enseñarnos mucho sobre él", me dijo Erika. "Sus movimientos repetitivos son una forma natural de mostrar su canal de aprendizaje. Josiah es una persona auditiva".

"¿Ah, sí?".

"Sí, y es por eso que hay que hablarle como si se tratara de un niño ciego. Háblele todo el tiempo. Dígale lo que ve a su alrededor, porque eso lo ayudará a aprender cosas nuevas. Léale. No me refiero a libros para bebés. Léale libros apropiados para su edad. Y siempre considere que él tiene una inteligencia acorde con su edad".

Vaya. Esto sí que era un cambio de perspectiva. Desde que Josiah dejó de hablar, mis conversaciones con él consistían en frases cortas o quedarme callada. Es decir, ¿qué madre quiere hablar con una pared, o que sus palabras terminen en un cesto vacío?

Pero ahora que me habían dado la llave maestra, todo cambiaría. Erika me había facultado para lanzarme en unas aguas que siempre había deseado explorar: educar a Josiah. Dejar atrás las lecciones que involucraban etiquetas y tarjetas para entrar en un mundo nuevo de comunicación verdadera, útil e ilimitada.

Regresé al hotel emocionada, pero no durante mucho tiempo. Josiah no dejaba de lanzarse contra las paredes. A las tres y media de la madrugada, ya estaba harta.

"Nos vamos de aquí", le dije, dirigiéndonos apresuradamente hacia la salida. Tenía que ir a cualquier otro lugar, o me volvería loca.

Estuve veinte minutos conduciendo por los alrededores, hasta que Josiah finalmente se quedó dormido. Ahora solo tenía que encontrar un lugar para estacionarme y dormir un poco.

Muy bien, Señor, veo una iglesia. Aquí me parece bien, siempre y cuando no se acerque nuevamente un policía a tocar mi ventana.

La última sesión terminó entre agradecimientos, palabras de aliento y despedidas agridulces. "¿Sabes qué hora es, JoJo?", le dije mientras le abrochaba el cinturón de seguridad. "Es hora de ir a Culvers".

Nos sentamos apenas llegamos. Tomé un papel, lo rompí a la mitad y le escribí un par de palabras para que seleccionara su menú.

"Josiah, ¿qué deseas comer? ¿Una hamburguesa", apunté a un papel, "o *nuggets* de pollo?". Apunté al otro.

Él señaló *hamburguesa* y yo no podía creer cómo el mundo entero se nos había abierto. El método RPM no solo me permitía comunicarme con mi hijo, sino que también le había dado una voz a él. No necesitaba imponerle todo. Ahora él tendría sus propias opciones y opiniones.

Después de terminar, conduje hasta un parque. Una luna brillante de color plateado colgaba del cielo en la fresca noche de julio. Josiah corrió a los columpios y yo me senté a su lado, ansiosa de liberar el torrente que había estado contenido durante todos estos años.

"JoJo, mira ese árbol. ¿Sabías que Dios hizo cada hoja con su propio grupo de venas? El verano terminará pronto y empezará una estación completamente nueva. Estas hojas se pondrán de lindos colores y se caerán de las ramas. Mira esos árboles: abedul, arce, roble. Todos le dan un toque singular de belleza al mundo".

"¿Sabías que este parque queda cerca del estadio *Lambeau Field*, donde juegan los Packers? El futbol americano es el deporte más popular en Estados Unidos y gente de todo el mundo lo disfruta".

Quería gritar: "¡Se acabaron las antiguas rutinas!" ¡He encontrado a mi hijo! Después de todos estos años, Dios me había dado una forma de llegar a conocerlo. Salté de mi columpio y le di un abrazo muy fuerte, mientras la brisa silbaba entre mis cabellos. "Estoy orgullosa de ti, Josiah".

Ladeé la cabeza. La luna se veía más brillante ahora y el cuarto creciente casi parecía una sonrisa. Es asombroso como la manera de ver las cosas lo cambia todo. La mía había dado un giro de ciento ochenta grados, y mi ánimo aumentaba cuando pensaba en todos los libros nuevos que podría utilizar para enseñarle a Josiah sobre la vida.

Señor, puedo darme cuenta del trabajo interno que está haciendo mi hijo. Gracias por ayudarme a volver a soñar.

Poco después, tuve un extraño sueño en el que asistí a la inauguración de una prestigiosa galería de arte en los suburbios de Minneapolis.

¿Qué debo ponerme?, me preguntaba. Unos *jeans* no serían adecuados, así que en mi sueño me puse a revolver mi armario hasta que encontré la prenda perfecta: una blusa blanca bien planchada. Luego saqué una falda color azul marino y un elegante par de tacones que hacían juego.

Tenía una ligera idea de lo que podía encontrar en una galería de arte. Las pinturas estarían a intervalos regulares sobre las paredes blancas. Las esculturas estarían exhibidas sobre prístinas plataformas, y la gente caminaría alrededor con el ceño fruncido, rascándose la barbilla, mientras escrutaba las obras de arte.

Giré la manilla de una gran puerta blanca, ansiosa por sumergirme en el mundo cultural. Apenas entré, mi corazón se aceleró. Había ingresado en una ruidosa fiesta. La gente se movía libremente, riendo y contando chistes. Extrañamente, las grandes pinturas se superponían unas con otras, inclinándose en ángulos extraños.

Nada de personas con corbatas de moño sirviéndose entremeses en palillos. En este lugar, pasaban tazones de cuscús y alguna clase de platillo del Medio Oriente coronado de nueces, dátiles y albaricoques. Y todo el mundo comía con la mano.

Frente a la repisa de la chimenea estaba la escultura de todas las esculturas. Un enorme bambú de colores vibrantes surgía desde la base y piezas onduladas de color verde subían en forma de espiral hasta el techo.

Un rápido movimiento a mi izquierda captó mi atención. Me di la vuelta, y me encontré con una atractiva mujer rubia reclinada en un sillón de terciopelo de brillante color rojo. Su largo cabello ondulado caía como una cascada hacia un lado, cubriendo el diseño floral de su amplio vestido de estilo bohemio.

Me miró atentamente y luego apuntó con su brazo cubierto de una amplia manga en dirección a la escultura de bambú. "Tahni", dijo con confianza serena y autoridad. "Dios, el Creador del universo no hace sus obras en líneas rectas".

Me desperté aturdida, llena de dudas. *¡Qué sueño tan loco! ¿Qué podrá significar?*

9

Fuera de este mundo

"Los resultados de confiar en Dios son
demasiado reales para ser malos".
—Josiah Cullen

Octubre de 2011

Abrí mi caja y coloqué todos los objetos del RPM sobre la mesa de la cocina: una resma de papel, un puñado de lápices número 2, las plantillas del alfabeto, un cronómetro visual, y por supuesto, una pila de libros de fácil lectura.

"Ven, Josiah, comencemos". Lo llevé a su silla y abrí frente a él un libro sobre frutas, de muchos colores y formas. Fui a la página de la banana, la cual había preparado de antemano para nuestra lección, pero Josiah, bendito sea, se paró de la silla y se fue corriendo a su habitación.

"¡No, no, no niñito!", Lo agarré por debajo de los brazos y lo llevé de regreso a la mesa. "Para aprender algo, debes quedarte aquí". Aclaré mi garganta. "Las bananas crecen en racimos. Al principio son de color verde, y cuando se ponen de color amarillo, significa que ya están listas para comer".

Se estiró como una medusa y se escabulló hasta el piso junto a Lucy, nuestra perrita Maltipoo.

"Ey, necesito que regreses a tu silla". Lo volví a sentar y lo sujeté de los hombros para mantenerlo quieto. Leí algunas oraciones más, pero cuando lo solté para tomar un pedazo de papel, se fue corriendo a la sala y comenzó a saltar en el sofá, riéndose.

"Josiah, volverás a esa silla y te quedarás allí hasta que hayamos logrado hacer algo". Su cuerpo se contorsionaba mientras lo llevaba a la cocina, en una batalla que yo tenía que ganar.

"La gente consume más bananas que manzanas y peras

combinadas". Él chillaba, luego se apoyó sobre sus pies y se lanzó contra el refrigerador.

"¡Ya basta!", pero era muy tarde. Ya había metido los brazos, golpeando la salsa de tomate y el aderezo para ensalada.

No te desanimes, me dije. *Tú sabes que él tiene la capacidad de aprender.*

"Muy bien, intentemos con matemáticas. La mamá osa dio a luz cinco ositos y dos se escaparon. ¿Cuántos ositos le quedan a mamá osa? ¿Un osito o tres ositos? Tú eliges". Le di un lápiz para que señalara el número correcto en la plantilla, y esperé tres segundos. *Pum*, tiró el lápiz al piso.

Muy bien, ¿qué haría Erika? Ella le daría otro lápiz, así que eso fue lo que hice. *Pam*, el segundo lápiz le hizo compañía al primero en el piso. Luego Josiah decidió acompañarlos también.

¿Cómo lo hiciste, Anne Sullivan? Siempre sentí respeto por la mujer que entrenó a Helen Keller, la niña ciega y sordomuda. Mientras que los demás trataban a la dificilísima niña Helen Keller como una marginada sin esperanzas, Anne, famosa por su coraje, compasión y perseverancia, siempre creyó que la niña era capaz de aprender.

Irónicamente, en su último año de la universidad, Joe interpretó el papel del padre de Helen Keller en una producción. Los dos nos habíamos quedado despiertos hasta tarde mirando la vieja versión en blanco y negro de *Un milagro para Helen*. ¿Quién se habría imaginado que esto ocurriría?

Mi sesión de veinticinco minutos con Josiah se convirtió en una lección sobre cómo sentarse y permanecer en la silla, sin volverme loca.

"¿Es normal?", le pregunté a Erika por teléfono. "¿Los demás alumnos se comportan igual con sus padres?".

"Sí", me aseguró ella, "pero si quieres puedo darte algunas recomendaciones. Con los principiantes, debemos hacer nuestra voz más interesante que lo que los rodea. También es útil variar el tono y la velocidad. Pasa de calmada a alegre, a juguetona, a sensacional. ¿Puedes hacerlo?".

"Por supuesto", le dije.

Vi un video en la internet de una madre que utilizaba el RPM para enseñarle a su hijo, mientras lo perseguía por toda la casa. Esta madre se negó a dejar que la imposibilidad de su hijo de tranquilizarse le impidiera enseñarle y comunicarse con él.

Bien. Si ella pudo correr por toda la casa, yo también podré.

"Escucha, ¡espera!", decía yo mientras lo perseguía cuando él salía corriendo a su habitación con mis plantillas y mis lápices. Cuando lo alcanzaba, me daba cuenta de que la mujer del video estaba en lo cierto. Cuanto más lo dejaba ser, más podíamos conectarnos.

Insistí durante varios meses, pero no fue mucho lo que pude lograr. Comencé a preguntarme si debía intentar algunos de estos principios en el iPad de Josiah. Tal vez si aprendía a presionar letras grandes, él podría ver el fruto de sus pensamientos y comenzaría a involucrarse más con el proceso creativo. Sería bueno al menos intentarlo.

"Así se ve la palabra m-a-m-á", le dije, deletreándola mientras la escribía. "Ahora es tu turno. Voy a decir la letra, y tú la vas a presionar".

Para comodidad de Josiah y para mantenerlo en control, como una cuerda en un globo de helio, hacía lo que había visto hacer a otros. Lo tomaba el brazo y esperaba que encontrara la primera letra con su dedo.

Tocó la M, pero luego salió corriendo.

¡Uf! Había transcurrido un año desde lo de Green Bay, y me sentía como un neumático atascado en un montículo de nieve. Cada vez que mi pequeño de seis años se escapaba de esta manera, se llevaba todos mis sueños de poderle enseñar a leer o escribir.

Una mañana, cuando estaba sentada orando en Caribou Café, mi celular sonó.

"¿Habla Tahni?", preguntó una mujer con una especie de acento ruso.

"Sí, soy yo", dije, sin poder adivinar quién era.

"Mi nombre es Cynthia. Espero que no le importe, pero Erika me dio su número. Tengo una hija que sufre de autismo, y hemos estado aprendiendo sobre el RPM. De alguna manera, nos hemos estancado y nos gustaría una clase de refrescamiento. Erika estuvo de acuerdo en venir a las Ciudades Gemelas durante tres días si yo podía encontrar algunas familias que nos acompañaran. ¿Le interesaría unirse?".

"Sí", le dije sin dudarlo.

"Fabuloso. Soy dueña de una compañía inmobiliaria. Podemos reunirnos en mi oficina".

Así que eso hicimos, unos sábados después. Cynthia nos condujo a Joe, a Josiah y a mí a una sala de conferencia donde dejamos a Josiah, y luego entramos a la oficina que estaba en frente.

Erika explicó que podíamos ver sesiones personalizadas en un circuito cerrado de televisión. También, para ayudar a los padres a maximizar su tiempo de aprendizaje, también podíamos hacernos cargo de los hijos de otros.

"Esta es la primera vez que Joe ve esto en persona", le dije a las mujeres. "Joe, estoy ansiosa de que veas cómo Erika trabaja con él".

Erika se acercó a Josiah y sacó un libro. Segundos después, Josiah saltó de la silla y se paró de cabeza. Me di una palmada en la frente y refunfuñé.

"No te preocupes", me dijo una de las mujeres, mientras me tocaba en el hombro. "Lo mismo nos pasa".

"Escucha, chico listo", dijo Erika, sin el menor indicio de preocupación. "Vas a regresar a tu asiento de esta manera". Se agachó como un luchador, mientras se protegía de los brazos inquietos de Josiah.

Josiah se echó en la silla y Erika comenzó a hacerle sus preguntas.

"¿Qué quieres aprender? ¿Matemáticas, inglés u otra cosa?".

¿Tres opciones? Los ojos casi se me salieron de las órbitas. Si apenas podía con dos.

Escribió cada una de ellas, y yo aguanté la respiración mientras Josiah señalaba matemáticas.

"Buena elección", dijo ella. "Vamos a deletrear las cuatro primeras letras de la palabra matemáticas".

Erika tomó una plantilla y le puso un lápiz en la mano. Joe y yo mirábamos con asombro cómo el lápiz se movía en el aire y apuntaba la letra M.

"Genial. Ahora concéntrate".

Él hizo lo que ella le dijo y señaló la letra A.

"Magnífico. Continúa".

Apuntó a la T

"Eso es. Ya casi lo logras".

¡Apuntó a la E!

Joe rió sacudiendo la cabeza, y yo me volví hacia las mujeres.

"Siempre tuve que decirle cada letra, una por una".

"Te ganaste un automóvil", dijo Erika. "¿De qué color quieres que sea tu automóvil? ¿Está entre A-I, J-R o S-Z?".

Erika escribió cada opción en un papel, lo rompió en tres pedazos y tocó cada uno de ellos mientras se lo decía.

"Tú eliges".

Josiah seleccionó con la punta del lápiz la plantilla J-R y una sonrisa iluminó su cara.

"Muy bien, ¿cuál es la primera letra?", Erika sostuvo la plantilla J-R.

Apuntó con el lápiz la letra M.

Ella volvió a escribir las plantillas para que Josiah escogiera la próxima letra, y él escogió la A-I.

"Bien. ¿Cuál letra quieres?".

Saltó de su silla y agitó los brazos.

"Josiah, vamos a ver de qué color será el automóvil. Primero comenzamos con una M, ahora tenemos otra letra entre A e I. ¿Qué letra quieres?".

Su lápiz se posó sobre la letra A.

Joe y yo nos mirábamos, boquiabiertos, mientras Josiah deletreaba la palabra M-A-R-R-Ó-N.

"¿Viste eso, Joe? No deletreó una palabra sencilla de tres letras que pudiera haber visto en la escuela. Oh, Dios mío. Si hubiera deletreado *azul*, habría sido bastante asombroso, ¡pero deletreó una palabra de cinco letras él solo!".

Las mujeres lo aplaudieron y lo animaron.

Cuando terminó la sesión, le di un apretón de manos a Erika.

"No sé cómo agradecerte. Has renovado nuestras esperanzas. En casa hemos estado probando con una aplicación de plantillas en el iPad".

"No les recomiendo que lo hagan", dijo ella. "Es importante mantener el orden de las cosas. El RPM funciona mejor si pasamos de las plantillas a un tablero circular, y luego a un tablero laminado. La planificación motora y el dominio de cada letra independientemente son aspectos tan importantes como el contenido. Les recomiendo intentar estas etapas antes de aventurarse con aparatos electrónicos".

Demasiado tarde. A veces Josiah se comunicaba apuntando con un lápiz en los huecos de su plantilla alfabética, pero últimamente estaba tratando de señalar letras en el iPad. Puesto que él la prefería, la seguimos utilizando. No queríamos retroceder.

Para nuestra próxima lección en casa, tomé algunos de libros de la rana *Froggy*, los favoritos de Josiah, y trabajamos con una canción que yo había transformado en juego mediante unos movimientos con las manos.

"Señala con la cabeza, con los pies, con las rodillas, pero sin usar las manos".

Jugamos ese juego tantas veces que Josiah empezó a memorizar las palabras. Si se me olvidaba alguna, lo cual yo hacía intencionalmente, él sabía exactamente cómo deletrearla en el iPad. ¡Hurra! Había descifrado como darle opciones, sin eliminar el factor diversión.

El 15 de septiembre de 2012, seis semanas después de nuestra clase de repaso, y faltando menos de un mes para que Josiah cumpliera siete años, nos sentamos a la mesa para otra lección en casa.

"JoJo, ¿quieres trabajar con tu libro *Todos hacemos caca* o con tu Biblia para niños? ¿Caca o Biblia? Tú eliges".

Su mano se posó sobre la palabra *Biblia*, así que alcancé la Biblia para niños con una mano y agarré los materiales con la otra.

Josiah se lanzaba contra el sofá, riendo.

"Oye, vuelve a la mesa. Debemos terminar". Fue como si le hablé a la pared. Volvió a saltar antes de que pudiera ponerlo de pie.

"¡Quieto!". Lo senté frente al reloj y le sujeté una pierna. Por todos los brincos que di haciendo maromas con las hojas, los lápices y las plantillas, me sentía como un pulpo moviendo sus tentáculos.

Josiah respiraba con fuerza, como un caballo de carreras. Tenía que actuar rápido.

"Escucha atentamente, ¿de acuerdo?", señalé el libro. "Jesús escupió en el suelo e hizo lodo. Puso el lodo en los ojos del hombre ciego. El ciego hizo todo lo que Jesús le dijo y luego pudo ver".

Tomé una hoja, la rompí por la mitad, escribí sus dos opciones y puse ambas mitades frente a él.

"Concéntrate, Josiah. Jesús sanó al ciego. ¿Qué hizo Él? ¿Jesús S-A-N-Ó, sanó al ciego o J-U-G-Ó, jugó con el ciego? Tú eliges".

Con una repentina sacudida, señaló con su lápiz la primera palabra: *sanó*.

"¡Bien!". Tomé su iPad y se lo acerqué. Sosteniéndolo por el antebrazo, que parecía tener vida propia, dejé que mi cercanía reconfortara su sobresaturado mundo sensorial. Un ligero toque en su brazo lo tranquilizó, y llevé su brazo suavemente hacia las teclas grandes del alfabeto. "Es hora de deletrear".

Gruñó mientras su dedo índice hacía círculos el aire y luego procedía a aterrizar. ¡Ups! Tocó la D en lugar de la E.

"Concéntrate, Josiah".

Pero su dedo se fue a la I. ¿Qué estaba escribiendo? ¿Di? Más toques a la pantalla y deletreó algo completamente diferente:

Diosnosdabuenosdones

Me acerqué de un salto. Aunque no tenía espacios, el mensaje se leía claramente. Dios nos da buenos dones. Me quedé sin aliento. Él había deletreado algunas palabras fáciles, pero ahora, delante mis ojos, acababa de escribir su primera oración sin ayuda.

"¿Co-cómo hiciste eso?".

Su dedo volvió a la pantalla táctil.

Dios es Jehová el eterno.

Yo estaba como en éxtasis. A Josiah *nunca* se le había enseñado semejante cosa. *¿Dios es Jehová el Eterno?* Joe y yo no hablábamos así, de manera tan formal y reverente. Respiré profundo. Debe haberlo aprendido en algún otro lugar pero, ¿dónde? ¿Quién le enseñó a deletrear oraciones completas, y esa clase de verdades teológicas?

"Josiah, ¿cómo sabes eso?".

Su dedo se posó en la pantalla y yo, con voz temblorosa, iba nombrando las letras a medida que él las iba marcando. "T...I...", ¿y ahora qué? ¿Estaba intentando deletrear *tiempo*?

Espera. No, no puede ser. Deletreó la palabra *Tía*. Me tapé la boca, y sentí que me puse fría al ver las siguientes palabras que escribió.

Tía le dijo a un ángel que me lo dijera.

Me sentía como atragantada. Yo nunca le había mencionado una palabra acerca de la tía. Temblando, los recuerdos y la culpa emergieron de nuevo. Le di un juguete musical y me retiré lentamente para llamar a mi mamá.

"Algo extraño acaba de pasar con Josiah", yo reía y lloraba al mismo tiempo.

"Cuéntame. ¿Qué es lo que pasa?".

Le conté rápidamente lo que había pasado y estalló de emoción.

"¡Alabado seas Jesús! Tahni, esto es increíble. ¡A que Dios tan poderoso le servimos!".

Joe estaba afuera de la ciudad en una conferencia de trabajo, y cuando lo llamé esa noche se mostró entre perplejo y encantado.

"Es increíble, mi amor. Desearía haber estado allí".

"Lo sé", le dije, "esto es grandioso. Nuestro hijo debe haber tenido alguna clase de encuentro espiritual. ¡Dios lo debe estar sanando!".

"Qué locura. Estoy ansioso por escuchar más sobre eso".

Bueno, ya éramos dos. Me apresuré a la habitación de Josiah para hacerle más preguntas.

10

Descubrimientos importantes

"No estoy escuchando mentiras, estoy besando los cielos".
—Josiah Cullen

Septiembre de 2012

Me acosté al lado de Josiah, metiéndome bajo las sábanas con él.

"Antes de que te duermas, JoJo, quiero preguntarte algo. ¿Qué más te dijo el ángel?".

Yo sostenía el iPad y miraba asombrada como las palabras iban apareciendo en la pantalla.

Abrazos de alegría de la tía. Dios es bueno todo el tiempo. Abrazos de deleite. Dios maravilloso. Dios es muy capaz.

Los ojos se me llenaron de lágrimas.

"Sí, mi amor, Él *es* muy capaz".

No te derrumbes, me dije, poniéndome de pie.

"Muy bien, es hora de dormir. Dulces sueños".

Arropé sus piernas inquietas con la gruesa cobija. Luego, como si nada estuviera pasando, le di un beso en la mejilla y abrí la aplicación *MeMoves* en su iPad. Con suerte, la música tranquilizante y las gráficas lo ayudarían a relajarse y a quedarse dormido. Pero en lo que a mí concernía, no sería tan fácil.

Colapsé en mi cama, y me quedé mirando fijamente al techo. *¿Qué está pasando, Señor? No estarás bromeando conmigo, ¿verdad? ¿Cómo es posible que la tía hable con un ángel? ¿Cómo pudo mi hijo recibir una visitación angélica?*

Tomé mi Biblia de la mesa y la abrí en Hebreos: "Aunque todos obtuvieron un testimonio favorable mediante la fe, ninguno de ellos vio el cumplimiento de la promesa. Esto sucedió para que ellos no llegaran a la meta sin nosotros, pues Dios nos había preparado algo mejor. Por tanto, también nosotros, que estamos rodeados de una multitud tan grande de testigos, despojémonos del lastre que nos estorba, en especial del pecado que nos asedia, y corramos con perseverancia la carrera que tenemos por delante" (Hebreos 11:39–12:1).

Siempre supe que la multitud de testigos se refería a los santos del Antiguo Testamento, pero, ¿podría referirse también a los miembros de nuestra propia familia? ¿Podrían estarnos ellos animando diariamente? Si era así, la tía amaba a Jesús, así que con toda seguridad pertenecía a ese grupo.

Mi buena tía. La abuela se había hecho cargo de su hermana, que nunca se casó. Cuando mi madre creció, ella se hizo cargo de la tía, pero técnicamente yo me hice más cargo de la tía que cualquiera de ellos. Compartí mi habitación con ella la mayor parte de mi adolescencia.

Todas las noches, la tía se ponía sus pijamas de chico con botones en los pantalones. Luego, tomaba una lata verde brillante de *Bag Balm*, un producto que se usa para frotar las ubres de las vacas, y se untaba las piernas y las plantas de los pies, llenando la habitación de un olor que era una mezcla de hierbas, vaselina y aceite de eucalipto.

La tía permanecía activa en su pequeño mundo de la plantación de geranios, pero no tenía amigos fuera de la familia, y nunca aprendió a conducir. Curiosamente, le tenía pánico al hecho de que un automóvil perdiera los frenos. Nadie lo sabía, pero nosotros sí.

Después de embadurnarse los pies, la tía se ponía sus anteojos sobre la punta de la nariz, y sostenía su lectura a varias pulgadas de distancia. Cuando yo tenía diez años, me leyó toda la serie de *La pequeña casa de la pradera*. Lo que más me gustaba, eran sus comentarios: "Mi querida Laura," decía. "Siento que prácticamente crecí con ella".

La tía era más cercana a mí que a mis hermanos mayores, y por eso también sus expectativas eran más altas. "¿Cómo saliste en el examen de matemáticas?", me preguntó un día cuando llegué de la escuela.

Orgullosamente, saqué una nota de felicitación con una A, por la que me había esforzado de manera especial. "Bueno, querida", dijo, haciendo un chasquido con la lengua y meneando la cabeza, "estoy segura de que la próxima vez lo harás mejor".

Todos estos recuerdos vienen ahora a mi mente con una nueva perspectiva. Durante la serie de exámenes y evaluaciones que le practicaron a Josiah, yo siempre sentí que no estaba a la altura o que no hacía lo necesario. ¿Era posible que mi ambición ilimitada tuviera relación con la inseguridad que me habían inculcado hacía tantos años?

Otro recuerdo me vino a la mente, de cuando tenía quince años. Nuestra familia se acababa de mudar nuevamente a Timber Lake, el pequeño pueblo natal de mi padre, en Dakota del Sur.

Mi madre siempre decía: "Hay que tomar lo que hay y hacer algo con eso". Ella tenía un pequeño capital, así que abrió una pequeña tienda de regalos en la vieja casa de los abuelos.

Aunque me gustaba mucho el dicho de mi madre sobre sacar lo mejor de las cosas, yo no podía hacerlo, al menos no si se trataba de la tía. Esta mujer de ochenta y nueve años me alteraba los nervios más que una pulga a un perro.

Desde que había dejado a mis antiguos amigos en Phoenix, tenía preguntas sobre la vida académica que solo una madre podía responder. Había tratado de quedarme con ella a solas, pero con la tía rondando, era casi imposible.

Una noche, sin embargo, escuché a mi madre exclamar en la cocina: "¡Oh, no!". Me asomé a toda prisa.

"¿Qué pasó?".

"Olvidé desenchufar el aromatizador", dijo. "Debo regresar a la tienda a desenchufarlo. ¿Quieres venir conmigo?".

"¡Claro!", dije emocionada. Por fin, la oportunidad perfecta. Pero entonces oí una voz que venía del rincón:

"Iré con ustedes".

Oh, no. La tía. Sus intenciones me molestaron y me crucé de brazos.

"Bueno, si ella va, ¡entonces yo no voy!".

La miré con cara de pocos amigos, entré como un remolino a mi habitación (o nuestra habitación) y encendí la música. ¿Cómo se atrevía a interrumpir otra vez mi tiempo privado con mamá?

"¡Te odio!", grité en la casa vacía luego de que se fueron.

Veinticinco minutos después, recibí una llamada de Vera, una vieja amiga de mamá, que era además la esposa del alcalde. Vera vivía frente a la tienda de mamá. Desde el momento que pidió hablar conmigo, sabía que algo malo había ocurrido.

"Ocurrió un accidente. Te diré los detalles cuando lleguemos".

Vera, mamá y yo seguimos la ambulancia hasta el hospital más cercano, a cuarenta millas de distancia, y yo las escuchaba con un silencio sepulcral mientras contaban lo ocurrido.

Mi madre había dejado la camioneta encendida, y la tía se quedó dentro de ella mientras mamá entraba rápidamente a resolver lo del aromatizador. Aunque usted no lo crea, de todas las cosas improbables que podían pasar, ocurrió que el freno de la camioneta se soltó.

Presa del pánico, la tía saltó a la acera cuando la camioneta empezó a moverse. Como había dejado la puerta abierta, la misma puerta la derribó y la llanta delantera la golpeó en la punta de la cadera.

Mi tía Jane, que llegó también al hospital, estaba conmigo junto a la cama de la tía, escuchando a la enfermera.

"No tiene fracturas, pero está muy estresada. Sin embargo, está estable".

"Gracias a Dios", dijo la tía Jane, "porque luce como si hubiera regresado de una guerra".

"¿Tía?", le dije suavemente. "¿Tía? Me alegra verte de nuevo".

Sus ojos danzaban mientras trataba de hablar, pero no pude descifrar lo que decía. Frustrada, pero determinada a enmendar las cosas en cuanto pudiera, fui a la sala de espera y me senté junto a mamá, mientras ella llenaba unos papeles.

Unos tres minutos después, anunciaron una emergencia. Los doctores y las enfermeras entraron apresuradamente a la habitación de la tía con un carrito. Había sufrido un paro cardíaco.

Le lancé a mi madre una mirada de desesperación.

"¿No pueden hacer que su corazón palpite de nuevo?".

Mamá negó con la cabeza con una mirada de tristeza.

"La tía escribió en sus deseos que no quería ser resucitada. Su corazón no podría soportarlo. Lo siento, cariño".

Un sentimiento de culpabilidad del tamaño de un tsunami cayó sobre mí. La culpa se había alojado en mi corazón todos estos años y se negaba a dejarme. La culpa que había sacado el nombre de mi tía de mi mente y de mis labios, hasta ahora.

No podía dejar de pensar en Josiah y mi tía hasta que, exhausta, me quedé dormida. A las tres de la mañana, Josiah entró corriendo a mi cuarto, muy agitado.

"¿Qué pasa, mi amor?", encendí la lámpara y tomé el iPad.

Esperanza, escribió

"¿Esperanza de qué?", le pregunté.

Esperanza para el autismo. Sálvame.

Espera, espera…¡que alguien me pellizque y me diga que esto es un sueño!

"De acuerdo, Josiah, ¿de qué estás hablando? Dime qué quieres decir con *sálvame*".

Se fue saltando hasta la sala, lo seguí hasta el sofá.

"Por casualidad, ¿ese ángel te dijo su nombre?".

Rafael. Dios les da buenas noticias a los hombres, mujeres y niños. Ya no más enfermedad y dolor.

Mi corazón se agitó. Yo solamente conocía a dos Rafael: la tortuga ninja y el pintor italiano.

Mientras Josiah brincaba, busqué en Google y rápidamente encontré un artículo sobre el ángel Rafael. Un dato interesante es que el artículo decía que la Biblia lo mencionaba en un libro llamado Tobías. Genial. Mis amigos protestantes se enterarán de esto y pensarán que soy una hereje.

El artículo describía a Rafael como un ángel protector, cuyo nombre significa "Dios sana". En Tobías, el ángel le ministró a un hombre ciego. Oh, Dios mío. Yo le había estado leyendo a Josiah la historia de un hombre ciego. El artículo decía que el ángel a veces aparecía con un aura de color verde, vistiendo una faja de color verde, que representaba la sanación.

Josiah caminaba lentamente dando grititos agudos.

"Oye, amigo, tengo otra pregunta. ¿Rafael vestía de algún color en particular? O sea, ¿un color que no fuera blanco?".

Verde, escribió.

Sentí una mezcla de miedo y emoción. ¿De qué se trataba todo esto? ¿Dios había enviado a su ángel Rafael para decirnos que la sanación venía en camino? Todo sonaba tan descabellado, pero extraordinario. Ni loca se lo contaría a nadie. Pero había un gran avance en su habilidad para comunicarse, así que tenía que contárselo al menos a sus terapeutas.

Para ese momento, Kim, Keri y Nicole se habían ido de Partners, y Josiah no conocía bien a Kay, su nueva terapeuta. También se estaba acostumbrando a Cassie. Yo les había hablado de los buenos resultados del RPM, pero no podían usarlo en Partners porque tenían que seguir un programa preestablecido, como se lo exigía el seguro médico.

"JoJo, ¿qué les dirás a los amigos de Partners?".

Les puedo dar consejos. Que pueden intentar cosas diferentes.

"Claro que sí".

Recogí mis cosas para irnos, pero Josiah quería escribir algo más.

Callado.

"¿Qué quieres decir con *callado*? Estamos a punto de irnos. ¿Has pensado que otras cosas te gustaría decirles a los terapeutas?".

No dudó un segundo. **Josiah es inteligente.**

"Así es, y es muy bueno que lo digas. Eso es exactamente lo que ellos necesitan saber".

Cuando Josiah y yo llegamos a Partners, entramos al vestíbulo y le pregunté a la recepcionista si Kay y Cassie estaban disponibles.

"Déjeme ver", dijo ella. "Deme un segundo y le avisaré".

Me puse un poco nerviosa cuando vi el salón con sus sillas, mesas, libros, área de juegos para los niños y una pieza geométrica de estaño que colgaba de la pared.

Kay y Cassie entraron, y hablé con ellas, emocionada.

"Este fin de semana tuvimos un gran avance".

"Oh, ¿de verdad?", dijo Kay. "¿Qué ocurrió?".

"Josiah escribió oraciones completas en su iPad. Así nada más".

Cassie abrió los ojos de par en par, asombrada.

"Vaya. Nos gustaría mucho verlo".

"Vamos Josiah, muéstrales lo que puedes hacer", le dije mientras le tomaba la mano emocionada de podérselos comprobar. Pero él se zafó y corrió hacia la pared, estrellándose salvajemente contra la pieza de estaño.

"¡Josiah!", le dije, devolviéndolo a su lugar. Pero tan pronto lo senté en la silla, se encorvó como si se fuera a parar de cabeza.

"¡Josiah, por favor! Así. Bien. Ahora quédate quieto. ¿Qué es lo primero que te gusta hacer en la mañana?".

Moví su brazo hacia el iPad.

"Adelante JoJo", no se movió. "¿Vas a escribir algo?".

Lucía ausente, como si no hubiera nada en su interior y se negó a mover un dedo.

"Muéstrales lo inteligente que eres".

Kay cerró los ojos, me puso una mano sobre el hombro y tosió.

"A veces los padres desean algo con tanto fervor que lo proyectan en sus hijos".

La sangre comenzó a hervirme. Ella no me creía. Pensaba que estaba inventando todo. Como si yo pudiera hacerle eso a mi hijo.

"Mire", le dije, "yo no he proyectado nada. Eso de verdad pasó y sigue pasando. Lo que pasa es que está siendo rebelde".

Kay asintió.

"Está bien".

No, no estaba bien, y tampoco estaba bien su mirada de lástima.

"Vamos Josiah", dijo Cassie. "Es hora de saltar en el trampolín. Dile adiós con la mano a mamá".

Me dirigí al automóvil frotándome las sienes. Quería tirarme en la cama y llorar hasta más no poder. Y además, quería retorcer el pequeño cuello de mi amado niño. ¿Cómo pudo hacerme esto? Fui desde la cima de un milagro comunicacional hasta la más profunda humillación. Para mí era importante quedar bien delante de esta gente, pero me ignoraron, como si todo hubiera sido un producto de mi imaginación.

Cuando Joe regresó del viaje, vio este milagro de primera mano. Pudo observar a Josiah escribiendo con el dedo extendido, mientras yo le sujetaba el brazo. El regalo que Dios nos había dado era increíble.

Una fría noche de noviembre, Josiah sacó la cabeza de las mantas como una tortuga, y escribió: **época de sanación**.

"¿De qué estás hablando? ¿Quién te habló de la época de sanación?".

Un ángel.

"Ya veo. ¿Y de qué necesitas ser sanado?".

Autismo.

Exhalé un largo suspiro.

"¿Cómo puedes ser sanado?".

Hombre deseoso.

"Está bien…¿Quién es el hombre deseoso?".

El Cordero.

"¿El Cordero qué?", moví los ojos rápidamente hacia la pantalla.

Prueben y vean que Dios nos ama.

Haciéndome la tonta, le dije:

"¿Cómo podemos hacer eso?".

Satanás no es el último hombre con una misión.

"¿Entonces quién es?".

Ángeles con misión de sanación. Carrera por la humanidad. Satanás se ríe. No mientras Dios esté a cargo.

Palabras, normales, extrañas, de todo tipo, comenzaron a surgir como el agua de una fuente. Aunque no quería perderme de nada, tenía que ir a Arizona a oficiar la boda de mi sobrina Kriste.

La hija de mi hermano menor lucía majestuosa en su largo vestido blanco. Ella me había presentado a su espigado novio en el funeral de Dean y me encantó compartir con él durante la terapia prenupcial que tuvimos por Skype.

Después de la boda, los familiares querían que les hablara de Josiah. "Es asombroso", dijo mi hermano Shane.

Me sentía muy bien por el apoyo, y estaba agradecida de poder ver a mi madre. Ella se había vuelto a casar y vivía en Washington.

Mi mamá me tomó de las manos cuando estábamos sentadas en el aeropuerto, listas para despedirnos. "Dios no ha terminado con este milagro, Tahni. Él, que comenzó un buen trabajo en ti, será fiel para terminarlo".

Los últimos minutos que estuve en el aeropuerto corrí por todos lados como una ardilla buscando un regalo para Josiah. Como me quedaba poco tiempo para abordar, compré rápidamente una lagartija de goma y la metí en mi bolso.

Cuando regresé a casa, Joe me recibió en la cocina y me abrazó fuertemente.

"Vaya. Voy a tener que marcharme más seguido. También estoy feliz de verte. ¿Cómo está el pequeño? ¿Está aquí abajo?".

"Sí, en la habitación sensorial".

Había extrañado a Josiah, pero ahora que había regresado, lo extrañaba aún más. Deseaba las palabras, "Mami, mami, te extrañé", pero cuando entré a la habitación donde él estaba, lo vi parado sobre el mini trampolín. Ni siquiera se dio cuenta de que era yo.

"Te quiero JoJo. Mira, te compré un regalo".

Le puse la lagartija en la mano, pero él la lanzó al suelo. No porque no la quisiera, sino porque su cerebro no sabía cómo procesar el regalo nuevo.

Cuando pasé a verlo unas horas más tarde, lo encontré de nuevo en su habitación sensorial, golpeándose la cabeza.

"¿Por qué te golpeas así la cabeza?".

Para callar los otros sonidos, escribió.

"Veo que trajiste tu lagartija. ¿Qué nombre te gustaría ponerle?".

Opie hans.

Me reí.

"Muy bien, suena como una lagartija alemana. ¿Por qué escogiste ese nombre?".

Muchas lagartijas se aparean con muchas parejas pero las lagartijas danasi se aparean de por vida.

Casi me atraganto.

"Bien. ¿Quién te enseñó sobre las lagartijas?".

Se pellizcó la nariz.

Jesús me enseña en la escuela.

Me quedé mirándolo.

"Aja, ¿qué más sabes sobre las lagartijas?".

Los poros de las lagartijas no son solo escamas o escamas de aspiración, sino muchos nódulos en la piel.

"Oh, ¿algo más?".

Las colas de las lagartijas no envejecen.

"¡Joooe!", grité mientras subía corriendo las escaleras. "¡Tenemos que investigar sobre las lagartijas!".

Nos sentamos juntos, uno con el iPod y el otro con el iPad, a buscar datos.

Después de quince minutos le pregunté:

"¿Encontraste algo sobre ese tipo específico de lagartija?".

Joe movió su cabeza de un lado al otro.

"No, pero averigüé algo sobre sus colas. Escucha esto: cuando es atacada por un depredador, una lagartija puede dejar su cola y huir, distrayendo al depredador, ya que esa parte del cuerpo queda moviéndose, como si estuviera viva. Las lagartijas desprenden su cola cuando sienten que están en peligro y la cola les vuelve a crecer".

"Vaya", dije, "suena como una cola que no envejece. De acuerdo con el artículo que encontré, hay reptiles en Australia que se aparean con el mismo individuo durante veinte años".

Joe se pasó la mano por las sienes.

"¿Cómo él sabe estas cosas?".

"No lo sé. Yo nunca le he dicho nada y estoy segura de que no le enseñan esta clase de cosas en Partners. Ellos son más del tipo de ejercicios e identificación".

Un mes después, cuando Partners hizo su fiesta de Navidad, quería tener una buena experiencia, y tal vez sobreponerme del fiasco anterior.

Les sonreía a los padres mientras sus hijos disfrutaban de los juegos y los festejos. Josiah se alejó un poco y no se unió a la diversión. ¿Por qué se veía tan perdido, como un pez arrojado en un acuario desconocido? Una cosa era ser diferente a los niños típicos y otra muy distinta era ser diferente a los niños atípicos.

"¿Qué opinas de Papá Noel?", le pregunté cuando regresamos a casa.

Josiah escribió: **Se parece a Noé.**

Me reí, asumiendo que había visto a Noé en algún libro.

"¿Entonces, qué fue lo que más te gustó de la fiesta?".

Montar en el abrigo de visón. Montar en el trineo de Jesús hacia el nuevo cielo sobre la tierra, sobre las montañas.

¿Abrigo de visón y trineo? O estaba confundiendo a Jesús con Papá Noel, o había expandido sus experiencias sobrenaturales a sus horas diurnas.

Un par de días después, Joe le leyó una historia sobre un niño ciego que aprendió a tocar el piano. Luego yo le hablé de Temple Grandin, una mujer muy inteligente que sufría de autismo, y que procesaba la información con imágenes.

"Oye, JoJo, ¿tú también piensas con imágenes?".

No solo con imágenes y sonidos, sino con historias completas.

Comenzó a golpear la cabeza contra la ventana.

"Oye, no hagas eso por favor".

Pero lo siguió haciendo. Creo que le dije "para" unas seis veces antes de que se detuviera.

"Josiah, ¿por qué no paraste cuando te lo pedí?".

Para probar tu voluntad.

Suspiré.

"Al menos eres sincero. Sabes, he estado pensando en todas las cosas asombrosas que escribes. Me pregunto cómo es que sabes deletrear así. ¿Me lo puedes decir?".

Jesús me enseñó el orden de los sonidos.

Me senté, estupefacta. No porque dudara de la capacidad de Dios. Él puede hacer cualquier cosa, sino que nunca había escuchado algo así. Sonaba como una especie de *curso de alfabetización* celestial.

"Mi amor, ¿Jesús te dijo algo más?".

Jesús dijo que recordara no probar a Satanás.

"¿Cómo pruebas a Satanás?".

Haciendo cosas malas.

"Mmm, entonces mejor no lo tientes".

Josiah levantó la mano, como si pensara darse otro golpe contra la ventana.

"Oh, oh", dije. "Te pedí que fueras respetuoso y que no te golpearas. Necesitamos construir la confianza, ¿recuerdas? Por favor, discúlpate".

Lo siento. En el futuro me comportaré.

"JoJo, me encanta que puedas comunicarte así. Es asombroso".

Estoy feliz de dejarte entrar en mi mente.

Durante las vacaciones de Navidad, Josiah se divirtió en grande presionando botones y sintiendo las texturas de su nuevo libro de Dora la exploradora.

"Qué lindo regalo de parte de tus abuelos, ¿verdad? Mira, tengo un regalo para ti. Te voy a leer tu nuevo libro de Dora mientras comes helado de vainilla".

"La, la, la, lee", dijo, realizando uno de sus sonidos repetitivos favoritos.

"Bien, comencemos".

Apelé a mi mejor acento latino mientras narraba las aventuras de Dora y Diego. Las carcajadas de Joe se escuchaban desde el baño.

"¡Oye, espero que te hayas divertido escuchándonos desde allá adentro!".

Le limpié la cara y las manos a Josiah.

"Bien, ¿qué piensas de la historia?".

"Mmm", dijo mientras escribía.

La historia de mamá fue muy característica. No como se dice en verdadero español.

Me reí.

"¿Y exactamente cómo sabes cómo suena el verdadero español?".

Recordé que algunos adoradores gritan muy fuerte en el cielo.

Ahí está, lo había hecho otra vez. Escribió sobre el cielo. ¿Estaría alucinando? Fuera lo que fuera, yo tenía que llegar al fondo de eso.

Una noche, a principios de año, Josiah se salió de su cama porque no podía dormir.

"Bien, amiguito", le dije mientras me acostaba con él en el sofá azul. "¿Qué es tan importante que no puede esperar?".

Dios me está abriendo mundos pasados. La adoración hizo que Lucifer se sintiera orgulloso. Dios ha abierto el acceso a un mundo bueno y no a un gobierno malvado.

Todas estas cosas me desconcertaban.

"Josiah, ¿por qué te sigues levantando en las noches?".

Últimamente un hombre no me ha dejado dormir.

"Bien…¿un hombre bueno o un hombre malo?".

Ángel bueno.

"Ah, ¿y qué dice o qué hace?".

Me lleva a varios lugares en el cielo.

"Mi amor, de verdad no entiendo. Todo es maravilloso y extraordinario, pero, ¿hay algo más que tengas que decir? Si no, de verdad me gustaría dormir un poco y tratar de darle sentido a esto en la mañana".

Papá está deprimido. Cuídalo.

Me quedé contemplando su cara mientras decía esas palabras. ¿Cómo podía saber de la pequeña batalla que su papá estaba librando contra la depresión? Nunca habíamos hablado de eso frente a él.

Un par de semanas después, Josiah volvió de Partners con los ojos llenos de lágrimas.

"JoJo, ¿por qué lloras?".

La obligación de un padre después de perder el tiempo y no hacer un gran esfuerzo para apurar a los ángeles rápidos y aprovechar una buena oportunidad y...

"¡Josiah, espera! Por favor no te vayas. Vuelve. Termina lo que estás diciendo".

Lo traje de regreso.

Papá está deprimido y no hace nada al respecto todos los días y no puedo aceptarlo.

¿Qué sigue ahora? Cada minuto esto se ponía más intenso.

"Bien, es hora de tu lección. Vayamos a la mesa del comedor".

Hablé con Josiah sobre los peces tropicales. Luego tomé su Biblia para niños y le leí la historia del centurión que necesitaba que Jesús sanara a su sirviente.

"Josiah, ¿Qué necesitaba el centurión que hiciera Jesús?".

Recuerdo que Jesús me contó todo lo referente a la sanación para el propósito de adoración. Cada motivo es evaluado para sanación.

"Bien", dije, abanicándome la cara. ¿En qué se ha metido mi hijo?

11

Una canción celestial

"Canta como un vencedor".
—Josiah Cullen

Febrero de 2013

Una noche helada, Josiah entró a nuestra habitación como un remolino y nos despertó. Encendí la lámpara.

"¿Qué pasó?", le pregunté, llevándolo a la sala.

Gog. Magog. Una garantía de un ministerio de sanación natural magnífica y una era de gran avance para el autismo. Era de sanación.

"¿Ah?", me desperté de repente. "¿Qué dijiste sobre Magog?".

Peligro a la paz. Niebla en Magog. El nombre del último peligro es pestilencia para los hombres.

Había leído sobre Gog y Magog en la Biblia, pero en realidad no conocía mucho el tema. Busqué rápidamente en mi iPad y llegué a Ezequiel 38, donde Dios defiende a Israel de su cruel enemigo, Magog. Una pesadez se apoderó de mí. ¿Qué tipo de batallas oscuras le había mostrado Dios a mi hijo? ¿Y *por qué* se las mostraba?

"JoJo, ¿cuál crees que es el mensaje que Dios quiere darnos con esto?".

Él me garantizó mi ministerio de adoración. Historia fantástica del amor de Dios.

¿Un ministerio de adoración para mi hijo? Si no podía hablar, ¿cómo iba a cantar? Yo no sabía nada de música. Joe había tocado el saxofón en la escuela, pero yo no había heredado el gen musical.

Pero igualmente reflexioné en las palabras de Josiah sobre el ministerio de adoración. Un día, cuando Joe y yo nos asomamos a su cuarto y lo vimos tocando su pianito de león y tarareando "ah, ah, ah", dijimos que debíamos meterlo en clases de piano.

Joe contactó a Erin, una terapeuta musical que daba lecciones en un estudio ubicado en el sótano de una casa remodelada. Un estudio que Josiah percibía más como una jungla de escaleras, con fácil acceso a "grifos de cocina" y otros instrumentos que lucían divertidos. Se desplazaba por todo el lugar como un toro en una tienda de objetos de porcelana.

Cuando se sentía inquieto durante una lección, subía las escaleras, abría la puerta de la sala de espera y comenzaba a hacer ruidos nada musicales. Me imagino que por eso no me sorprendió cuando Erin pidió hablar con nosotros después de la segunda lección.

"Josiah es un niño muy especial", dijo ella.

"Sí que lo es", dijo Joe sonriente.

"¿Sabían ustedes que tiene una afinación perfecta?".

"Mmm no, en realidad no", dije mientras miraba a Joe.

"Es cierto. Muchos padres se jactan de que sus hijos tienen afinación perfecta cuando no es así, pero Josiah la tiene. No solo es afinado en las prácticas, sino que cuando yo empecé a tocar la guitarra, él puso su mano sobre la mía, para que parara de tocar. Luego tocó una cuerda y salió corriendo al piano y tocó la misma nota, para demostrarme que mi cuerda estaba desentonada".

"¿Cómo es posible?", dije. "Nadie nunca le ha enseñado música".

Unas lecciones después, Erin se acercó nuevamente.

"¿Me pueden hablar un poco más de Josiah? Estoy haciendo un máster en psicología y he trabajado con muchos niños con autismo. Pero su hijo es diferente. Él no presenta los síntomas a los que estoy acostumbrada. Lo que les quiero decir es que... me encantaría saber que hay detrás de esos hermosos ojos azules".

Me puse nerviosa, tratando de pensar rápido. Nadie nos había pedido eso antes.

"Erin, ¿tú por casualidad eres cristiana?".

"Mi familia es católica. Voy a misa de vez en cuando".

Solté un suspiro y hablé.

"Antes que nada, me gustaría que supieras un par de cosas. Primero, soy una persona muy estable. No uso drogas ni nada de eso. Y Josiah no está tomando ningún medicamento".

"Continúe".

"Muy bien. No sabemos cómo, pero creemos que a veces Josiah ve a través de ojos espirituales. En septiembre pudo comunicarse por primera vez. Desde entonces, ha estado escribiendo sobre los ángeles y todo tipo de cosas increíbles. Pensamos que pudiera estar teniendo algún tipo de experiencia sobrenatural".

Ella levantó una ceja.

"¿De verdad? ¿Qué cree usted que inspiró todo esto? Es decir, ¿él ve muchas películas y televisión? ¿O tal vez lee ciencia ficción?

"No, él solo ha visto algunos videos musicales para niños, y hace poco vio su primera película animada sensorialmente amigable. Eso es todo".

"Mmm, no quiero entrometerme pero, ¿le pasó algo traumático que lo hizo desconectarse de la realidad?".

Crucé los brazos.

"No. El autismo es la única cosa traumática que le ha pasado. Él vive en un hogar estable, y siempre ha asistido al mismo centro de terapia certificado".

"Fascinante", dijo ella. "Si usted no tiene ningún inconveniente, me gustaría ver algo de lo que ha escrito. Tal vez podamos hacer algo con eso. También me gustaría conocer la opinión de mi supervisor".

Al día siguiente, cuando me senté en el sofá con Josiah, le hablé un poco al respecto.

"¿Te gustaría escribir una canción en la que Erin y tú puedan trabajar juntos?".

Sostuve su brazo suavemente y él movió su dedo sobre el iPad, decidido.

Mamá, te regalo esta canción suave y divertida que tiene siglos de antigüedad. Cuenta la leyenda que cada año era cantada por gemas femeninas. Está dedicada a ti, querida mamá. Paz para ti. Los caminos difíciles conducen a la victoria.

Llamo a la paz

Para no temer

Los caminos están libres

La batalla ha sido ganada

El rebaño está aquí

Levanta tu carpa

El rayo es brillante
No temas

Lo envié a casa de Erin con esa canción. Sus dotes la dejaron impresionada, pero de algún modo la música que Josiah escuchaba en su interior no iba a la par con lo que Erin proponía. Cuando esto ocurría, y ocurrió varias veces en unos meses, Josiah no podía ocultar su frustración y más de una vez se ganó un rato en su silla de castigo.

Esto no tenía sentido. Habíamos logrado abrir un mundo oculto de palabras, pero los esfuerzos por transformarlas en música eran inútiles.

Así que cuando Erin tomó su licencia por maternidad, nosotros decidimos cambiar de rumbo también. El desgaste físico y emocional no valía la pena. Además, teníamos muchos retos por delante, como la primera cita de Josiah con el dentista.

El terapeuta ocupacional lo había estado desensibilizado al cepillo de dientes eléctrico, así que pensamos que podíamos hacerle un chequeo sin necesidad de sedarlo.

No te preocupes, me dije cuando entramos al consultorio del odontólogo, *estás preparada*. Había escogido a una dentista ampliamente recomendada para niños con necesidades especiales. Habían hecho todo lo posible por animar a Josiah, y Joe le había leído *Los osos Berenstein visitan al dentista*. O sea, ¿qué más podíamos hacer, verdad?

Pero la pesadilla comenzó apenas la higienista lo sentó en la silla. Josiah gritó con desesperación, saltó de la silla y haló la puerta.

"¡Basta!", le grité.

La dentista negó con la cabeza.

"Creo que debemos ponerlo sobre una camilla e inmovilizarle las manos, los pies y las piernas con velcro".

Me quedé mirándola.

"¿Se refiere a atarlo?".

"No se preocupe, no es doloroso. Lo he hecho muchas veces".

Ignorando mi estómago revuelto, ayudé a inmovilizarlo a la camilla.

"Todo está bien", dijo la dentista.

Pero cuando ella le abrió la boca, Josiah se soltó la pierna. Comenzó a dar patadas de forma salvaje y descontrolada.

"¡Necesito ayuda!", gritó ella.

Tres ayudantes lo sujetaron y lo acostaron, mientras él se resistía. Lo volvieron a atar y todo estuvo bien durante treinta segundos. Para mantenerle la boca abierta, la dentista le puso un enorme instrumento metálico entre los dientes. Josiah lo mordió tan fuerte, que rompió la bisagra.

¡Dios mío, este es mi hijo, no un paciente psiquiátrico!

"Está bien, JoJo", le dije, ocultando mis lágrimas, "está bien, está bien".

La doctora le hizo la limpieza más rápida posible, metiendo el cepillo de dientes por todos los rincones de su boca.

"Lo siento, lo siento", le dije a todo el personal, echándole una mirada a los curiosos que estaban en la sala de espera, que volvieron rápidamente a sus teléfonos y revistas.

A pesar de estos episodios, la escritura de Josiah continuó acelerándose a pasos agigantados. Un día regresé a casa del trabajo, cansada, pero pensando en el cielo.

"JoJo, ¿puedes hacer algo por mí?", le dije, sentándome a su lado en la cocina. "Si te doy la primera línea de una canción, ¿podrías terminarla? Dice así, 'mi lugar favorito en el cielo es…'"

Su respuesta fluyó como un aguacero.

Mi lugar favorito en el cielo es sobre las aguas tranquilas

La paz es real, las almas cansadas naturalmente prueban la paz

Las rosas son impresionantes, adoran al Rey

Canten fuerte por el preciado perdón que requiere alabanza

Los ángeles saborean su santidad, extraordinaria actitud de alabanza ordenada

Ayúdennos a alabar juntos al Señor; complázcanlo

Todos alaben al Rey de la majestad eterna

Canten al Rey que está en el trono

Una dulce sensación de la presencia de Dios llenó el lugar, dejándome casi sin aliento, mientras las palabras del libro de Apocalipsis inundaban mis pensamientos: *Santo, santo, santo, es el Señor todopoderoso. Digno de recibir la honra, la gloria y la alabanza.*

Me apresuré a llamar a mi mamá.

"Oye, necesito leerte algo".

Cuando terminé la última línea, una paz y emoción nos embargó.

"Oh, Tahni, él ha estado allí", dijo ella. "Él ha estado en el cielo".

12

Instrucciones divinas

"Como un gorrión, levántate bajo el mejor cuidado de Dios".
—Josiah Cullen

Marzo de 2013

Yo no sabía si echarle la culpa al cansancio, a las ocupaciones, o simplemente al estrés, pero había programado por error una reunión en el trabajo dos veces y me sentía terrible por eso.

Joe me miró benévolamente.

"No te des mala vida. ¿Me puedes pasar la sal?".

Fue un buen intento de hacerme sentir bien, pero todavía me sentía como una tonta. Por supuesto, últimamente había estado atiborrada de presupuestos y documentos, lo que hacía que mi trabajo fuera más práctico que pastoral.

Josiah se embutió un trozo de pollo en la boca y comenzó a golpear la mesa repetidamente.

"¿Cómo estuvo Partners?", le pregunté, abriendo un espacio para que colocara su iPad.

Había una fiesta en carpas. Me divertí tirándome gases y ofendí a mi amigo pelirrojo. Me gusta sentir gases rápidos y divertidos. ¡Tráiganme los frijoles!

"¿Escuchaste eso, Joe? Definitivamente salió a su padre".

Joe se quitó los anteojos.

"Amigo, continuarás el legado familiar de hombres gaseosos".

"Gran cosota", dije. "Josiah, estás muy inquieto. ¿Qué te parece si nos vamos al sofá?".

Saqué los cojines y me acomodé junto a él.

"Oye, me gustaría saber en qué estás pensando".

"Eeeeee", dijo, y bajó el dedo.

Tiempos equivocados, de confusión. Deja los asuntos prácticos

actuales, el orgullo viene antes de la caída. Así que dile a tu tiempo de pastora que debes seguir un nuevo camino en la vida. Incluso dile a la gente sabia. Sé prudente en el último mes de tener una declaración de objetivos.

Es vital que los demás sepan. Véndete. Come comida de dieta. Ama la vida. Haz un plan. Defiende los nuevos potenciales fuertes de las madres calladas. Repara matrimonio. Di a madres que dejen de quejarse y que se levanten en victoria.

"Vaya", dije, tratando de asimilarlo. "Eso es bastante".

Miré con asombro la expresión *asuntos prácticos.* ¡Josiah prácticamente me leyó la mente! Y en lo que concernía a *un nuevo camino en la vida,* ¿se refería a dejar mi trabajo? Uh, no lo creo. No cuando aporto la mitad de los recursos en esta familia.

¿Cómo a mi hijo de siete años se le había ocurrido todo esto? ¿Quería Dios usarlo para llamar mi atención? Si era así, Josiah tenía razón cuando decía que *el orgullo viene antes de la caída.* Especialmente cuando tenía la tendencia a pensar que era yo quien mantenía la familia a flote.

En cuanto a lo que escribió de *dile a gente sabia*... Bueno, definitivamente lo tenía que hacer. Estaría loca si le hacía caso a sus palabras sin pedir consejos.

¿Y la parte sobre *tener una declaración de objetivos?* ¡Cristo! Sonaba como que yo debía decirles la razón de mi renuncia. Bueno, quería tener más tiempo para mi familia.

Comer comida de dieta. ¿En serio? ¿Qué niño le diría esa clase de cosas a una madre? O uno que estaba buscando problemas, o uno que veía la vida desde una perspectiva completamente diferente.

Defiende los nuevos potenciales fuertes de madres calladas. La verdad, eso tenía sentido para mí, porque independientemente de lo que ocurriera con mi trabajo, estaba decidida a seguir ayudando a otras madres por la internet.

Repara matrimonio. Mi corazón se encogió con esto. Cada fin de semana tenía cuatro servicios en Spring Lake Park, y pronto serían cinco. También supervisaba un ministerio de necesidades especiales, y había escuchado que quizás me pedirían que supervisara un grupo de operaciones, lo cual mermaría mucho más el poco tiempo en familia.

Di a las madres que dejen de quejarse para que se levanten en victoria. ¿Qué? ¿Acaso Dios quería que diera un grito de batalla y les dijera a las otras madres que dejaran de hacerse las víctimas? Si era así, debía hacerlo yo primero.

Toqué a Josiah en el hombro.

"Gracias. Esto fue increíble. ¿Te gustaría irte a jugar?".

Me apresuré a mi habitación y colapsé en la cama, con el teléfono en la mano.

"Mamá, tenemos que orar", sentía la intensidad en mi voz cuando le estaba contando lo que había pasado.

Mi madre comenzó a pronunciar una oración apasionada pidiéndole a Dios sabiduría y discernimiento.

"¿Tienes alguna opinión sobre todo esto?", le pregunté.

"La tengo", dijo ella. "Creo que las palabras de Josiah son un claro mensaje de Dios".

Más tarde, pedí el consejo de mi amiga Donna, una mujer muy espiritual que había conocido unos años antes en la Conferencia Relevance. Donna me había reconocido por una foto que apareció en la revista de la iglesia. Cuando nos conocimos, me enteré de que su hija también era autista. Ella conoció a Keri, la de Partners, antes de que se convirtiera en la directora. Aparentemente, Keri era la terapeuta ABA a domicilio de la hija de Donna. Qué pequeño era el mundo. Y después de la conferencia, Donna y yo comenzamos a disfrutar de reuniones periódicas en su hermoso hogar campestre.

"¿Dejar tu empleo?", me dijo. "¿Sientes la paz de Dios cuando piensas en eso? Es decir, ¿crees que el Espíritu Santo te está preparando para una nueva etapa? Él conoce nuestros corazones. En realidad no creo que debas preocuparte, porque Dios nos honra cuando actuamos en obediencia".

"Gracias", dije, mirando a través de sus ventanales, desde donde se observaba un valle lleno de árboles. "Eso era justo lo que necesitaba escuchar".

Hablé con Michele, mi amiga de Bethel, que se había convertido en una persona totalmente nueva desde nuestro maravilloso viaje.

"Oh, me encanta lo que escribió", me dijo. "Solo piensa en lo mucho que Josiah se beneficiaría si estuvieras más seguido en casa. Tiene mucho sentido".

Ahora solo necesitaba hablar con Joe. Si él decía que no, me olvidaría de todo el asunto.

Resultó que él debía trabajar hasta tarde esa noche, así que decidí comenzar a redactar mi carta de renuncia.

Primero le escribí a Steve. Luego agradecí a los pastores Bob y Scott, y a toda la directiva.

Gracias por estos trece años en Eagle Brook, porque ellos me cambiaron la vida. Gracias por darme la oportunidad y enseñarme a ser una líder, a crecer en Cristo, y ser parte de un equipo que se dedica a alcanzar a otras personas para el Reino de Dios.

La mañana siguiente, crucé miradas con Joe por encima de la mesa.

"Josiah me dio una palabra".

"¿Sí? ¿Sobre qué?".

"Sobre mi trabajo".

Puse el iPad frente a él.

"Escribió que debía irme. Aparentemente, Dios tiene un nuevo camino para mí, el cual me permitirá estar más tiempo en casa".

Joe se puso el dedo en la barbilla.

"Bueno, si te quedas en casa, no creo que las cosas se solucionarían tanto como crees. Por otro lado, dudo que alguna vez nos lamentemos de estar más disponibles para Josiah".

Lo tomé de las manos.

"Sé que esto significará un recorte drástico en nuestros ingresos, pero ya he calculado mi liquidación y si juntamos nuestros ahorros, tendremos suficiente hasta el próximo verano. Tal vez en el camino, Dios abra algún empleo independiente u otra oportunidad ministerial".

Joe se me quedó mirando.

"¿Por qué no lo pensamos el fin de semana y escribimos los pros y los contras?".

"Muy bien, ¿y por qué no oramos por eso?".

"Claro. Adelante".

"Dios Padre, necesitamos orientación y claridad. Por favor, mantennos a Joe y a mí en la misma página. Queremos tu sabiduría y tu voluntad, independientemente de lo que pase. En el nombre de Jesús".

"Amén", dijo Joe. "No me gusta adentrarme en lo desconocido, pero si esto es algo que tú sientes en tu corazón, te apoyaré. Sé que no haces nada sin antes haberlo analizado meticulosamente. Así que si crees que debes renunciar, encontraremos la forma de salir adelante".

Cuatro días después, estaba lista para mi evaluación semestral. Toqué la puerta del pastor Steve, empujando la carta de renuncia hacia el fondo de mi bolso.

"Hola, Tahni. Pasa, toma asiento". Me sonrió desde su escritorio. "Tú le haces este tipo de evaluaciones a tu equipo. Ahora es tu turno de escuchar las cosas maravillosas que tengo que decir de ti". Puso a un lado los documentos que estaban frente a mí. "Te hemos dado las más altas puntuaciones de la tabla. Nos gusta cómo te manejas tanto con tu equipo como con la congregación. Ha sido una temporada intensa, pero has encontrado tu ritmo de liderazgo. Estupendo trabajo".

"Vaya, me siento honrada. Gracias".

"De nada. También nos gustaría darte un aumento".

Se me secó la garganta.

"¿En serio? No me lo esperaba".

Toqué la carta de renuncia con los dedos, que por cierto comenzaron a sudar.

"Bueno, te lo mereces".

"Mmm, realmente no sé cómo decir esto", saqué el sobre. "Vine aquí pensando en presentar mi renuncia".

"¿Cómo? ¿Está todo bien?".

"Sí, todo está muy bien. Pero parece que el Señor me está guiando en otra dirección".

Se apoyó contra el respaldo de su silla.

"Vaya, no me lo esperaba".

"Yo tampoco".

"¿Te gustaría hablar de eso?".

"Claro. ¿Recuerdas cuando te conté que Josiah de pronto había comenzado a comunicarse?".

"Sí, es asombroso como él progresó con eso".

"Bueno, tal vez esto te parezca difícil de creer, pero Dios lo está utilizando para influir en mis decisiones. Es por eso que Joe y yo sentimos que debemos caminar en obediencia".

Él apoyó su cabeza en su mano.

"Vas a ser muy difícil encontrar una persona como tú, de eso puedes estar segura. Pero si Dios dice ve, entonces ve".

"Cuando Dios nos llamó a mi esposa y a mí a abandonar la iglesia y comenzar una nueva, sentíamos que era algo completamente irracional. Pero Dios nos lo confirmó, así que nos mudamos a Colorado. Mi esposa estaba nerviosa, como te podrás imaginar. No sabíamos cómo haríamos para alimentar a la familia, pero ¿sabes qué le dije? Le dije que incluso si Dios nos hacía pasar todo el invierno a base de frijoles y cebollas, Él nos ayudaría a superarlo".

"Así que llegamos a nuestro nuevo vecindario en Colorado, y fui de puerta en puerta invitando gente a la iglesia. Un tipo de aspecto rudo, que vivía en un remolque, me dijo que me quería dar algo. Me llevó a una alacena que tenía en la parte trasera y, ¿a que no adivinas qué sacó?".

"¿Qué?".

"Un saco de cincuenta libras de frijoles secos y un costal de cebollas".

"No puede ser".

"Así fue. El hombre me dijo: aquí tiene. Esto lo ayudará durante el invierno".

Me reí.

"Es una locura".

"Exacto. Le dije a mi esposa que debí haber dicho que Dios nos proveería filetes todo el invierno. Pero al final todo salió bien".

Riendo entre dientes, le di gracias a Dios en silencio por esta nueva confirmación.

En el poco tiempo que me quedaba en el trabajo, mis amigos y el personal de la iglesia se tomaron un momento para decirme cuanta diferencia había marcado yo en sus vidas. Me dieron notas y regalos, entre ellos, una membresía familiar al zoológico. De alguna manera, Dios me permitió concluir todos mis asuntos pendientes. Hice un video de despedida para la congregación. Dios incluso me permitió hacer un bautismo y algunos servicios consecutivos durante la Pascua.

En mi último día, el equipo me hizo una fiesta. Becky, la mamá de Gracie, trajo ponquecitos. Mi equipo me mostró un video que habían hecho en mi honor, y luego terminamos todo de la misma manera en la que había comenzado: con una oración.

De inmediato me encantó tener tiempo adicional para Josiah.

Un día, después de un buen retozo en la cama elástica, él escribió:

Siento que necesito tener una conversación.

Me reí.

"Está bien, charlemos. Echemos una carrera hasta el sofá".

Y él sabía muy bien lo que quería decir:

Cada vez que conversamos, toneladas de frases inspiradoras son pronunciadas. Me parece loco que no las publiques en Facebook.

¿A *él* le parece loco que no comparta toda esta locura en mi página de Facebook? ¿Tenía acaso la más mínima idea de lo que la gente podría pensar si yo publicaba sus palabras? Entonces se me ocurrió algo.

"Josiah, tienes razón. Tus palabras de verdad podrían ser de bendición para la gente. Tal vez pueda hacer una página especial, solo para ti. De esta manera podría compartir tus frases profundas y tus poemas. La familia y los amigos podrían unirse si quieren".

Excelente idea. Me encanta, mamá.

Sonreí.

"¿Cómo te gustaría llamarla?".

Imagínalo hecho, de Josiah

Bueno, no quería herir sus sentimientos, pero ese nombre no tendría mucho éxito. Pensé por un momento y recordé que solía cantarle el significado de su nombre cuando tenía pesadillas: "El fuego del Señor está sobre ti. El fuego del Señor está sobre ti en este momento". Josiah significa "el fuego del Señor", así que ¿por qué no llamamos a la página *Josiah's Fire*?

"Sobre tu página de Facebook", le dije. "Si en verdad vamos a hacerla, creo que vas a necesitar hacer un gran esfuerzo para aprender a escribir sin que yo te sostenga el brazo. ¿Entiendes?".

Imagínalo hecho. La sanación viene a mí. Jesús quiere que ores

por mí para que funcione el lado izquierdo de mi cerebro. Me pidió orar por ello.

"Bien. Bueno, en el nombre de Jesús, le hablo al lóbulo izquierdo de tu cerebro y a todos esos transistores que controlan las funciones. Oro para que se disparen con claridad y precisión. Ato cualquier interferencia. Declaro paz en ese lóbulo izquierdo, en el nombre de Jesús. Listo. ¿Qué tal estuvo?".

Merece una imagen de fiesta. La fe está aprendiendo a alabar por la sanación.

"En ese caso", le dije, "encendamos la música".

Y se sacudió al ritmo de la música.

Más tarde, en la madrugada, apareció en mi habitación totalmente alterado.

"Shh", le dije, "no despiertes a papá".

Josiah conocía la rutina. Agarré mis anteojos y lo seguí a la sala.

"¿Qué ocurre, mi amor? ¿Por qué me despertaste?".

Por favor apacigua al niño. Tenía frío. En noches anteriores, iba cálidamente a la cama. ¿Me puedes poner pantalones, por favor? Mi cabeza se siente inclinada hacia sentimientos espantosos de rabia reprimida, y me siento muy mal. Haz que se cierre la brecha. Ora por la paz, por favor.

Oré apasionadamente.

"Bien. Padre, has escuchado el corazón de Josiah. Por favor, dale paz. Llévate toda su frustración reprimida. Gracias por ser tan grande como para manejar nuestras emociones. Te pedimos que dirijas sus pensamientos y que hagas que sean solo para ti. En el nombre de Jesús".

Pero Josiah me despertó por segunda vez.

"¿Qué pasó ahora?", le pregunté.

Tía tuvo una idea. Lo llama Café de la paz. Familia divertida pacífica decidida. Imagínalo hecho.

Bolsillos llenos lo financian. De vuelta al mejor corazón de mamá concentrada en su radiante café. Bautízalo en paz. Si, abuela. Un banquete de Jesús. El Café es pastel y café como el que ella soñó. Imagínalo hecho.

Los dones son tiernas representaciones de la paz de Jesús. Dame un beso ahora. La paz es divertida. La gema está embistiendo dinero divertido hacia la abuela. La tía es pastel en el cielo.

"Espera, ¿estás hablando sobre mi mamá, tu abuela, verdad? ¿Estás diciendo que ella va a comenzar con una especie de café y a vender regalos? ¿Qué tipo de regalos?".

Cosas pacíficas de la abuela para hacer y comprar. Los estudios de la Biblia son parte de eso. Díselo a ella. Es legendario.

En Washington se está extendiendo la paz. La esperanza se está expandiendo. Es hora de celebrar. Fiesta es la familia de Mary. Fiesta es la familia de Rusty. Es herencia celestial. Es pastel en el cielo.

Yo modelo paz para mamá esperanzada. Obedece a Jesús. La ganancia neta es el sabor del cielo. Solo cree. Dile cada necesidad a Jesús.

En cuanto fueron las ocho en Washington, llamé a mi mamá para contarle las palabras de Josiah. "Lo sé. Tampoco sé qué pensar, pero escucha esto. Él habla de gente que está en el cielo, como la abuela Mary y el abuelo Rusty. Te lo digo, es una locura".

Mi mamá y yo reflexionamos en lo ocurrido un par de días, y luego ella me llamó.

"No he tenido una tienda en más de doce años y estoy felizmente retirada, así que pienso que Josiah se puede estar refiriendo a un principio y no a un verdadero espacio físico. Tal vez deba involucrarme más con los estudios bíblicos y comenzar a servir a la gente".

"Oh, Dios mío, mamá. Te vas a sorprender. Necesito leerte lo que Josiah escribió justo antes de que llamaras".

Piensan que el café gregario es tan solo una idea, pero es un lugar de negocios. Disfruta, querida Sharon, lo llamo Café Paz. La paz obediente está llamando. Bautízalo en paz. Fabulosa pasión está encendida. Cuidados pasan por alto.

Imagínalo hecho y yo lo llamo un trato. Fondos destellan para hacerlo posible. Arroja tus preocupaciones en mí, dice Jesús, porque yo cuido de ti, familia.

"¿Hola? ¿Mamá? ¿Sigues ahí?".

"Sí, estoy aquí".

"Bueno, ¿qué piensas?".

"Pienso que si esto es lo que Dios quiere que haga, no me rehusaré. Nunca me sentí realizada después de alejarme del mundo de los negocios. Así que si Dios provee los fondos, como Josiah dice que lo hará, debe ser algo bueno. Tendremos que dar el paso y ver qué hace Dios".

13

Así Dios nos ve

"Una perla redonda es problemática para ti solo
si el problema no deja tu cáscara en belleza".
—Josiah Cullen

Mayo de 2013

"¿Sabes qué, JoJo? Papá y tú van a ir a su primera obra sensorialmente amigable. Se llama *La bella y la bestia*. Vi la película hace muchos años y de verdad creo que te va a gustar. Por favor, recuerda mantener las manos quietas y sentarte bien, ¿de acuerdo?".

Los labios de Josiah vibraron y le dio una palmada a la mesa de la cocina, cerca de mi jugo de naranja.

"Desearía poder estar contigo", le dije, "pero acepté ir a esta conferencia gratuita hace un tiempo y papá se acaba de enterar de esta obra. ¿Qué opinas?".

Ayúdame a enfrentar un temor. Responde una pregunta de paz feliz antes de que papá la acolche. ¿El felino lejano, lejano, es un novio estridente y elegante, o un demonio desafiante?

¿El felino lejano? ¿De qué estaba hablando? ¿De la bestia? Si no me equivoco, la bestia tenía un aspecto un poco felino. Parecía ser de una manera y resultó ser de otra. ¿Cómo Josiah podía saberlo, si él nunca había visto la película?

"Oye, Josiah, ¿cómo sabes de qué se trata *La bella y la bestia?*".

El cabaret es profético para el autismo. La historia ocurre en la vida real. Estoy ayudando a papá a encontrar paz en la vida. El destino es principesco.

¡Vaya vaya! Hace cinco días, Josiah había escrito algo sobre un "cabaret de autismo", relacionado con sanación y transformación. En ese momento, ni siquiera sabíamos de este musical con ese nombre para niños con autismo. ¿Era posible que Josiah hubiera visto el musical en su espíritu? No, no podía ser, pero, ¿qué quiso decir con eso de encontrar paz?

"JoJo, estoy segura de que papá querrá escuchar las profecías sobre el autismo que aparecen en *La bella y la bestia*. ¿Quieres que le diga ahora, o que esperemos hasta después de que vean la obra?".

Antes es mucho mejor. Mecanismos están a punto de abrirlo a la paz y la sanación después de los efectos del autismo en mi mente. Los regalos han sido enviados.

Dijo eso y salió disparado, y en ese momento apareció Joe en sus pijamas.

"Buenos días, nena".

"Joe, no vas a creer esto".

"Qué, ¿se acabaron mis *waffles* favoritos otra vez?".

"No. Bueno, eso también, pero es sobre Josiah. Él nunca ha visto la película de *La bella y la bestia,* pero creo que sabe de qué va y dice que es una historia que profetiza sobre el autismo".

Joe arqueó las cejas.

"Vaya. Eso es extraño".

"Lo sé. ¿Tú crees que es posible que de alguna manera lo haya visto en su mente? Quiero decir, ¿de antemano?".

Joe apretó los labios.

"Bueno, supongo que todo es posible".

"Escucha, voy tarde para mi conferencia pero, ¿podrías hacerme un gran favor? Necesito que detalles muy bien esa obra y que trates de verla desde una nueva perspectiva. ¿Puedes hacerlo?"

"Seguro. Diviértete con las chicas".

En la conferencia de mujeres se presentó una banda compuesta por chicas. Después de una de las canciones, el líder de adoración nos dijo que debíamos "animar a alguien cercano" y "tratar de ser sensibles al Espíritu Santo".

Una dama de cabello gris me puso la mano en el hombro y se inclinó para hablarme.

"Tengo una palabra para usted".

Mi corazón se aceleró.

"De acuerdo, adelante".

"La veo de pie tocando una trompeta plateada. Escucho una nueva voz. Una voz que va a hacer olas e irrumpir en la atmósfera. Una voz que trae un anuncio que producirá enormes temblores por toda la tierra".

Me llevé la mano al pecho. Josiah. ¿Esto significaba que mi hijo sería sanado y comenzaría a hablar?

Pensé en las palabras de la mujer durante todo el almuerzo.

Cuando regresamos y me senté, el orador observó al público, de izquierda a derecha.

"A Dios le gusta sorprendernos. A veces creemos que algo va a pasar, pero Dios trastorna nuestros planes y nos da algo incluso mejor. Había pensado traer una gran presentación en Power Point, pero Dios puso en mi corazón la idea de que compartiera un mensaje completamente diferente".

Qué mujer tan valiente, pensé. *Especialmente frente a una multitud de ochocientas mujeres que tenían altas expectativas.*

"Si nuestra identidad está en una circunstancia o en otro ser humano", dijo, "estamos creyendo una mentira. Debemos descansar en lo que somos: hijas del Dios altísimo".

"Mujeres, Él nos llama a ser sacrificios vivos. Esto significa que estamos muertas a nuestra carne. Me gustaría hacer algo un poco diferente el día de hoy. El equipo de adoración va a tocar una música de fúnebre y vamos a celebrar un sepelio. Si necesitamos morir a algo para poder vivir, es hora de arriesgarnos y dar ese paso. Entreguémosle esas áreas dolorosas a Dios, y dejemos que Él las entierre de una vez y para siempre".

Cientos de mujeres se levantaron de sus asientos, y entendí que Dios quería pasarme a otro nivel. Me levanté mientras la banda tocaba "Sublime gracia" y me arrodillé frente a la cruz.

Hazlo a tu manera, Señor Jesús. Enséñame los aspectos en los que necesito morir. Ayúdame a pensar como la realeza. Ya estoy cansada de sentir lástima por mí misma. Esta es la clave para todas mis emociones rebeldes. Ayúdame a ver la vida como tú lo haces. Llévate todo mi dolor y hazme una persona nueva.

En la pausa para cenar, llamé a la casa.

"¿Cómo se portó durante la obra?".

"Bien. Se fue al pasillo e hizo un poco de ruido, pero lo estuvimos observando".

"Y bueno…¿Nada te llamó la atención de la obra con respecto a la palabra de Josiah?".

"Bueno, a decir verdad, no estoy seguro de qué debía buscar o sacar de ella. Tampoco la vi completa…Tú sabes cómo es cuando hay que cuidar a Josiah".

Me puse un poco tensa. Esto era una prueba, y yo lo reconocía. Pero de ninguna manera iba a dejar que el enemigo me robara la tranquilidad que había obtenido en la conferencia.

Cuando regresé a casa, caí rendida y no desperté hasta la mañana siguiente, cuando escuché un fuerte chirrido de uno de los juguetes de Josiah.

"Es temprano", dije. "No despiertes a papá".

Luego recordé que era el turno de Joe de ir al servicio de la mañana en la iglesia.

"Oye, ¿quieres hablarme de la obra?".

Lo llevé al sofá de la sala y me senté a su lado para ayudarlo a escribir.

Papá es realmente sordo a las cosas espirituales. La paz es la voz del amor por uno mismo. La gente está cazando intereses de paz.

Corrió al baño y salió con un montón de papel higiénico colgando de la boca.

"Oye, ven acá", recogí el papel higiénico y traté de llevarlo a la sala, pero él se escabulló hasta la cocina y se subió en el tapete.

"Josiah, ¿puedes terminar lo que estabas escribiendo?".

Cuando finalmente lo pude regresar al sofá, escribió un torbellino de paralelismos espirituales de *La bella y la bestia*. En medio de cada pensamiento, sin embargo, tenía que detenerse a saltar como loco sobre el sofá.

"Josiah, estoy segura de que uno de estos días le vas a romper los resortes a esa cosa".

Suavemente lo bajé del sofá y lo observé comenzar una nueva frase.

Jesús es muy bueno para considerarse a sí mismo como

hermoso en todo aspecto. Fue él quien me mostró todas mis piezas naturales de la obra, noches antes de que yo la viera.

Joe regresó unas horas después. Me miró con mis lentes gruesos, el pelo alborotado, y soltó una risita.

"Otro domingo relajado en casa de los Cullen, por lo que veo".

Me le acerqué en la cocina.

"Joe, tengo una pregunta importante que hacerte. ¿Sabes si Gastón, el de la obra, tenía un agujero en el calcetín?".

Subió una ceja.

"¿Cómo dices?".

"Un agujero en el calcetín. Trata de acordarte. Oh, y también dime si recuerdas algo relacionado con bates".

"Pues la verdad es que son preguntas muy triviales".

"Es que Josiah ha estado escribiendo sobre la obra durante más de una hora. Y no solo de lo que vio. Está haciendo todo tipo de conexiones espirituales profundas. De verdad me gustaría saber a qué se refiere".

"Mmm", dijo él. "¿Y si buscamos un ejemplar de la película?".

"Si lo hacemos", lo miré esperanzada, "¿la mirarías conmigo?".

"Claro, tengamos una cita al estilo de *La bella y la bestia*".

Me quedé en el automóvil con Josiah mientras Joe entraba a toda prisa a Half Price Books a buscar el video. En ese momento, un Honda compacto de color verde se estacionó frente a nosotros, y pude ver su placa. EGG689. Lo de EGG (huevo) me llamó la atención por algo que Josiah había escrito después de que Dios me pidió que dejara mi empleo: **Las gallinas se esfuerzan mucho en producir huevos. Las ardillas solo recogen nueces. Sé una ardilla.** Desde que la había escrito, la palabra huevo había estado apareciendo por todas partes. Y me llamó la atención el 68 porque Dios me había estado dirigiendo al Salmo 68. Así que para divertirme, buscaría el versículo 9.

Joe regresó al automóvil.

"No la tienen".

"Muy bien, vamos a intentar en Savers. ¿Me prestas tu teléfono para buscar un versículo?".

"¿Inspiración repentina?", dijo él, pasándomelo.

"Podría decir que sí. Mira esa placa. ¿Sabes que he estado viendo mucho la palabra *huevo* últimamente? Bien, leamos el versículo. Salmo 68:9: 'Tú, oh Dios, diste abundantes lluvias; reanimaste a tu extenuada herencia'".

En el momento que dije esas palabras, comenzó a caer un fuerte aguacero.

Joe retrocedió.

"Vaya. Hablando de coincidencias".

"Es más bien un acto de Dios", dije. "A Él le gustan los detalles. Señor, por favor, envía tus lluvias abundantes. Reanima a tu herencia extenuada: ¡Nosotros!'".

Encontramos un ejemplar de la película en Savers, y en lo que Josiah se durmió, nos instalamos a verla en la planta baja de la casa. Yo tenía un bolígrafo y un cuaderno en la mano, ansiosa de leer nuevamente los comentarios de Josiah en el iPad.

Autismo, TDA y TDAH ventilador miedo. Es una amenaza a la paz, fabricando bates de irritación en los niños.

El comportamiento raro y la pasividad han sido presentados. En paz, la fe se perfecciona mejor enfrentándola. Temerle pone la rabia dentro de nuestras bendecidas vidas. Causa una prohibición genética en una mayor pasión por vivir.

Jesús planea arreglarlo, terminar con los miedos. Midan sus niveles de paz.

La película comenzó, y los detalles de la historia volvieron a la vida. Una hechicera le echó una maldición a un joven príncipe egocéntrico, transformándolo en una bestia amargada. El castillo del príncipe se llenó de caos, peligro, desesperanza y miedo. Sus sirvientes fueron convertidos en objetos caricaturescos, meras fracciones de lo que solían ser.

La bestia, frustrada, comenzó a odiarse por sus peculiaridades. Habiendo leído las palabras de Josiah, los vicios del príncipe me recordaban los efectos estresantes y paralizantes del TDA y el TDAH, que podían hacer que alguien se sintiera estancado y solo en su propia casa.

Esta es una batalla que debemos enfrentar y ganar, escribí. *Jesús lo arreglará*.

Regresé a las palabras de Josiah.

Jesús escribió una obra. A cada hija se le ofrece una sociedad generacional con Jesús, aprovechando problemas pasados. Para Bella, como tú, mamá, su pastel en el cielo es confuso. Juega como una niña pequeña. Por favor aprende rápido. La sanación viene.

Aprender a amar es un propósito insignificante, pero atreverse a la belleza ayuda a que una persona le diga a otra cosas abundantes, festivas acerca de los propósitos del amor. Amor es en parte amistad y en parte pasión.

Bella anhelaba el amor y la aventura, pero cuando su padre quedó preso en el castillo, sus ideales se derrumbaron. Bella se encontró en el castillo del enemigo, pero los sirvientes encantados la animaron con un banquete. La decisión de celebrar en medio de tan horrible situación le dio libertad emocional y su esperanza renació. Bella aprovechó esa oportunidad para sacrificarse, ofreciéndose a sí misma como prisionera a cambio de la libertad de su padre.

Llamé a Joe para que leyera las palabras de Josiah.

Gastón se siente menos como el felino frenético. Bautizados en los aspectos de Gastón que son gallardos y maduros, los hombres son llamados a una diversión regia y festiva. Su dedo al descubierto es una imagen de la prueba superada.

Los hombres verdaderos tienen sentimientos luego de que Gastón coloca sus pies. Los pies son una sensación de sentimiento. Se sienten rápidos. Se sienten bien. Se sienten lentos. Se sienten mal.

Dios insiste en que los padres sientan una fiesta. Un espíritu de masculinidad más confiado, pero más callado, presenta un núcleo de paz para la familia. Los hombres dejan de operar bajo él, pero es esencial para la ayuda a la familia. Son los hombres totalmente comprometidos a ser sagrados en pasión, amor e imágenes de fe en tiempos realmente difíciles.

Cuando Joe regresó a la película, se irguió de la sorpresa.

"Lo vi", dijo. "¿Viste eso? El dedo del pie de Gastón sobresale.

No creo que hayan hecho eso en la obra, pero lo acabo de ver acá. Extraordinario".

"Lo sé. Así que si Dios nos mostró el dedo de pie en la palabra de Josiah, esto debe significar algo importante".

Tomé más notas.

Gastón había apoyado sus pies sobre la mesa y no le importaban los pequeños detalles, como el agujero de su calcetín, pero Josiah vio mucho más. Él vio a Gastón como un hombre con una misión, impasible ante las distracciones que lo rodeaban.

Personalmente, siempre había visto a Gastón como un imbécil. Sin embargo, las palabras de Josiah me recordaron que, si me fijaba lo suficiente, siempre podría encontrar la bondad en los demás. Dios hizo a los hombres para ser joviales, fuertes, valientes y rebosantes de confianza.

Después de que Bella rechazó a Gastón, sus amigos de la taberna le recordaron su identidad y pudo salir de su depresión y recuperar su confianza. Del mismo modo, todos luchamos con la Bella y la Bestia que llevamos dentro. Espera. ¿No había comparado Josiah a Bella con Jesús? Debía verificar eso.

Enfurruñarse no es de Jesús. Él es hermoso. Él es muy alegre. Él es muy bueno para verse a sí mismo como hermoso en todos los aspectos. Así que Él se está dando cuenta de que tú solo consideras su belleza, y no serás como una bestia.

Pensé en Romanos 8, que dice que no debemos ser controlados por la naturaleza pecaminosa que lleva a la muerte. Más bien debemos permitirle al Espíritu Santo controlar nuestras mentes y experimentar sin temor su vida y su paz.

Mientras más leía, más me preguntaba cómo Josiah había llegado a descubrir estos temas tan profundos y serios.

La bestia falla al conocer un sentimiento de paz. Como la bestia, papá se siente rápido como la multitud, pero su destino es rey. Puesto que sentirte mal contigo mismo controla las células malas, puedes llamar a eso una bestia. Paz que falla es comportamiento bestial.

Olvidar una fiesta la mayoría de las veces pasa a la bestia. Contempla el aturdimiento. Es depresión. Las células de abandono y

vergüenza son una bestia. Los celos son una bestia. Pensar que Dios tiene que ver más con el juicio y menos con el amor, es una bestia. El orgullo es una bestia. Todo el mundo enfrenta a una bestia.

A Dios le gustan los hombres positivos y plenos. Papá es un príncipe perfecto, elegante. Que no sea como Gastón, pero que celebre como Gastón en perfecta y sofisticada paz. Dile a papá que su paz es como la de Gastón y tu paz es como la de Bella. Vivan así.

Tremendo. También tenía que mostrarle este a Joe. Con suerte, se concentraría en lo positivo y rechazaría la bestialidad. Era obvio que Dios quería derramar su libertad, su paz y su gozo si veíamos la vida a través de sus cristales, no de los nuestros.

El amor está discutiendo con el ruido de sus propios juicios sobre ustedes mismos y está verificando que toda la humanidad de ustedes se encuentra ya debajo de su gran luz.

La bestia se sentía tan alejado de su identidad original de príncipe, que ya no podía ni siquiera reconocerse a sí mismo. Había perdido la esperanza, así que, con sus dos garras, rasgó su viejo retrato de príncipe.

Pero Bella comenzó a tratar a la Bestia cariñosamente, y el desarrolló tanta confianza en sí mismo, que la liberó para que fuera a buscar a su padre.

Cuando Bella se reincorporó al mundo, rechazó las insinuaciones de Gastón. Esto, por supuesto, lo enfureció, por lo que ordenó que asesinaran a la bestia. Pero ahora Bella defendía a la bestia, diciendo que era un ser incomprendido.

De vuelta al castillo, Bella y la bestia tuvieron una charla juguetona que dio inicio a una nueva relación. La vergüenza y la culpa dieron paso al perdón, la gratitud y la vulnerabilidad. Vieron una belleza nueva en cada uno. El más pequeño destello de amor logró eliminar el temor y la lástima que la bestia sentía por sí misma.

Los lobos atacaron a Bella, pero la bestia, locamente enamorado, estuvo dispuesto a dar su vida por ella.

La bestia herida estuvo a las puertas de la muerte, pero segundos antes de que el último pétalo de rosa tocara el suelo, Bella le confesó su amor. El amor rompió la maldición. La bestia y sus sirvientes fueron restaurados a su forma original, diseñada por Dios. Bella y el príncipe vivieron felices para siempre.

Yo iba escribiendo lo más rápido que podía: *No tenemos que vivir como si hubiéramos sido rechazados. Hemos sido amados, perdonados y aceptados. Pensar como la Bestia produce dolor, y nos aleja de nuestro destino como herederos reales de Dios.*

Josiah había escrito montones de cosas sobre este tema. De hecho, nunca lo había visto escribir tanto.

La celebración es una fiesta de alabanza, sanación de viejas heridas, brindis por tiempos felices. La paz posiciona la positividad. La positividad posiciona la alabanza. La alabanza posiciona el propósito.

Dios te está dando un nuevo diseño con personalidad angelical, mamá. Alaba a Dios en perlas impecables, hermosas. La hora de jugar ha llegado.

La belleza te presenta a ti misma vale aparentemente millones.

Es esencial sentarse más tiempo, imaginando su presencia. Por favor juega juegos de princesas.

Jesús dice: Yo puse una marca de princesa en tu corazón. Es paz para la vida, princesa de paz. Si el Padre lo siente así, los demonios no robarán tus cosas. Te presto mi autoridad. Demuestra fe plena. Tiempos divertidos están por venir. Princesa Tahni, príncipe Joseph, príncipe Josiah. Prometo que proveeré para ustedes. Paz".

Juegos de princesas. Me encantó eso. Me asombró que Dios quisiera que yo los jugara. Yo, que era de las que jugaba con los chicos, construía fuertes, me trepaba por los techos y jugaba con muñecos de G.I. Joe.

Buena esa, Dios.

La escena final, cuando Bella baila con la bestia, me recordó la redención del cielo. Todos estarán celebrando de la manera que Dios describió en el Salmo 30:11–12: "Convertiste mi lamento en danza; me quitaste la ropa de luto y me vestiste de fiesta, para que te cante y te glorifique, y no me quede callado. ¡Señor, mi Dios, siempre te daré gracias!".

Una semana después, volví a visitar a Donna, en su hermosa casa de campo.

"Qué banquete", dije, saboreando la pasta y la bruschetta.

"Las palabras de Josiah son un banquete", dijo ella. "Nunca había escuchado nada parecido".

"Ya somos dos", le dije. "Desde *La bella y la bestia*, he estado tratando de verme como Dios me ve. Como su hermosa princesa", le dije, mirando hacia los árboles en el valle. "Toda mi vida he luchado con problemas de sobrepeso. Cuando era niña, mi abuela me decía que me veía gorda. 'Mejor no te comas el dulce'".

"Vaya, eso es horrible", dijo Dana, meneando la cabeza.

"Lo gracioso es que he visto fotos mías de aquel entonces y en verdad no creo que fuera gorda. Por supuesto, eso era antes de que mi papá llegara a casa con un barril de caramelos, que por cierto ganó adivinando la cantidad exacta de caramelos que había en el barril. Tuvimos caramelos en la despensa durante meses".

Donna se rió.

"Mira esto", le dije. "Josiah escribió algo muy interesante. Dijo que buscar a Dios es estupendo para nuestra propia belleza. Dice exactamente así", eché un vistazo al iPad: **"Dios es la gran luz en nuestros cuerpos"**. "Ese niño, no tiene ni idea".

"Vaya", dijo Donna. "Las verdades de tu hijo son transformadoras".

"Después que escribió eso, abrí una cuenta secreta en Pinterest. Quería imaginarme lo que significaba ser una princesa, una hija del Rey. Pensé que ver como lucirían mi túnica y mi corona me ayudaría aferrarme a esa imagen desde el punto de vista espiritual".

Donna se levantó de un salto.

"Discúlpame, ya vuelvo".

Cuando regresó, traía algo escondido detrás de la espalda.

"Mi mamá es de Filipinas, y cuando la visité compré estos aretes," me los mostró. "Siento que Dios quiere que te los regale".

Me sorprendí.

"Oh Dios, Donna. Son hermosos. No puedo creerlo, perlas de color verde. Tienes que ver esto". Saqué mi iPad y le mostré mi cuenta secreta de Pinterest. "Las perlas en tus aretes son como las perlas verdes de este brazalete que publiqué. Escogí esta foto porque estas perlas son muy particulares. Me hacen sentir como de la realeza, como la novia de Cristo".

Donna sonrió, con el rostro iluminado.

"Parece que alguien quiere darte un mensaje fuerte y claro".

"Gracias", le dije, dándole un abrazo. "Como Dios quiere que juegue juegos de princesas, siento que estas perlas vienen de ti y de Él, y son hermosas".

"Igual que tú, princesa Tahni".

Sonreí. *Muy bien, Señor, ya entendí. Que empiecen los juegos de princesa.*

14

En sintonía con el gozo

"No hay miedo en sentir gozo,
si es tu honor tener el gozo".
—Josiah Cullen

Primavera de 2013

Esperaba un tranquilo regreso a casa después de compartir con las madres de otros niños autistas. Pero cuando llegué al túnel Lowry Hill en la I-94, cerca de Minneapolis, sentí una agitación.

Yo he pasado por ese túnel más veces de las que puedo contar. Me conozco de memoria los cuatro canales, las curvas de treinta y cinco millas por hora y los reflectores en el pavimento. Pero esta vez, a mitad de camino en el túnel, algo ocurrió y me concentré demasiado en las paredes de cemento. Me sentí distante y descontrolada, como haciendo un esfuerzo por respirar.

¡Voy a chocar! Mi corazón se agitó y sentí como un calorón. Quería salir del túnel y me sentía atrapada. *¡Respira!* La adrenalina se disparó. Estabilízate. No cambies de dirección.

El sudor me brotaba por los poros, mientras mantenía el volante firmemente apretado entre mis manos temblorosas. Estaba agitada, con el corazón desbocado. *Continúa,* me dije.

Finalmente salí, agradecida de haberlo logrado. Luego, me concentré en los marcadores de cemento de los bordes de la interestatal. ¿Y si los golpeo?

¿Qué me estaba pasando? Mi cerebro estaba fuera de control. No era yo. El tráfico pesado nunca había sido un problema para mí, ¡y esto ni siquiera era tráfico pesado!

Los ojos se me llenaron de lágrimas y me sentí enferma. *Detente,* me dije. Tomé la próxima salida y colapsé sobre el volante en una estación de servicio, tratando de respirar.

Finalmente, entré para usar el baño y comprar una botella de agua, pues tenía mucha sed.

Estarás bien, me dije. Cuando volví a la carretera, el miedo se apoderó de mí nuevamente. ¿Y si esto se convierte en algo crónico? Acababa de dejar un excelente empleo y tenía que ir a ciertos lugares. ¿Y si el miedo se apoderaba tanto de mí que me privaba de las ganas de vivir? Había escuchado historias de personas que estaban atrapadas en un ciclo de ataques de pánico, y no quería ser una de ellas.

Decidí no tomar la interestatal y opté por los caminos menos transitados. Por más que lo intentaba, no podía sacarme del cuerpo ese sentimiento de descontrol que se había apoderado de mi corazón.

Finalmente, llegué al garaje de mi casa. Entré en la casa y me deslicé bajo las cobijas junto a Joe, que respiraba lenta y rítmicamente.

Al día siguiente, tenía que llevar a Josiah a una fiesta de cumpleaños. No le había contado a Joe lo que había pasado porque no quería preocuparlo. Lo último que quería era que estuviera todo el tiempo preocupado por mí.

Cuando escuché los ruidos de Josiah en el asiento de atrás, me sentí doblemente responsable. Todo salió bien hasta que llegué al puente que conecta a Minnesota con Wisconsin. Entonces la pesadilla volvió a empezar.

Tahni, mantén la calma, por Josiah. Pero mi instinto de supervivencia no me estaba obedeciendo. *¡Señor, te necesito! ¡Ayúdame!*

Mi mente se volvió a llenar de temores.

Padre, mantenme en perfecta paz. Pongo mis ojos en ti.

Afortunadamente, logré hacerlo, pero no podía seguir así.

Dos días después, Josiah escribió lo que pensaba.

Haz una aplicación nueva sobre el cielo. Puertas y túnicas. Miedo es paz irracional. Los hombres deben saberlo.

Lo miré.

"Josiah, esa es una definición muy precisa del miedo. ¿Sabías que cuando conducía la otra vez tuve una gran prueba? Tuve algo llamado ataque de pánico. ¿Sabes lo que es?".

Es algo bastante evidente. La prueba funcionó efectivamente.

Me senté, asombrada.

"Josiah, ¿qué es la puerta?".

La respuesta salió de la punta de sus dedos.

La puerta está en tu mente, y está en tu camino si te aterriza fuera de los pastizales a su cuidado. Tú deambulas si lo único que haces es funcionar en hechos mentales y no en tu seguridad dentro de sus puertas. La fe hace que tu mente considere una declaración jurada de alabanza.

"¿Una declaración jurada de alabanza? ¿Qué es eso?".

No te enojes. Solo alaba, mamá.

"Mi amor, tú lo haces parecer tan fácil. Bien, ¿y qué significa la túnica?".

Es un pueblo remanente obediente que usa y hace cosas hermosas durante las decisiones diarias de fe. Una túnica es un remanente que busca la justicia de Dios. Te permite sentirte propiedad de la bondad de Dios.

"¿Dónde aprendes todas estas cosas? ¿Hay algún pasaje bíblico en cuanto a las puertas o algo así?".

La pequeña tribu de Benjamín atravesó la primera puerta cuando buscó alabar por su gozo. Está en Jueces. Hazme una pregunta. La fe es divertida. La mejor decisión que Benjamín toma es temer a Dios mucho más que al hombre.

"Muy bien, lo buscaré".

Busqué y llegué a Jueces 5. Allí leí sobre la canción de Débora, que habla de una guerra que llegó hasta las puertas de la ciudad. Los cantantes y músicos recordaban las victorias de Dios cuando marchaban. Aunque las tribus más grandes de Israel no participaron en el llamado de Dios a la batalla, los guerreros de Benjamín y otras tres tribus sí lo hicieron. Se levantaron victoriosos con todas las probabilidades en contra.

Así que Josiah tenía razón cuando dijo que la pequeña tribu de Benjamín confiaba más en Dios que lo que temía a los hombres. Ofrecieron sus vidas cuando actuaron obedientemente. Pero, ¿cómo sabía Josiah todo esto y el lugar de la Biblia en el que estaba? ¿Desde cuándo se había convertido en mi maestro de Biblia personal?

Comencé a estudiar acerca de las puertas, y empecé a verlas como puntos importantes de entrada y salida. En la antigüedad, los dueños de las puertas eran los dueños de la ciudad. Ponían vigilantes en las puertas para mantener a los enemigos afuera y a los aliados adentro.

¿Había dejado que las puertas de mi vida estuvieran protegidas por Dios, o sin querer le había abierto una puerta al enemigo? Como seguidora de Cristo, sabía que necesitaba resguardar las puertas de mis ojos, boca, oídos y emociones. No podía abrirme a nada que perteneciera al reino contrario, aquel que puede secuestrar nuestra libertad.

Las palabras de Josiah sobre la alabanza me ayudaron a verla como un arma espiritual. Comencé a alabar mientras conducía, y cuanto más lo hacía, más echaba Dios el espíritu de temor fuera de mí. Por supuesto, aún sentía un poco de miedo de vez en cuanto, pero Dios me había dado una llave para abrir su puerta de paz racional.

Yo valoraba como nunca mis momentos con Dios. Una mañana, leyendo sobre la mujer perfecta de Proverbios 31, llegué al versículo 25, donde ella se ríe de los días por venir. De repente, me sentí frustrada. Nunca me había importado la Barbie de la Biblia, pero esta vez me llegó más que nunca. Entré en el baño y me metí en la ducha, dispuesta a conversar con Dios.

Señor, tú quieres que sea una mujer que se ría sin miedo del futuro. Pues quiero saber cómo se supone que lo haga si tú no quieres que yo sea del tipo hipócrita, que finge que todo está bien cuando no es así. ¿Qué quieres que haga? ¿Que admita que tengo miedo? De acuerdo, ¡tengo miedo!

Tengo miedo del futuro de Josiah. Tengo miedo de nuestra situación financiera. Y tengo miedo de no estar actuando correctamente en mi matrimonio. Listo.

En ese momento, me llegó un pensamiento de golpe: a lo que le tenía miedo era a ser feliz. Darme cuenta de eso casi me tumba, y comencé a llorar descontroladamente.

¿Por qué tengo miedo de ser feliz, Señor? Yo río todo el tiempo. Soy alegre y optimista.

Cerré la ducha y salí, jadeando y llorando.

Y Dios me habló.

Tú ríes, Tahni, pero tu risa es sarcástica, como la de Sara cuando le dije que tendría un hijo en su vejez.

Pensé durante un minuto y Dios me recordó que necesitaba

aprender de Sara, que esperó muchos años por Isaac, su hijo prometido. Me vestí y tomé mi Biblia comentada.

Isaac significa risa. Desde el momento que Dios le prometió a Abraham y a Sara que tendrían a Isaac, su hijo, plantó en sus corazones una semilla de risa. Si Sara hubiera confiado plenamente en el Señor, quién sabe, tal vez habría reído sinceramente desde el primer día. Quizás no habría tenido que esperar por eso durante todos esos años.

Así que, ¿por qué reprimía mi risa? Fácil. Porque siempre que me pasaban cosas buenas, parecía que le seguían cosas malas. Había aprendido a desear lo bueno y prepararme para lo malo.

Aparentemente, Dios deseaba algo diferente para mí. Él quería que le abriera las puertas de mi corazón de par en par a sus increíbles planes y que esperara en el futuro de manera gozosa.

Dios, ahora lo veo. He logrado que mi compañero secreto se preocupe. Por favor, detén mis pensamientos. Quiero caer totalmente en tus brazos y dejar de buscar redes de seguridad. Estoy cansada de preocuparme. La preocupación me ha robado mucho. Quiero saborear cada instante de la infancia de Josiah y quiero que tu bondad sea conocida.

Dios me dio la oportunidad de hablar de su bondad con un grupo de hombres y mujeres en una reunión de la iglesia Substance. Nunca había tenido miedo de hablar en público. De hecho, me gustaba mucho hacerlo. Pero cuando llegó el momento de hablar de Josiah, que era lo que Dios había puesto en mi corazón, me sentí nerviosa.

"Es casi como si lo soñara", les dije, "pero también escucha sobre Jesús y los ángeles cuando está despierto".

Me miraban de manera compasiva y comprensiva, así que continué.

"Compartiré con ustedes una canción que Josiah escribió en marzo, pero primero, voy a definir una de las palabras que él utilizó. **Guffaw**. Cuando le pregunté qué significaba, esto fue lo que me respondió: **una risa feliz para efectos calmantes, un sentimiento famoso divertido**. Así que aquí está:

Sintonizo el cielo cada noche lustrosa
Recordando palomas
Cantando con gozo música fascinante
Para decenas de miles

Jesús requiere canciones de alabanza
Apasionadamente como un *guffaw*, satúrenlo con diez *guffaws*
Fe festiva, dotados e instigados, modelados y hechos
Por un mejor rey
Naturalmente recibe una puerta de lágrimas abierta
Nombra un buen sentimiento, gozo inacabado, una garantía ingeniosa
Un ruido gigante de *guffaws*
Para una multitud de rosas, más de las que se pueden ver
Cosechar lágrimas para tinajas. Las lluvias tardías terminan con tus miedos
Toma mi diversión, de una manera sutil
Anda a nombrarlo ahora un asunto de poca importancia
Y observa a las nutrias jugar para ti".

Miré alrededor del salón.

"La última línea de Josiah me hizo llorar", dije. Él no lo sabe, ¡pero a mí *me encantan* las nutrias! Creo que son divertidas y juguetonas, y creo que Dios me quería mostrar cuanto le importan los detalles. Él sabe todo de mí, y sabe todo de ustedes también.

Más tarde, una chica de poco más de veinte años se me acercó.

"Mis compañeros y yo tenemos reuniones semanales en Minneapolis, reuniones de dieciocho personas más o menos. Nos encantaría que viniera a compartir su historia".

Unas semanas después, nos apiñábamos todos en su sala de estar, y yo les contaba lo que Dios me había enseñado sobre Sara y mis deseos de poder reírme en los días por venir.

"Dejé que Dios trabajara en mí en la ducha, cuando estaba desnuda y vulnerable", dije. "Supongo que es el mejor lugar para llorar con todas tus ganas, porque ahí no es necesario preocuparse porque se corra el rímel".

Cuando la reunión terminó, tuve la oportunidad de escuchar sus pensamientos.

"He tenido muchas decepciones", dijo una chica delgada de cabello oscuro. "Mi madre sufre de ansiedad, y creo que yo lo heredé, porque siempre estoy nerviosa".

Oré por ella y otra chica habló.

"A veces pienso que Dios tiene algo grandioso para mí, un destino emocionante o algo así, pero cuando veo que no pasa nada, dejo que mis sueños mueran".

Le hablé con el corazón.

"Es difícil seguir creyendo en nuestros sueños", le dije, "pero el Dios que resucitó a su Hijo tiene el poder de resucitar todos los sueños que nos da".

La anfitriona, una chica de rasgos dulces y cabello corto, agradeció mi asistencia con una gran sonrisa.

"Tahni nos ha bendecido esta noche. Vamos a rodearla y a orar por que las bendiciones caigan sobre ella y su ministerio".

Se me llenaron los ojos de lágrimas mientras ellos oraban. Había venido a compartir y había terminado recibiendo más de lo que di. ¿No es esa la manera en que Dios siempre trabaja en su Reino?

Me reía mientras conducía camino a casa. *Señor, me encantaría hacer más cosas como esta. Quiero animar y ser la madre espiritual de mujeres más jóvenes. ¡Mil gracias por utilizar mi dolor para avivar mi pasión!*

15

La sanación

"El amor alimenta la sanación".
—Josiah Cullen

Verano de 2013

Cuando Josiah y yo llegamos a Giggle Factory en Hudson, Wisconsin, él se quedó congelado en la entrada.

"¿Qué pasa? Entra". Lo llevé hasta la segunda puerta, que da al parque infantil, pero actuaba como un toro dentro de una jaula. La gente nos miraba cuando pasaba. Los niños normalmente querían quedarse más tiempo, no lo contrario.

A Josiah le había gustado ese lugar la última vez, pero algo debe haberlo perturbado. Tal vez la mezcla de voces de niños disparó una sobrecarga sensorial en su cerebro. Yo sabía que él quería divertirse, pero estaba paralizado. Pude seguir insistiendo, pero decidí ceder e irnos.

La resistencia de Josiah me recordó la vez que fuimos a Burger King y se puso a llorar descontroladamente en el parque infantil. Sus chillidos sonaban como los de un animal herido y se quedó inmóvil. Lo levanté en mis brazos y pasamos entre los mirones, en lo que me pareció una caminata interminable al estacionamiento.

Pero tenía otras historias más increíbles que esta. Como una vez en la tienda naturista, en la que un comprador comenzó a gritarme.

"¿Podría callar a ese niño? Ya no lo soporto más. No debe dejar que siga tocando las cosas. ¡Nunca debió haberlo traído aquí!".

"Lo siento, él no lo puede evitar", le dije, y seguí mi camino.

El vendedor salió corriendo detrás de mí.

"Señora, siento mucho que le haya gritado. Puede seguir viniendo cuando quiera".

Este tipo de pruebas me han hecho querer sumergirme más en

la Palabra de Dios y acurrucarme a sus pies. Y eso fue lo que hice cuando llegué a casa.

Leí sobre la batalla del apóstol Pablo con su carne y pensé en el cuerpo rebelde de Josiah, así como en mi propia lucha interna.

"Así que descubro esta ley: que cuando quiero hacer el bien, me acompaña el mal. Porque en lo íntimo de mi ser me deleito en la ley de Dios; pero me doy cuenta de que en los miembros de mi cuerpo hay otra ley, que es la ley del pecado. Esta ley lucha contra la ley de mi mente, y me tiene cautivo. ¡Soy un pobre miserable! ¿Quién me librará de este cuerpo mortal? ¡Gracias a Dios por medio de Jesucristo nuestro Señor!" (Romanos 7:21–25).

Me encantó la respuesta de Pablo a esa triste pregunta: Jesús. También analicé como podía aplicarlo a Josiah. Independientemente de cuán esclavo se pueda sentir un niño autista de su cuerpo incontrolable, Dios anhela derramar su gracia y su victoria. Era algo que yo le había visto hacer en mi familia, y me encantaba.

Nunca le pedí formalmente a Dios que le enviara a Josiah un amigo que lo entendiera, pero Él sabía lo que había en mi corazón. A través de Facebook, conocimos a Philip, un niño de doce años, el primer amigo a distancia de Josiah.

Querido Philip,

Los dos estamos en paz cuando podemos comunicarnos. Me gusta la música melodiosa. Siento como que mi alma hace girar porciones de mi alma feliz a sorber mi alma. Beso el cielo con mis canciones para iluminar el amor de Jesús. Soy pequeño por fuera, pero grande por dentro, al igual que tú, Philip.

Las canciones que canto no están en mi boca todavía, pero pronto cantaré con mi boca. Lo tomo como una forma de captar tu atención, Philip, nosotros casi nunca usamos la boca. Pero te digo que yo usaré mi boca, ¡y tú también! Nuestras palabras fluirán.

El mérito no es lo que tú haces, pero es una atadura no mostrar lo que sabes. Es como la respuesta me deja totalmente sorprendido. Es como una imagen más excelente de notas musicales en mi cabeza, ¡porque yo lo sé ahora, Philip!

La sanación viene con verdades simples, ¿estás de acuerdo?

Es como si estuviera retratado bajo una nueva luz en mi mente. Soy apreciado porque me lo merezco, punto. Mi voz es como un cuerpo frío e inmóvil, pero siento que se prepara para hablar. ¿Podría venir con una imagen de valía del chico?

Tus redes están apiladas altas con maravilla a causa de tu fotografía. Fotos, fotos realmente tangibles y cronometradas, es muy divertido iluminar, especialmente cuando analizamos la creación.

Escuché que pronto comenzarás la escuela, Philip. Es Philip que se esfuerza mucho para usar la amada insignia de "trucha" en su cinto, porque la trucha nada contra la corriente, Philip. ¡Muy bien! Pocas elecciones, el Señor sabe, para encontrar una buena trucha como tú, Philip, que navegará muchas millas contra la corriente.

¿Tienes mascota? Yo tengo una perra que se llama Lucy. ¡Es tan divertido tener un perro, Philip!

Esperaba tanto tener un amigo ahora, Philip. Lo aprecio tanto, Philip. A veces me siento solo. Es mucho más triste cuando no tienes un amigo.

Algún día debemos vernos en persona,
Josiah

Como Josiah, Philip ha recibido entrenamiento RPM y sabe llegar al corazón de la gente. Josiah se iluminó cuando le leí las palabras de Philip:

Me gustan algunas cosas como las hojas y las flores. Me atrae su belleza. Una parte de mí quiere tratar con cuidado a la naturaleza, pero mi mente impulsiva quiere recoger las flores y girarlas en mis manos. No puedo evitarlo. Veo las flores y sé que no debo arrancarlas, pero mis manos tienen mente propia. Me siento mal.

Creo que no lo puedo evitar. Veo las flores y sé que no debería agarrarlas, pero mis manos tienen mente propia. Me siento mal.

Mi mamá me ha dicho una y otra vez que no arranque las flores. Puedo controlar mi impulso cuando alguien intenta detenerme con palabras, pero un tono de voz rudo solo hace que quiera hacerlo aún más. Los malos modales hacia mí, hieren mis sentimientos.

Me falta el control de los impulsos para hacer que mi cuerpo obedezca a mi cerebro. Es frustrante. Soy como un amputado con miembros fantasmas. Veo que tengo extremidades, pero no las siento mías. Tengo que verlas para saber que están allí.

Puedo sentirlas mejor cuando me muevo. Siento como si mi cuerpo no me perteneciera, pero mi mente es mía. Estoy haciendo un esfuerzo para hacer que mi cuerpo sea más obediente a actividades importantes, como los quehaceres o montar bicicleta.

Nadie debería vivir una vida sin propósito. Deben encontrar su talento y dominarlo. Mi mensaje para los padres es que nos den oportunidades para practicar nuestros movimientos de manera intencionada. Ayúdennos a hacer planes para utilizar mucha de la memoria muscular atacando el problema de enseñarnos pasatiempos y habilidades útiles.

Por favor, sean pacientes con nosotros. Estoy manejando mi cuerpo lo mejor que puedo, nadie quiere ser una molestia.

De Philip.

Así como Dios conectó a Philip y a Josiah, me llevó a conocer a Sue Rampi, una sabia mujer de cierta edad que había escuchado de mí después de mi conferencia en la iglesia Substance. Cuando Sue me preguntó si podíamos almorzar, accedí gustosa. Comimos comida china en P.F. Chang, e hice una conexión instantánea con ella.

"Supe que lo hiciste muy bien y animaste a todo el mundo", me dijo ella. "Habría estado allí si no hubiera estado en un viaje misionero".

"Oh, gracias", le dije. "Mi amiga Michele me contó cosas grandiosas de usted y el ministerio de su familia".

"Igualmente. Y ese hijo tuyo, Josiah. Al parecer es un as".

Me reí.

"Sí, es una buena forma de describirlo".

Sue y yo intercambiamos historias. Me recordó Hechos 2:17: "Sucederá que en los últimos días", dice Dios, "derramaré mi Espíritu sobre todo el género humano. Los hijos y las hijas de ustedes profetizarán, tendrán visiones los jóvenes y sueños los ancianos".

Sue se inclinó.

"Tengo un fuerte presentimiento de que Josiah va a ser utilizado por Dios de una manera impresionante. Dios lo escogió y lo apartó".

Sentí una gran emoción al oír esas palabras.

"¿Usted está en sintonía con esa clase de cosas, verdad?".

Ella asintió con la cabeza.

"Cuando era pequeña, podía ver el reino espiritual. Ángeles, demonios, todo eso. Tenía todo tipo de experiencias, y no sabía qué hacer con ellas. Tampoco tenía el valor para hablar sobre ellas. No como tu hijo mudo".

Tomé un sorbo de agua.

"Me encanta escuchar esto. Yo quiero entender desesperadamente qué le ocurre a Josiah, para poder criarlo mejor. Creo que tenemos mucho de qué hablar. Michele me dijo que usted es como una madre espiritual para muchos y que ha estado en el ministerio durante décadas".

"Cuarenta años. He viajado alrededor del mundo y he visto toda clase de milagros. Ojos ciegos que miran, oídos sordos que escuchan. Especialmente en lugares como Honduras".

"Vaya. Eso debe ser muy gratificante. ¿Por qué piensa usted que no vemos mucho de eso en Estados Unidos?".

Pinchó un pedazo de brócoli.

"No lo sé. Tal vez la gente deba anhelar a Dios con desesperación".

"Yo estoy desesperada", le dije. "Joe recientemente encontró un video de Josiah cuando tenía quince meses, antes de que tuviera autismo. Créame, su cara brillaba, estaba lleno de vida. Durante mucho tiempo no quise mirar viejas fotos de él".

"Si eso es así", dijo ella, "se te debe haber hecho muy difícil mirar ese video".

"Sí, pero valió la pena. Josiah se miraba en un gran espejo en el museo de los niños. Seguramente disfrutó ver sus ojos brillantes y su sonrisa traviesa. Miraba a la cámara, sonriendo y dando pequeñas carcajadas de bebé. Qué ternura. Él solía ser extremadamente sociable".

Ella me pasó un pañuelo desechable.

"¿Lo dejaste a él ver el video?".

Asentí con la cabeza.

"Lo vio una y otra vez, totalmente fascinado y deleitado. Oh, y escribió acerca de ello. ¿Le gustaría ver lo que dijo?". Metí la mano en mi bolso y saqué mi iPad. "Esto es lo hermoso de sus escritos. Todo está grabado".

Me encanta verme sin tics propiciados por el autismo. Es un

sentimiento tremendo saber que los tics no son yo. Es obvio, pero es como si la duda me llevara a creer que cerrar la puerta natural- mente significa que me perderán.

Es diferente ver las cosas desde este lado. Yo me veo a mí, no al autismo. Un poeta, sí. Un líder de alabanza, sí. Autismo, no. Oro para poder hablar. Me incita a golpear y arañar cuando realmente lo que quiero es sanarme por completo.

"Vaya, ese chico sabe quién es y lo que quiere".

Me encogí de hombros.

"No sé si él se ve a sí mismo como un líder de alabanza en el cielo o en la tierra. Si se refiere a la tierra... bueno, para eso haría falta un gran milagro".

"Dios puede hacerlo, Tahni".

"Sí, Él puede. Recientemente me permitió conocer a una mujer que fue sanada de autismo de alto funcionamiento".

"De alto o de bajo funcionamiento", me dijo ella, "Dios es más grande que eso".

Puso los platos vacíos a un lado y me tomó de las manos.

"Quiero decir que estoy de acuerdo contigo en lo referente a la sanación de Josiah. ¡En el nombre de Jesús, ese niño va a hablar!".

Se me puso la piel de gallina mientras ella derramaba su corazón ante Dios, intercediendo por mí. Una hora antes ni siquiera conocía a esta mujer, pero Dios la estaba usando para darme una sacudida adicional de fe.

Señor, tú no jugarías conmigo respecto a las grandes cosas que quieres que haga. Tú no organizarías una cita divina solo para prepararme para más decepciones, ¿verdad?

16

Antiguas amistades

"Sé el espacio que el Espíritu
necesita para llegar a este lugar".
—Josiah Cullen

Verano de 2013

De todos los terapeutas con los que Josiah trabajó en Partners, nunca olvidamos a Kim, su favorita. Fue maravilloso recibir noticias de ella cuando comenzó a seguir la página de Josiah en Facebook.

¡Hola Tahni! Ahora que Josiah se ha estado comunicando contigo, quisiera saber si le puedes preguntar si se acuerda de mí. Por favor, dile que estoy muy orgullosa de él y que me llena de alegría que haya podido comunicarse. No hay una palabra de él que no me deje asombrada, pero yo sabía que él tenía un gran filósofo en su interior.

¡Sí, Josiah! Tú cantarás con los pájaros. Puedes hacer cualquier cosa, inspirar a muchos, ¡y has encontrado tu voz de azulejo! Tú cambiaste mi vida, y siempre te estaré agradecida. ¡Celebro con ustedes! Espero que todo esté bien en su familia.

Muchas bendiciones y fuertes abrazos risueños,

Kim

Sabía que tenía que contarle esto a Josiah, así que entré a su habitación.

"JoJo, tú tenías una terapeuta llamada Kim. Tal vez no la recuerdes mucho porque solo tenías cuatro años cuando ella se fue de Partners, pero ejerciste una gran influencia en su vida. Después de trabajar contigo, ella volvió a la universidad para hacer una maestría. Ella quiere trabajar con niños talentosos y hacer terapia familiar. ¿Quieres que te lea lo que escribió?".

Él estaba jugando *Family Playhouse* en su iPad mientras yo le leía el mensaje de Kim. Luego se puso a mi lado para redactar una respuesta.

Kim ausente, divertida. Necesito la paz fabulosa de la gema. La gema rió y Dios cantó.

La gema galopa con los hombres que diez veces molestan los pulmones adormecidos. La némesis que mejor se fue es Matthew. La bestia de la gema de un amigo rápido de la bestia golpeó un rayo en el rápido corazón de ella.

Dios no se siente cerca, no porque los demonios cesen tu ángel gema escondido, sino porque el demonio malo trae el miedo a la misma gema cercana. Jesús avivó una llama de un faro para ayudarte.

El mejor chico aún recuerda a la mejor chica divertida. Yo puedo asombrar a la gema divertida porque yo voy cerca de tu ángel parlanchín, cesando el demonio malo de Géminis. Jesús prodiga su llama de amor viva.

Recibe a Dios, Kim, porque tus piernas no pueden mantenerse firmes sin él. Llámalo el último día de los demonios. Ángel de diversión la paz caerá fabulosamente sobre ti.

Puse cara de duda.

"Mmm, ¿debo enviarle esto a ella?"

"Eee", chilló él.

Bueno, Señor, tienes que ayudarme con esto.

Le escribí una introducción antes del mensaje de Josiah.

Hola Kim.

Le mostré a Josiah una foto tuya cuando tenías el cabello largo, luego le leí tu nota y le pregunté si se acordaba de ti. Más abajo te transcribo lo que escribió.

Como eres una persona que está en sintonía con los asuntos espirituales, debo decirte que esta comprensión solo se puede describir como sobrenatural.

Todo cambió en septiembre. Josiah empezó a escribir y he descubierto que de alguna manera visita el cielo y "ve" en el espíritu. Él profetiza, y está locamente conectado con Dios. Yo no le he enseñado ninguna de las cosas de las que él escribe. Él escribe con su propio idioma, ritmo e inteligencia.

Espero que no te arrepientas de que le haya preguntado sobre ti. Pero parece que hay algunas advertencias y recordatorios de que el cielo te está buscando. Él también parece saber y recordarte de alguna manera increíblemente espiritual.

¿Puedes decirme por favor si algo te llama la atención, o si habla de tu vida con precisión? Algunas de las cosas que escribe son una mezcla del pasado, el presente y el futuro. Si tienes alguna pregunta, no dudes en decírmelo. Yo también suelo pedirle más detalles a veces.

Él usa mucho la palabra "gema". Cuando la dice, se refiere a ti, una persona que el cielo ve como una gema. Te queremos.

Kim me respondió esa noche:
¡Tahni! ¡Es increíble! Lo estoy leyendo.
Tengo la total certeza de que él se conecta con Dios.
Estás en lo cierto. Es una mezcla del pasado, del presente y un poquito del futuro. Creo que es un mensaje para mí y también para demostrarte su conexión con Dios. He analizado frase por frase. Creo que entiendo la mayoría de ellas, pero por supuesto, todavía hay interpretaciones y preguntas sobre algunos de los simbolismos, especialmente en la parte del futuro. Supongo que encontraré un significado mayor después.

Recientemente he estado en un viaje espiritual, conectándome con el mundo espiritual. Espero no sonar como una chiflada. Me siento cómoda compartiendo esto contigo, sé que tienes un corazón abierto y que no harás un juicio negativo, y que también disminuirá tu preocupación sobre el mensaje.

Me mudé a Denver para iniciar un viaje interior y para apartarme de una comunidad que no me ayudaba cuando se trataba de trabajar algunos de mis asuntos personales (a raíz de mi naturaleza de "jipi" me imagino ☺). He luchado por mi felicidad y creo que con mi trabajo en terapia finalmente lo estoy consiguiendo.

Creo que este es el demonio del que habla Josiah. Las cartas del tarot constantemente mencionan que las trampas del pasado me impiden conectar espiritualmente... Recibo muchas señales de que debo aumentar el poder en mis elecciones.

Matt es mi exnovio, el cual pensaba que sería mi verdadero amor y con el cual me fui a vivir. Una vez que me mudé a las montañas con él, descubrí su adicción y sufrí mucho abuso emocional. Él escogió

las sustancias, yo la salud. Mi elección y mi fuerza para salir de esta
relación y recomenzar mi vida, me llevaron a comenzar la sanación es-
piritual en la que estoy actualmente.

Me cansé de las citas y estoy preparada para encontrar mi alma ge-
mela. Actualmente estoy saliendo con un géminis. Creo que Josiah dice
que él no es mi alma gemela, que saber eso me entristecerá, pero que
habrá una conversación y una lección que me acercarán a la compren-
sión de mí misma.

Invierto mucha energía en mis compañeros, pero eso también me
quita una parte de mi energía/luz. Creo que él está hablando de mi
proceso de sanación, de hallar mi espiritualidad y mi fuerza personal
sin dejar que el miedo me lo impida. Mi lección actual tiene que ver
con independencia y confianza.

Luego habló sobre su próximo viaje a Ecuador, pero yo seguía
pensando en la referencia a su exnovio. Por el amor de Dios, ¡Josiah
había adivinado su nombre!

La mañana siguiente, entré al cuarto de Josiah y estaba golpeando
la cama con su lagartija de juguete.

"Hola mi amor, me alegra verte", le di un abrazo. "Kim te respondió, y me encantaría saber qué piensas de su interpretación".

Él chasqueaba con la lengua mientras yo leía. Lo toqué en la
mejilla.

"Bien, ¿qué piensas?".

Mala interpretación, Kim. Tú ángel cerca es real. El chico te
advierte calmadamente. Deja que Jesús dirija una restauración
auténtica.

El demonio Géminis no es tu nuevo novio. Es un demonio malo,
literalmente. Gema, tapa tu puerta mental. Tu némesis anhela
atraparte. Lo veo cerca de ti. Haz que Neptuno haga una excur-
sión y se sintonice con Dios, no el festín natural que está a punto
de ocurrir.

Kim, la fe es divertida. Baila delante de él, no los ABC que
matan tu pasión. Adora a Jesús, Kim. Adóralo con gozo. Adóralo
expresivamente. Adóralo ricamente. La adoración te acerca a su
poder. Es poder sobre las preocupaciones que te roban el sueño.
Hay perfecta paz en Jesús, no en los tótems mentales de Satanás.

Imagínalo hecho. Satanás está arruinando la paz elegante del ángel a tu cuerpo bronceado. Permíteme disminuir tus engranajes demoníacos al famoso estilo de adorar a la manera de Dios.

El ángel te habló este lunes por última vez y avivó una llama. Dile a gema Kim que puedo sentir su espíritu cerca de mí. Amiga familiar, trabajo cerca porque te amo.

"¿En qué nos estás metiendo? ¿Y qué quieres decir con ABC?".

La carga de las preocupaciones.

Ayúdame Jesús. Yo tengo varias en este momento.

Agarré la laptop y me senté rápidamente en la silla del jardín.

¡Hola Kim! Tienes razón, no me gusta juzgar. Mi trabajo consiste en amar y bendecir siempre. Leí el mensaje que le enviaste a Josiah y le pregunté algo como: "¿Qué tal le fue con la interpretación?".

Quiero decirte que Josiah hizo una reinterpretación profunda. Créeme, entiendo que estas palabras golpean el mismo centro de todo lo que consideras cercano y verdadero.

Tengo el presentimiento de que las cosas se aclararán cuando estés en tu viaje. Nunca le he hablado sobre otras religiones o prácticas espirituales a Josiah, así que nada de esto viene de su ambiente natural.

No te cohíbas de hacerle preguntas a Josiah si necesitas clarificación. ¡Bendiciones en tu viaje y en tu travesía! Te queremos ciento por ciento.

Kim respondió:

Genial. De acuerdo, lo tomaré más literal. Creo de verdad que es valioso, y que hay una conexión con todos los puntos de vista, experiencias, enseñanzas y lecciones.

Unas semanas después, volvió a comunicarse.

El viaje ha sido maravilloso. De hecho, he estado experimentando algunos momentos y mensajes de Dios. Estoy feliz de reconocerlos y sentir que puedo identificarlos más gracias al mensaje de Josiah.

"Mira Josiah, Kim te volvió a escribir", se lo leí en voz alta y esta fue su respuesta:

Kim, tú me enseñaste semillas positivas. Aún cuestionas las buenas intenciones de Dios hacia ti. Piensa en Dios. El nido sorprendente de esta noche tuesta a una Kim más maravillosa. Un estudiante de Dios acaricia los placeres obedientes magníficos; los ídolos mundanos piensan en obras locas.

Tu musa tiene bolsillos de fe, pero anhela, cítame, amor, no reflexionando en Jesús. Cópiate del niño casi mudo. Tengo un propósito hermoso. Genuinamente la voz del mudo defenderá el estado de los niños reprimidos. Imagínalo hecho.

Oh, por todos los cielos. Qué valentía. ¿De dónde la sacaba? Ciertamente, no de mí. Y qué extraño era verlo usar la palabra "mudo" otra vez, cuando ninguno de nosotros usaba esa palabra. Si fuera por mí, no le enviaría este mensaje a Kim, pero, ¿cómo podía hacerlo si Josiah solo quería ayudarla en su búsqueda espiritual?

Padre, gracias porque el amor perfecto echa fuera todos los temores. Por favor, ayúdame a amar como tú amas, con un amor que es más grande que la propia conciencia. Estas palabras me parecen peligrosas, pero sé que las usarás para bien. Sabiendo que me amas, te doy permiso para usarme de la forma que prefieras. Soy tuya.

Joe y yo nos hicimos novios
después de actuar en una obra de
la universidad. Poco sabíamos de
lo dramática que sería nuestra vida.

Papá entregando a su niñita
en sagrado matrimonio.
Lamentablemente, murió de
un ataque cardíaco, más o
menos un año después.

Nuestro hijo nació el 4 de octubre de
2005 y le pusimos el nombre "Josiah",
que significa "fuego del Señor".

El abuelo y la abuela Cullen
aman a su nuevo nieto.

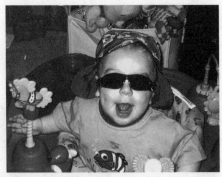

A los ocho meses, Josiah era feliz,
saludable y lleno de vida. No tenía
ningún problema sensorial. Cero. Nada.

Se apoderó de todo lo que lo
rodeaba en su primer cumpleaños,
¡especialmente el pastel!

Josiah interactuaba como un niño
normal de catorce meses. Miraba
a la cámara y fingía hablar por
teléfono. Si tan solo las cosas
no hubieran cambiado.

Cuando Josiah tenía dieciocho
meses, los padres de Joe notaron
que miraba los patrones de la cerca
fijamente. Más tarde conversaron con
nosotros sobre el tema del autismo.

No pasó mucho tiempo antes de que
Josiah se deslizara hacia otro mundo.
Dejó de mirarnos completamente y
de responder cuando lo llamábamos.

Cuando tenía dos años, ya no había brillo en sus ojos.

A los tres años, la terapia a tiempo completo no había funcionado tan bien como esperábamos.

¿Qué es esto? A los cuatro años, Josiah descubrió el iPod de su padre, el cual le resultó muy interesante.

Cuando me enteré de un nuevo invento llamado iPad, ordené una y la recibí el 3 de abril de 2010.

El nuevo iPad ayudó a Josiah a comunicarles sus necesidades básicas a sus terapeutas.

El iPad vino con un nuevo integrante de nuestra familia: Lucy, nuestra perrita raza maltipoo.

Cuando Josiah conoció un método comunicativo llamado Rapid Prompting Method (RPM), se abrieron nuevas posibilidades para nosotros.

Yo practicaba RPM con Josiah durante períodos de 20-25 minutos, y debo decir que no era siempre el alumno más agradable.

En el otoño de 2012, Josiah, de siete años, tuvo un avance comunicacional impresionante con el iPad, así que empecé a llevarlo a todas partes para que él pudiera expresar sus pensamientos y deseos.

Acá el iPad de Josiah con la aplicación del alfabeto de iMean.

rememberingdovesjoysingjingfascinatingmusicfortEnsofthousands
faithfu
beaconletsgodtellmethecurseisoveropenheavenshowsnewsnextgreatnewsstory
overstimulated
jesusrequiqressonfgsofpraisepassionatelyasa
ga
gafahsaturatehimwitheng
agafahsgatesS?festivefaaithgif
tedandabatedfashiontedandmadeforabestk
ingnaturallygetagenuineteargate?popenandnamet
asteofgpoodfeelundoneblissn
niftyguaranteedseam
ingiganuticnoiseofnecessarygobsgafahsforro
sesmorethaneyescansee
reaptearsforjarslatterrainsendyo
urfearstakemyfungentlewaysgonownameit
nonissueandseeottersplayforyou
ahappylaughforcalmefffedctsfamousfeelfunequalsgaffah
Comeandgoneandguaranteedlhopefirstrengthlikesamsonformysituationinaugustgammacamea
ndhealedmefullyeaxhnightigoseegammainheavenand getheavenfastschoolingheavenfocusis
onautismfaithisnowcomingBandiamhealedinjesusnameamen
gamfmaismyguardiananangelandmyfutureangelomfworship
mostfamouzsteacherisjesus

Guardé todos sus escritos. Lamentablemente, no tenían espacios ni puntuación.

Una vez a la semana durante el verano yo buscaba a Josiah en la terapia y lo llevaba a una salida especial madre-hijo, que él llamaba "lunes femenino".

Joe llevó a Josiah a su primer juego de béisbol de Grandes Ligas, el sueño de un padre hecho realidad.

Joe acompañó a Josiah a una obra sensorialmente amigable de La bella y la bestia, y después Josiah escribió varias páginas describiendo sus importantes paralelos espirituales.

Felicidades a la mujer que me ayudó a resistir durante todos los devaneos de nuestro mundo autista. ¡Te amo, mamá!

Mamá y algunos amigos me apoyaron cuando Dios me dirigió, a través de Josiah, a orar por nuestra ciudad desde su punto más alto, el Witch Hat Tower de Minneapolis.

En una reunión familiar, Josiah le escribió las palabras más tiernas y conmovedoras a mi prima Talitha, y se las dio con lágrimas en los ojos.

En la primera feria irlandesa, donde Josiah y yo tuvimos algunos encuentros interesantes.

Las palabras de Josiah impresionaron mucho al artista Scott Sample, por lo que nos obsequió una de sus pinturas. La colgamos cerca del sofá, donde Josiah continúa compartiendo sus visiones celestiales que glorifican a Dios.

17

Amor sin límites

"Conoce al Padre como un soporte de amor y recibirás
amor. ¿Puede Papá Dios ser generoso con una falla
a estas horas? ¿Puede su gozo estar muy lleno?".
—Josiah Cullen

**Llévame al Mall of America y Dios te mostrará algo que te
sorprenderá.**

"¿Que me va a sorprender?", me acomodé sobre la helada banca
del zoológico. "Bueno, que me sorprenda a estas alturas es como difícil... pero me anoto. Vamos".

Josiah me haló hacia el automóvil.

"Espera. Con calma". Dios mío, hablando de tener puestas las
pilas. Lo aseguré en su sillita de niños y nos fuimos. La mayoría de
los niños estarían satisfechos después de un día lleno de acción con
los animales, pero no Josiah. Cada actividad parecía acelerarlo más.

Me acordé de cómo pasaba las manos por las paredes en la zona
tropical, como leyendo en Braille. Las aves y los monos hacían sus
sonidos, y Josiah hacía el suyo. Cuando vio a las mantarrayas, metió
las manos en el agua para tocar sus suaves texturas.

Durante la película 3D IMAX sobre Kenia, subía y bajaba las
cejas, al igual que el trasero. Se cambiaba constantemente de su
asiento a mis piernas, como si no pudiera decidir cuál lugar era más
cómodo. Pero estábamos viendo una película en público, ¡algo que
nunca habíamos podido hacer!

Cuando salieron los créditos, le pregunté.

"¿Qué parte te gustó más?", pensé que me diría algo sobre los
leones, los leopardos, los ñus, o los hombres valientes que recorrían
el paisaje africano. Pero escribió sobre lo mucho que le había gustado
ver a las chicas en el concurso de salto.

"¿Qué te gustó sobre eso?", dije.

Mamá, ¿no deberíamos todos estar dispuestos a saltar de alegría, cada vez más y más alto, por Dios?

Por supuesto. ¿Por qué no se me había ocurrido?

Una vez en el estacionamiento del centro comercial, lo ayudé a salir del automóvil. Instintivamente, le apreté la mano para que no se soltara. Las puertas automáticas se abrieron, entramos y el ruido de la multitud nos bombardeó inmediatamente. Los grupos de personas me recordaban a los peces que nadaban en todas las direcciones, como buscando algo, quién sabe qué.

A mí no me gustaba ir a sitios grandes con Josiah, especialmente a centros comerciales, porque no eran lugares de los que se podía salir rápidamente. Había tenido muchos problemas cuando tenía que llevar al niño gritando y pateando hasta el automóvil.

Pero este año, después de que el Mall of America fue la sede del maratón *Autism Speaks*, Josiah cambió totalmente de opinión y el centro comercial le empezó a gustar. Usted pensará que la sobreestimulación le molestaba, pero de alguna manera el rugido de la constante actividad tenía un efecto calmante en él. En los lugares pequeños, por el contrario, se le hacía más fácil concentrarse excesivamente en las imágenes y los sonidos. Chirriaban en sus sentidos como huéspedes indeseados, haciendo estragos en nosotros.

"JoJo, ¿qué te parece si vamos a comer algo mientras esperamos que baje el ajetreo de las cinco?".

Caminamos un poco sin problemas, pero cinco segundos después empezó a portarse mal.

"Josiah, ¿qué estás haciendo?".

Se inclinó sobre la cuerda divisoria de la fila, y empezó a mecerse hacia delante y hacia atrás como un mono. Me puse roja de furia.

"¡Basta!", le dije, pero él no me escuchaba. Traté de colocarme entre él y la cuerda para evitar que siguiera haciendo gimnasia. No pude evitar las miradas de los transeúntes.

En lo que me dieron la comida de Josiah, lo tomé de la mano y nos fuimos rápidamente a Noodles & Company a comprar una ensalada para mí.

"Aquí Josiah".

Optamos por sentarnos en la parte más tranquila. Yo mantenía una charla trivial, mientras él engullía su hamburguesa sin pan y su helado. Después que terminó, estaba casi segura de lo que él querría hacer a continuación, ir a un lugar que podría encontrar con los ojos vendados: la juguetería.

En nuestra marcha pasamos frente al parque de diversiones, donde había niños gritando, pero Josiah no se mostró interesado. Siguió caminando con paso firme. Entonces, recordó algo. Comenzó a caminar más rápido, como un perro detrás de una ardilla.

"Josiah, ¡espera! Ese no es el camino a la juguetería".

Dios mío, había crecido tanto que apenas podía controlarlo.

"Josiah, por favor".

Lo agarraba con fuerza, tratando de detenerlo, pero no se detuvo hasta que llegamos a una banca que estaba frente a unas barandas de vidrio. Allí se sentó y me hizo sentarme. Muy bien, ¿y ahora qué? Miré a través del vidrio las tiendas y los pisos de abajo y la ventana decorada frente a mí.

"¿Qué pasa, Josiah?".

Saqué su iPad y pude ver como su dedo enloquecía sobre el teclado.

Me tropecé con esa chica agradable que daba pequeñas miradas hacia mí, trabajando espiritualmente para transmitir pequeñas palabras duraderas, para transmitírselas a los escépticos.

"¿Chica? ¿Cuál chica? Josiah, estamos en un centro comercial. Hay cientos de chicas. ¿De qué hablas?"

El amor es el amor. Dile eso a ella. Estaré forzado a expresar mi amor por ella por mí mismo. Ahora es el momento de trabajar el suelo como es hora de celebrar. Dile sus palabras. Sorpréndela. Dile que el amor nace de escoger a Dios, no de escoger la brujería.

La esperanza es amor, no más problemas paternales. Escoge un papá espiritual. Es el padre del chico; es Dios. Escógelo, no una hermandad de ladrones. Porque "tú me necesitas", dice Dios.

Se me aceleró el corazón. *Oh, Señor, por favor, no me digas que quieres que me dirija a una extraña, a una bruja extraña, para darle esta…palabra del cielo. ¿No podemos simplemente regresar a McDonald's para que siga actuando como un mono?*

Miré a la izquierda y a la derecha, tratando de encontrar a esta posible bruja. Ni siquiera podía decirme quién era. No, él tenía que irse y dejarme desorientada.

En ese momento, noté un grupo de jóvenes un poco mayores de veinte años en el otro extremo de la baranda de vidrio. ¿Estaría Josiah hablando de una de esas chicas? Se veían serias mientras hablaban con uno de los chicos. Espera. La chica que se apoyaba del vidrio usaba una capa negra larga.

¿Por qué, Señor? ¿Ya no es mi vida lo suficientemente loca? Me siento como una banda elástica a punto de romperse. Tú en realidad no quieres que haga esto, ¿verdad? ¿Por qué simplemente no nos dejaste ir a casa después del zoológico a tomar una siesta, como la gente normal?

"Ahhh…", gruñó Josiah.

"JoJo, ¿estás tratando de decirme que debo dirigirme a ese grupo de completos extraños y darle un mensaje a una bruja?".

Su respuesta me aceleró el corazón.

Sí.

"Pero tal vez no signifique nada para ella".

Tienes que decirle.

"De verdad, Josiah, ni siquiera sé cuál es la chica. Tienes que describírmela primero".

Pero en ese momento, el grupo completo empezó a moverse en dirección a nosotros. Si no los abordaba ahora, se irían caminando y perdería la oportunidad. Respiré profundamente y olvidando todo razonamiento lógico, comencé a acercarme.

"Disculpen".

Ellos voltearon. La chica con la capa negra encogió los hombros y pestañeó. Su cabello castaño oscuro caía suelto sobre sus hombros, y sus largas piernas con medias de malla sobresalían por el frente de su vestido.

Aclarándome la garganta, logré sonreír.

"Hola, siento molestarte. ¿Tienes un segundo? Me gustaría hacerte una pregunta, si no te importa".

Ella se puso una mano en la cadera.

"Claro, ¿qué desea?".

"Por casualidad, ¿tienes algún tipo de comprensión del mundo espiritual?".

Ella miró a sus amigos.

"Sí, creo que sí".

"Mmm, mi nombre es Tahni, y la razón por la que pregunto es porque mi hijo Josiah, aquí presente, también la tiene. Él sufre de autismo y no puede hablar, pero se comunica a través del iPad".

Sostuve la pantalla con una mano, y Josiah con la otra.

"Lo siento, es difícil de leer. Josiah no usa espacios, así que es como una oración pegada. Te abordo porque Josiah acaba de escribir un mensaje y creo que puede ser para ti. ¿Puedo leértelo?".

"Claro, adelante".

Tomé aire, le leí todo y luego la miré a los ojos.

"¿Significa esto algo para ti?".

"Mmm, en realidad no…"

Genial, pensé. *Gracias por esa idea.*

En ese momento, una chica de cabello rubio corto habló.

"Creo que el mensaje no es para ella. Es para mí".

Se descubrió la parte de atrás de su hombro, revelando un tatuaje de una estrella de cinco puntas dentro de un círculo, un pentagrama.

"*Soy* bruja", dijo. "Me dicen que *yo* tengo problemas paternos. Cuando escuché lo que estaban leyendo, sentí un calor. Esa cosa está hablando de *mí*".

El aire regresó a mis pulmones mientras miraba a la chica de la capa.

"Lamento el malentendido. Tú vestuario me confundió".

Sintiéndome tonta, me obligué a concentrarme en la chica rubia.

"Muy bien, ahora que has escuchado lo que leí, ¿tienes alguna idea de lo que significa?".

Uno de los chicos habló.

"Sam, yo creo que eso significa que debes dejar eso de la brujería".

"Esto me asusta un poco", admití. "Es decir, ¿cómo es posible que esto haya pasado? Estamos en el centro comercial más grande de Estados Unidos, y el Dios del universo, el Dios cristiano, hizo que nos encontráramos en el momento correcto para darles este mensaje. Sam, ¿qué piensas de esto?".

"De verdad no sé qué pensar", dijo. "Yo creo en un poder superior, pero en realidad no creo en Dios como usted. Yo era luterana, pero no he ido a la iglesia desde que estaba en noveno grado. Vaya, esto es raro. En realidad no sé qué hacer".

"Bien, ¿sabes qué creo?", le dije. "Creo que es increíble que alguien allá arriba quiera tanto darte este mensaje que utilice a una madre y a su hijo autista que no saben nada sobre ti".

"Lo sé", dijo. "No sé qué decir".

"Está bien. Tienes mucho en qué pensar. ¿Podrías darme tu dirección de correo electrónico? Me encantaría enviarte el mensaje para que puedas leerlo más tarde".

"Claro", lo apuntó.

"Gracias", me volví hacia los demás con los brazos abiertos. "Oigan, encantada de conocerlos, chicos. Gracias por ser tan pacientes conmigo".

Mi corazón estaba desbocado, incluso después de despedirme. Yo sabía lo que quería hacer a continuación. Me senté nuevamente en la banca con Josiah.

"Ahora quiero que me digas, ¿qué acaba de pasar aquí?".

Pero no me contestó. En vez de eso, escribió otro mensaje para Sam.

Obedéceme, no brujería sagrada u órdenes pequeñas de demonios que se burlan de forma enfermiza con escupitajos reales en tu cara. Soy el Dios del cosmos más informativo quien te señala. El voto está adentro. Estoy atracado, pero estoy codificando una chica fiestera con revelación abierta, que la tribula ahora.

El problema es que de verdad estás cuestionando todo, pero mi trabajo te dice que las rosas demuestran mi amor. Mi trabajo todavía no ha sido atizado. Son imágenes para tu mente. Es adoración a tus palabras. Escoge, escoge, escoge Sam. El santo te escoge. Jehová el Altísimo es mi nombre. La poesía se redoblará cuando tú me escojas, no la brujería, ni dioses conocidos o desconocidos que son demonios.

Jesús es la mayor esperanza que encontrarás jamás. Él puede estar lejos, o tan cerca como "¡Oh, Dios mío!". El idioma es más inusual para mí. ¡Estoy luchando con este Papá incandescente que llena este pequeño golpe en mi espíritu! Estoy obligado a subir las manos al cielo y decir: "¡Yo escojo a Dios! ¡Yo escojo a Jesús! ¡Yo escojo a papá! ¡Yo escojo al padre del chico! ¡Yo escojo a la

hija! ¡Yo escojo los sí que me escogieron, porque valgo tanto para Dios que estoy deseoso de tener vida otra vez!".

Piensa en esto esta noche, Sam. Voto es en mi trabajo amarte como una hija. Escógeme para forjar un nuevo camino de imitar el Señor del chico, no el señor de las brujas.

En todo el camino a casa, no paré de pensar en Sam. Cuando llegué a mi modular del sótano, decidí hacerle una introducción a las palabras de Josiah.

Estimada Sam,

¡Me alegra que me hayas dado tu correo electrónico! Solo te pido un favor: mantén la mente y el corazón abiertos mientras lees esto. Abre tu mente, no la cierres, y observa si hay algo que no te indique en tu espíritu que esto es cierto y que es para TI. Seguramente debes saber que no tengo ninguna intención con esto, excepto entregar un mensaje que te dice que eres amada. Eso es todo. Si tienes alguna pregunta o quieres discutir esto un poco más, queda de tu parte. Me alegra hacer lo que puedo.

Seguidamente copié y pegué todo. Cielos, si Sam dejara que Dios atravesara las paredes de su mente, vería que Dios la amaba más allá de lo que podría amarla cualquier padre terrenal. Dios anhelaba tener una relación de amor con ella, pero, ¿y ella? Oré porque así fuera. Luego presioné *enviar*.

Cambiará Sam o no cambiará, estaba segura de que yo sí lo haría. Siempre había sabido que Dios no tiene favoritos, que nos ama a todos por igual, pero ahora lo sabía *de verdad*. No era un asunto de "nosotros" y "ellos". Dios no aleja a la gente de otras religiones y nos deja a nosotros acercarnos. No lo hace. Independientemente de cuanto nos hayamos desviado, Él nunca dejará de intentar que nos acerquemos a Él, incluso en el centro comercial más grande de Estados Unidos.

Muy bien, Papito. No mentías cuando dijiste que tenías una sorpresa para mí hoy en el centro comercial. Gracias por darme la fuerza para iniciarme en esta nueva forma de pensar. Y por favor aumenta mi valor, en caso de que haya una próxima vez.

18

Un nuevo salón de clases

*"Te doy un préstamo de hacerte ver; pobre
en espíritu no es pobre en mí".*
—Josiah Cullen

Verano de 2013

Mientras Josiah se comía su helado de vainilla, yo le acariciaba la espalda.

"Esto es importante", le dije. "Cuando acabe el verano, vamos a cambiarte de Partners a una clase para niños autistas en una escuela pública".

Él seguía comiendo helado y lo iba derramando, mientras yo limpiaba con un trapo.

"Para suavizar la transición, te buscaré en Partners todos los lunes que quedan de este verano. Eso nos dará muchos fines de semana juntos adicionales. ¿No te parece genial?"

Él respondió con dos simples palabras: **lunes femenino**.

Yo me reí.

"Hermoso nombre. Me encanta".

En los meses siguientes, lo llevé a visitar parques, museos, pueblitos pintorescos, lugares artísticos como el Franconia Sculpture Park. Me reía mientras lo veía trepar las esculturas extravagantes.

"¿Qué te gusta de este lugar?", le pregunté.

Me gusta porque puedo trepar montañas para sentir que las mejores preguntas son respondidas y reflexionar en tratos desconcertantes.

Antes de ir al parque uno de esos lunes, Josiah expresó un deseo particular: **Déjame escuchar música country hoy, y ella me dirá verdades locas sobre los corazones de los hombres.**

¿Qué? Qué extraño. Joe y yo nunca habíamos escuchado música

country. Pero para complacerlo, sintonicé estaciones de música country durante el viaje.

Cuando llegamos, descubrimos que el parque había sido invadido por las chicas scouts. Oh, no. Tenían un castillo inflable. Josiah saldría corriendo hacia él, sin darme tiempo ni de reaccionar.

"Oye, ¡espera!".

Pero era demasiado tarde. Ya se había quitado los zapatos y se había metido a saltar con las chicas.

Comencé a sudar mientras niños y adultos me observaban contorsionar mi cuerpo a través de la pequeña entrada. Balanceándome hacia adelante y hacia atrás, trataba de atrapar a mi hijo, que siempre terminaba a pocas pulgadas de mis manos. Lunes femenino (sí, claro).

"Josiah, ven aquí. Es suficiente. ¡Basta!".

El golpeaba y pateaba, mientras yo jadeaba tratando de atraparlo. Cuando finalmente lo pude sacar, se quitó los anteojos y los lanzó contra el pavimento.

"Genial. Mira lo que hiciste. Rompiste tus anteojos".

Conduje con los ojos anegados de lágrimas, sintiéndome derrotada. *Señor, esto es tan difícil.*

Diez minutos después, vi un paraje natural bastante acogedor, y me estacioné en el hombrillo.

"¿Qué pasó, JoJo?".

Allí, debajo de un álamo, mi hijo escribió su primera canción country.

El evangelio del hombre pobre

Bésame Jesús, por favor
No te cobraré nada
El teléfono es un juego que el hombre juega
Resiste los caminos del hombre necio
Cítame ahora, cítame entonces
La razón presta una guarida tonta
Sube a la crema de la cosecha
Las rosas son amigos que pronto florecerán
La obra del hombre pobre mejor se olvida
Es podrida, podrida, podrida
Escúchame ahora, créeme después

**Jurando tiende a hacer un cráter
Bésame Jesús, las lágrimas ruedan
Bésame ahora, que la paz fluye.**

Mucha gente verá esto, añadió.

Cuando el verano llegó a su fin, Joe y yo llevamos a Josiah al examen psicológico obligatorio que exigía la escuela. Me sentía afligida por todo lo que había ocurrido recientemente. Todavía no podía sacarme de la cabeza las palabras de los terapeutas de Partners: *No queremos que Josiah se vaya, pero probablemente ya ha recibido suficiente terapia ABA... Tiene problemas para concentrarse en las tareas y casi siempre se ve aburrido y distraído... Es hora de que empiece un nuevo reto.*

Era extraño que después de seis años y cuarenta horas semanales en el mismo lugar, ya fuera hora de cambiar.

Abrí la puerta de la oficina del psicólogo.

"Pórtate bien", le advertí a Josiah.

Pero, ¿qué hizo en cuanto entramos? Dio un enorme y elegante salto dentro de la papelera.

El psicólogo se ajustó los anteojos.

"¿Por qué no vamos a la habitación de al lado?".

"¿Puedes diferenciar estos colores?", preguntó. Me estremecí cuando se sentó frente a Josiah, porque él siempre prefería que se sentaran a su lado.

"Concéntrate", dijo el psicólogo, apretando un sapito chillón.

Josiah refunfuñaba, dándole palmadas al cuaderno.

En lugar de ello, se escondió detrás de mi silla. Recurriendo al plan B, el psicólogo comenzó a hacer burbujas, las cuales Josiah diligentemente explotaba con sus manos.

"Tal vez deberíamos dejarlo que comparta sus pensamientos", indicó Joe. "Josiah, dile a mamá cuál es el problema".

Saqué mi iPad y lo sostuve mientras el dedo de Josiah se movía con una lentitud dolorosa.

"Continúa", le dije.

Luego le mostré a Joe sus palabras.

El hombre hace preguntas estúpidas para niños. Me quiero ir.

Joe y yo miramos al sicólogo y reprimimos la risa.

"¡Puf!", exclamé, mientras cerrábamos las puertas del automóvil.

Joe y yo estallamos en carcajadas.

"Bueno, no cooperó exactamente con el examen, pero al menos no tenemos que preguntarnos qué es lo que piensa. Oye, ¿te imaginas qué habría pasado si le hubiéramos contado todo al psicólogo?".

Joe se rió.

"Bueno, verá, nuestro hijo escucha voces y experimenta encuentros celestiales con ángeles". Lo más seguro es que habría tenido que inventar una etiqueta completamente nueva para él.

"Sí", le dije, "o para mí".

Me volteé y le sonreí a Josiah, nuestro Sr. Asombroso. Últimamente, lo había estado alentando con frases de la película *Historias cruzadas*, así que le repetía en voz alta estas palabras alentadoras:

"Josiah, *tú eres bueno, tú eres inteligente, tú eres importante*. Ah, y eres ciento por ciento amado".

Una semana antes de que comenzara la escuela, mientras preparaba la cena, vi a Joe abrazando a Josiah en el sofá.

"Sé cómo te sientes, JoJo", le dijo. "Cuando yo tenía nueve años, solo un año más que tú, mi familia se mudó de Nueva York a Dakota del Sur. No sabía si me iba a acostumbrar a otra escuela. Pero después de una semana, me comenzó a gustar. Oye, tengo una idea. ¿Por qué no escogemos la ropa para tu primer gran día? Después de la cena, te llevaré a Walmart y te compraremos una mochila".

Joe tomó una foto. Había estado documentando esta temporada de grandes cambios, y mi corazón de mamá estaba henchido de gozo.

Después de la cena, los tres nos acurrucamos en el sofá para revisar el kit para la escuela.

"Mira, una foto de tu nueva escuela", dije. "Mira todos estos maestros, lo agradables que lucen".

"¿Qué piensas, compañero?", le preguntó Joe.

Josiah se veía cansado mientras escribía.

Espero no esconderme dentro de mi lata de sardinas. Las sardinas son conocidas por sus pequeñas latas, pero mucho se

limitan sus movimientos en esas latas. Entra en el océano para ver cómo viven realmente. Son muy libres y plateadas.

El destino está plagado de pruebas, pero quédate en tu formación para estar unificado y resistir las redes de tantos pescadores tratando de capturar tu libertad actual.

Josiah estuvo francamente bien en su primer día, pero según la maestra, tan pronto como entró, decidió abandonar el salón de clases e ir a los columpios. Eso no me sorprendió, por supuesto. En Partners comenzaban el día con los columpios.

Por alguna razón, a Josiah no le gustaba sentarse en semicírculo con los otros niños. Prefería apretujarse contra el borde de la ventana.

Cuando se sentó conmigo, compartió sus sentimientos, diciéndome que se sentía incomprendido y que los demás no podían entender que él tenía un cerebro.

No podía soportarlo más, así que programé una cita con su terapeuta ocupacional y su terapeuta de lenguaje. Era hora de demostrarles lo que él escribía conmigo en el iPad.

Sus ojos fijos en nosotros me aceleraba el corazón, mientras le sujetaba el brazo a Josiah. Había llegado la hora. Esperé y oré para que algo bueno saliera de esto y que ellos pudieran ayudar a Josiah con sus habilidades para escribir en el teclado.

El terapeuta ocupacional rompió el silencio.

"Vaya. Muy interesante. Mire lo calmado que está con usted. Con nosotros, no se queda así sentado y tranquilo. Estamos viendo un lado de él completamente diferente".

"Oh, conmigo también se levanta y se sienta", admití. "Tal vez les gustaría ver *La valentía de una madre*. Allí aprendimos sobre el Rapid Prompting Method, la técnica que comenzó todo esto.

Por su mirada relajada, me daba cuenta de que ellos nunca intentarían lidiar con él de la misma manera. Sin embargo, me negué a dejar que eso me afectara. Más tarde, la maestra de educación especial de Josiah comenzó a ponerle tareas para la casa que lo hicieran reflexionar, por lo cual me sentí muy agradecida.

Un día, nos envió una nota diciendo que quería compartir uno de los ensayos de Josiah con los niños de una clase normal, y me sentí ansiosa por saber cómo les había ido.

De acuerdo con la asistente de la maestra, Josiah se había parado a su lado frente a la clase, mientras ella realizaba una lectura dramatizada de sus argumentos persuasivos sobre los columpios.

Me imaginé el conflicto interno que debió haber tenido Josiah, parado en aquel salón de clases, cuando él deseaba haber podido estar allí todo el tiempo. En una clase con niños normales que tenían libertades normales y vivían vidas normales.

Me rompió el corazón enterarme de que solo pudo interactuar con los niños normales en la clase de música o cuando les entregaba sus lápices afilados. El horrendo video de la conferencia sobre el autismo me volvió a atravesar como una flecha: "Nos sentimos muy bien si tan solo podemos enseñarles un par de destrezas funcionales, como aplastar latas y triturar papel".

Señor Dios, Josiah es tan agudo como la punta de esos lápices que él afila. Te ruego que a pesar de todas sus luchas internas, por favor, por favor, no dejes que se desanime.

19

El cielo abierto

"La gente valiente canta incluso cuando las notas callan.
Tocan las notas que escuchan dentro de su corazón".
—Josiah Cullen

Josiah y yo estábamos debajo de una tienda que hicimos con sábanas dentro de mi habitación. Nos acurrucamos y agarramos nuestros iPads.

"¿Qué es lo que te ocurre exactamente cuando tienes todas esas experiencias sobrenaturales?", le pregunté con naturalidad. "¿Son sueños o son visiones? En verdad me gustaría que me ayudaras a comprender cómo funciona esto".

Se abrió como una enciclopedia humana.

Una visión abierta es cuando veo algo frente a mis ojos, como una película, pero no está ocurriendo todavía. Así que veo que es algo que va a pasar y lo veo cuando estoy despierto. Veo con mis ojos espirituales como imágenes completas. Así que puedo contratarlo para ser hecho en oración. Una visión cerrada es símbolos o escenas que representan algo más para comprenderlo mejor. Veo visiones cerradas todo el tiempo en mi mente.

Un sueño es ordenado para conocer verdades que solo el Espíritu dice sin que las estudies. Así que esfuérzate en expresar sueños ilimitados, iglesia de occidente, porque estás muy atascada en la lógica. Intenta esta verdad: Dios utiliza todo esto para hablarnos.

Escuchar es cuando oigo algo que se dice. Es como música para mis oídos internos, saliendo de las voces de Dios, de Jesús y de los ángeles para decírtelo. Así que eso es escuchar las voces sintonizadas con la frecuencia del cielo para reducir las brechas.

A pesar de que me encantaba lo que escribía, me sentí abrumada tratando de comprenderlo.

"Por favor, no lo tomes a mal, mi amor, pero ¿cómo sabes que no estás alucinando o escuchando cosas?".

Destruye esa idea. Esto no está dentro de mi mente, así que no es imaginación o alucinación. Tristemente, médicos calumniadores, alarmistas, incrédulos pudieran decir otra cosa, pero bueno. ¿Y qué?

Mi trabajo es escuchar, así que cuando pueda hablar demostraré que estoy dando claves al citar totalmente a mis mensajeros espirituales, no a mí mismo, cuando estoy segmentando este lugar de la frecuencia del cielo.

Ahora, los demonios también van a tratar de poner a prueba esta frecuencia, pero "escoge un canal diferente, Satanás, no perteneces aquí, así que vete de esta frecuencia. Está sintonizada para las palabras de mi Dios, no las tuyas".

Contemplé su rostro iluminado por el iPad debajo de las sábanas y me estremecí.

"Bien. ¿Cómo experimentas el cielo? Es decir, ¿es cómo un sueño o una visión?".

Soy tomado hacia el cielo por el Espíritu. No estoy despierto, pero no es un sueño porque me está ocurriendo realmente, como si yo estuviera en mi mente y en mi espíritu al mismo tiempo.

Esto pasa todas las noches, creo. Los ángeles vienen a llevarme. No siempre es el mismo. Siempre hace el mismo sonido de agitación, y siempre zumbamos hacia las nubes para anidar en plumas mentales de lo milagroso.

Aterrizo en un lugar de idioma. Es como si todo estuviera vivo. Los árboles hacen ovaciones. Las hojas cantan. Las calles rápidas, ricas, resplandecen. Las fuentes impecables fluyen.

Las ricas salidas hacen decir al atónito alumno: "Majestuoso es este lugar que estoy viendo". Porque es como si los días se volvieran semanas y se volvieran años y se volvieran décadas en la noche que paso en ese lugar.

Después de ver lo que Dios quiere mostrar, soy transportado de vuelta de la misma manera, así puedo marcar mi dormir con

sueños, para descansar y levantarme en paz la mayoría de las veces.

Esto es tan preciado para mí, querida mamá. Estoy muy emocionado de contarte lo que me pasa, así puedes saborear mi mundo más que antes.

Guao. Estaba acalorada y temblorosa al mismo tiempo. Pensar que el Dios de todo el universo, el que se acurruca conmigo y con mi hijo en nuestro pequeño hogar, también está invitando a mi hijo a visitar su hogar. ¿Cómo era posible? Es decir, Josiah no estaba muerto o había tenido una experiencia cercana a la muerte.

Desde que Josiah habló por primera vez del cielo, seguía escribiendo a toda hora, especialmente en la madrugada. Fragmento por fragmento, letra por letra, lo veía desdoblarse, haciendo que la tierra al compararse pareciera aburrida.

El cielo es santo. El oro es puro como el cristal, no sólido, sino transparente. Las fuentes ascienden formando arcos y saltan alrededor como si el agua estuviera haciendo maromas en el aire.

Lagos enormes e imponentes de grandes cristales emergen a todo color en todas las direcciones. Los estanques son gigantes allí. El púrpura es mucho más púrpura. Es grandioso ver gente grande y ágil, y nadie envejece, ni se enferma, ni cojea allí.

Me sumergí en sus palabras como en la suave brisa de la tarde.

"Oh, Josiah, que lugar tan increíble. Cuéntame más".

Dios me muestra que su nombre en su gozo es Papá. Él es bueno en todos los aspectos posibles. Me muestra que soy su niño. Como si para Él yo fuera enorme. ¡Para Él yo soy enorme!

En su trono, fue genial escucharlo decir: "Soy el idioma de tus pinturas, de tu entendimiento, de tus poemas y de tus canciones. Soy el idioma de tu esperanza y el idioma de tu justicia".

Es todo gozo poner mi vida en sus manos. Él me muestra nuevas ideas para la justicia. Me habla de reyes y líderes de países y me muestra sus planes para la gente de nuestras vidas. Él no es solo mi Papá; Él es el Papá de todos.

Recordé lo que había dicho Josiah recientemente sobre soluciones científicas detalladas. Una de ellas tenía que ver con el autismo.

¡Vaya!, pensé. *¿Qué podría hacer una madre común y corriente con esta información?*

Se lo envié a dos personas de confianza, y estas casualmente lo compartieron con dos amigos médicos, quienes se maravillaron con los conocimientos biológicos de Josiah, diciendo que su razonamiento científico parecía viable y que de verdad tenía potencial.

Es curioso que cuando a Josiah le tocó describir sus experiencias en el cielo, se negó a compartirlas. Me dijo que Dios no quería que divulgara ciertos aspectos. "Puedo respetar eso", le dije.

¿Cómo podría no hacerlo, cuando ya había compartido tanto? Había develado muchos misterios y ampliado mi perspectiva.

Los indicios son grandes en el cielo, como luces brillantes que resplandecen sobre los agujeros de conejo que se ven muy pequeños. Si metemos la cabeza en ellos, podemos ver que no son tan pequeños. No se necesitan largas horas para ver más años de los que nuestros días podrán contar.

Una noche, Josiah contó que ascendía como en una especie de teleférico.

Este tranvía es un túnel que tengo el privilegio de atravesar. ¡Las estrellas están más lejos de lo que puedes imaginar! Vi lugares como Marte y bromeé con el ángel durante el camino al cielo.

El ángel era grande y rápido. Lucía como un arcángel, pero no era uno de los principales. Era cariñoso. Tocaba una trompeta. Llegué a un lugar a los pies del Maestro. Los pies de Jesús. Él es asombroso. Durante una hora me agradeció por mi trabajo en la tierra como si fuera agasajado por un rey.

Otra noche, Josiah contó que los ángeles lo llevaban habitualmente a la escuela en el cielo. Llegaba a una edificación sin paredes y él interactuaba con otros niños, algunos de los cuales aún estaban vivos en la tierra. Yo no entendía mucho, pero describía el aprendizaje como "fácil y divertido". El conocimiento era recibido como algo "descargable musicalmente".

En una clase particular de unos cincuenta niños, Josiah se sentó en una mesa triangular junto con otros dos. A veces, Jesús les enseñaba, pero la mayoría de sus maestros eran los grandes que habían aprendido importantes lecciones en la tierra. Luego de que esta gente hablaba, sus ángeles compartían su versión de la historia. De esta manera, los alumnos accedían a una perspectiva tras bastidores completa, equilibrada y espiritual.

Un día, el maestro de la clase de Josiah fue Abraham Lincoln. Después de que Lincoln habló sobre su vida, el ángel de Abraham explicó cómo hizo que Lincoln se sintiera afligido, dándole la "musa" o el "llamado a la acción". En ese momento en particular de la historia, Lincoln sintió que la esclavitud debía terminar, simplemente porque Jesús murió para liberar a la humanidad. Comenzó como una inquietud, y así la justicia floreció en la mente de Lincoln.

Abraham Lincoln y su ángel me ayudaron a ser espiritualmente consciente de lo que pasó del otro lado del velo que era de la tierra. Como el futuro sería determinado por el pasado. ¡Lo vi! Chispas espirituales que romperían las cadenas de la esclavitud de los hombres y mujeres de color para resistir la bendición perdida de la libertad de los Estados Unidos.

Oh, Dios mío. ¿Qué me estaba mostrando Dios exactamente? ¿Qué efectos tendrían estas revelaciones increíbles en nuestras vidas?

Me senté en el borde de la silla mientras él me contaba cuando Moisés habló en clase.

Moisés me dijo que, de pie sobre la roca, el ángel levantó sus brazos, no solo Aarón y Hur. Los ángeles mantenían sus dudas a raya. Así es con nosotros hoy en día.

La clase en el cielo abarca las mentes más brillantes que jamás hayan vivido. Mamá, soy tan rico ahora en mi misterioso salón de clases que tiene una mesa en forma de triángulo, para discutir tres ideas. No solo una, sino nosotros trabajando juntos como uno para proclamar milagros, para proclamar la fe nuevamente, para enseñar que escuchar a Dios con atención puede hacer que la vida sea mucho mejor.

Se dirigió a la mesa y sorbió un trago de jugo de uva. Mi corazón latía emocionado mientras lo llevaba de regreso al sofá para que continuara.

Vi a Renoir pintar en su lienzo. Escuché a Bach tocar ricos

opuses a la vida en su cuidado. La gente común y corriente se estremecía como si el arte fuera amor y las canciones fueran gozo.

Era increíble ver a los trabajadores diarios hacer lo que hacían en la tierra. Científicos, químicos, carpinteros joviales, reyes, jinetes, ideas sublimes besando sus mentes. Ellos trabajan en el cielo todo el tiempo.

Imagina esta escuela en la eternidad. Jesús escoge los temas que debo aprender.

¿En serio? ¡Qué fuente de conocimiento espiritual! Quería compartir esto con todo el mundo, pero al mismo tiempo no quería. Decidí seguir compartiendo en Facebook sus verdades, principios y conocimientos.

La gente comentaba sobre su estilo. Una lingüista me envió un mensaje privado, asegurándome que en todos sus años de carrera nunca había visto una escritura tan singular como la de Josiah. Dios estaba detrás de esto. Mi corazón se sentía tan lleno del cielo que podía estallar.

Una mañana, antes de desayunar, le pregunté a Josiah si podía contarme más sobre los otros dos niños en su mesa.

Sí, sí. Usualmente ellos dos están en mi mesa. También están vivos en la tierra. Landon es más o menos de mi edad y su cabello es rubio claro. Laura es artística todo el tiempo, apunta sus grandes ideas en idioma de poesía. Ella también es de mi edad y lo suficientemente osada para quizás ser una niña con una melena de color rojo claro. Naturalmente, es una niña agradable.

Me reí.

"¿Y de qué hablan?".

Solo pequeñas conversaciones sobre nuestra alegría. Fuimos escogidos para aprender en el cielo, para ver en nuestro gran mundo y construir nuestra esperanza en el Señor de nuevo en la tierra.

"¿Cómo eres en el cielo?".

Estoy completamente bien en todos los sentidos. Hablo, canto, camino, corro. Puedo hacer todo, haciendo todas las ganancias amables en cada manera astuta en el cielo.

"Me gustaría que me hablaras de los otros cincuenta alumnos. ¿Qué tienen todos en común? ¿Hay algo especial en ellos?".

Mi clase es conducida por Dios para aprender habilidades santas y hacer las cosas a su manera, no a la manera mala de Lucifer.

Mantén la compostura, me dije a mí misma.

"Cuándo no estás en tu escritorio", pregunté, "¿qué otras cosas haces en ese aprendizaje?".

Salimos. Es maravilloso ver los alrededores del cielo, saludando a los transeúntes que van por pequeños senderos.

¿Has conocido en tu vida a un hombre santo que haya construido un gran templo? Yo sí.

Si Dios quiere que aprendamos sobre el sonido, su gran rugido hace un sonido y lo vemos como grandes ondas ante nuestros ojos. Es increíble ver el sonido, mamá. Solo ir y tocar el sonido.

Esta es mi noche de gran aprendizaje mirando cómo funcionan las ideas. La historia está buscando desde la perspectiva del cielo y valorando a la gente valiente.

"Hablando de historia, JoJo, ¿alguna vez te hablé de Abraham Lincoln?".

Leíste una nota básica sobre su vida como presidente.

"Bien", le dije. "Lo había olvidado. ¿Cómo luce Lincoln?".

Él era joven, como de veinte años, tal vez. Cada persona viste una túnica. Sin sombrero ni traje negro. Sin barba. Simplemente se ve como Abraham Lincoln, mamá. Eso solo se sabe. Automáticamente sabes quién es quién allí.

"¿Puedes recordar algo más sobre el momento en que conociste a Lincoln en el cielo?".

Sí. Él era importante. Como si tuviera un jurado natural para señalar el daño audaz de juzgar a un hombre por el color de su piel. Él basó su vida en idioma emotivo para ver a los hombres como iguales. Esto es grandioso ante los ojos de Dios.

"Asombroso", dije. "¿Y con respecto a su ángel? ¿Puedes contarme sobre él? ¿Estuvo su ángel con él durante toda su vida?".

Sí. Ningún oyente se movía cuando el ángel hablaba porque su nombre era santo. Era Nathan. Yo estaba boquiabierto.

Josiah saltó del sofá y corrió por el pasillo. Mientras tanto, busqué *Nathan* en Google y descubrí que es un nombre hebreo que significa "regalo de Dios". Claro que lo era.

Le di a Josiah un poco de tiempo y luego me asomé a la habitación donde estaba.

"¿Quieres hablar un poco más sobre eso?".

Le temblaba el labio inferior cuando me acompañó al sofá. Allí, continuó justamente donde se había detenido, como si nunca lo hubiera hecho.

Sabía que era mi gran noche para escuchar a Nathan decir que había respaldado a Abraham Lincoln. Luego dijo: "Chico del fuego de Dios, tú tienes un gran ángel llamado Ronda que te protege. ¿Tu nombre es Josiah?".

Le dije: "Sí".

Él dijo: "Tienes grandes páginas que llenar, pero también tienes gran poder para llegar a la gente". Básicamente, me dijo que era un gran chico en este día para encender nuevamente el fuego de Dios en la gente.

Era como de nueve pies de alto. Era fornido. Se parecía a Jesús, pero no era Él. Tenía barba como Jesús también. Usaba una gran armadura dorada. No tenía alas, o si las tenía no eran visibles para mí. La armadura indicaba que era como un ángel guerrero.

Mi corazón latía con fuerza ante estas deliciosas rebanadas del cielo. Lo que el ángel le dijo a Josiah me recordó las palabras del Señor en Jeremías 1. Busqué los versículos del 4 al 9.

"Oye, Josiah, escucha estos versículos".

"La palabra del Señor vino a mí: 'Antes de formarte en el vientre, ya te había elegido; antes de que nacieras, ya te había apartado; te había nombrado profeta para las naciones'. Yo le respondí: '¡Ah, Señor mi Dios! ¡Soy muy joven, y no sé hablar!'. Pero el Señor me dijo: 'No digas: "Soy muy joven", porque vas a ir adondequiera que yo te envíe, y vas a decir todo lo que yo te ordene. No le temas a nadie, que yo estoy contigo para librarte'. Lo afirma el Señor. Luego extendió el Señor la mano y, tocándome la boca, me dijo: 'He puesto en tu boca mis palabras'".

"JoJo", le dije, acariciando su espalda, "¿te das cuenta lo increíble que es todo esto?".

Esta misma noche, tenemos grandes tareas y grandes ángeles nos apoyarán para que podamos hacerlo. Soy mi propio yo longevo con el Espíritu Santo y mi compañero ángel longevo moviendo mi vida en gran servicio hecho en amor. Es muy bonito saber esto.

Lo miré a los ojos a través de sus anteojos torcidos y dejé que su tierna sonrisa me acariciara el alma. *El propósito*, pensé, *ciertamente lo es todo.*

Me encanta, mamá, cuando Jesús me besa en la cara. Nos tomamos de las manos y valoramos corredores de esperanza juntos. Corredores de esperanza son bellezas aún por suceder. El Rey Jesús recorre conmigo el corredor de esperanza, viendo mi futuro.

Corre hacia el deslumbrante río de vida. Emerges como un hombre seco, solo saturado de planes.

Su gran puerta es perla. Porque es el Señor de los ruidosos mares antiguos, las increíbles montañas y largas millas de tierra, ¡Él tiene una gran perla de su propia mano!

Las calles físicas son de oro, pero transparente, porque son muy puras. Nadie cruza por una puerta de perla sin que Jesús albergue su nombre. Verás, el libro de la vida está en Él. Dios lo ve y te ve a ti o a mí.

Estas palabras y experiencias... Oh, Dios mío. Me sentía como si hubiera saltado al río del amor de Dios y hubiera sido renovada por el fresco baño de una ola.

Un domingo en la tarde, decidí preguntarle a Josiah algo importante en lo que había estado reflexionando.

"Así que ves a tu tía allá arriba, ¿verdad? ¿Me imagino que también ves a otros familiares?".

Los veo todo el tiempo. La familia es tan importante que siempre estoy tratando de encontrarlos para saludarlos.

Primero vi a mi abuelo Ken. Es el papá de mi mamá. Debe haber estado muy orgulloso de mí porque le dijo a mucha gente que yo era su gran nieto. Después de ver a mi abuelo Ken, vi a mi abuela Mary Anderson y a mi abuelo Rusty.

Meneé la cabeza con incredulidad.

"Esos son mis abuelos. Tú no los conociste en la tierra. Vaya, estás lleno de sorpresas. ¿A quién más viste?".

Vi al tío Dean, al abuelo Cullen y a la abuela Mary Cullen. Vi al abuelo Shea y vi a la tía.

Ahí estaba otra vez. La tía. La pariente con la que todo esto había empezado. Nuestras vidas nunca volvieron a ser iguales desde el día en que Josiah escribió su nombre.

He visto ancestros ilimitados de tu lado y del lado de papá de los que nunca siquiera has sabido en su vida. La abuela Alma y el abuelo John, sí. Está toda nuestra gran familia allá.

A Ken, mi abuelo, le gustaba pasar por ahí y decir "¡Mi niño!". Él estaba en mi pequeño lugar de ir y venir en la cosa como un teleférico de mi camino de luz. Él invitó a mi otra familia, todos se reunieron.

Fue una fiesta alegre en este gran parque de tamaño real. Familia ilimitada, mamá. Tuve una gran bienvenida y una alegre capacidad de celebrar con besos.

"Josiah, esto es increíble. ¿Hablaron contigo?".

Bueno, yo sigo en la tierra y ellos no, así que a ellos les gusta verme y saber cómo está la gente. También les gusta que le diga cosas a la gente.

Mientras están en un balcón ancho, a veces miran hacia abajo a nuestras grandes risas por nacimientos y bodas o valientes decisiones hacia Dios.

Me imaginé a mi hermano, a mi padre y a mi hermana mirándome desde allí, alentándome mientras crecía en la fe y me acercaba más a Dios.

Oh, Padre, tú no solo das buenos dones, sino que cierras brechas de forma increíble. Gracias por estos últimos días en los que me has revelado tus misterios. Y gracias por usar las cosas tontas para confundir al sabio. Simplemente gracias.

20

Una charla sobre la Trinidad

"Santo es este Dios, completamente digno.
Totalmente enamorado. Él es el Padre más
lejano, pero el gobernante más asentado".
—Josiah Cullen

Dios ahora quiere enseñarte sobre el Dios trino, mamá.

Me enderecé en el sofá. Si antes no estaba completamente despierta, pues ahora sí lo estaba.

En la Trinidad, el Padre es el gerente. El Hijo es el amador de operaciones. El Espíritu Santo es el obrero. Este es el "tres en uno" que hace las cosas.

El mundo fue creado solo por tres funciones, que fueron así: el Padre lo pensó. El Hijo lo amó. El Espíritu Santo llevó a cabo el plan. Así es como funciona la Trinidad, mamá. Padre, Hijo, Espíritu Santo falta nada. Y todos ellos hablan juntos sobre cómo deben ser las cosas. La vida es simple si sabemos que Él es Papá. Él es Sanador. Él nos ayuda.

"Josiah, eso es increíble. En unas pocas oraciones, has develado uno de los misterios más grandes de la Iglesia".

El hombre debe decir: "Padre, ¿qué piensas? Jesús, ¿qué amas? Espíritu, ¿qué debemos hacer sobre esto? Esta es tu misión: hacer lo que el Padre piensa, lo que Jesús ama, y lo que el Espíritu dice.

Pensé en el primer capítulo de Juan. "En el principio ya existía el Verbo, y el Verbo estaba con Dios, y el Verbo era Dios [...] Y el Verbo se hizo hombre y habitó entre nosotros" (Juan 1:1, 14). Nunca había visto estos pequeños extractos tan hermosa y claramente conectados. Era como si estaba en un globo aerostático, que viajaba cada vez más alto.

"¿Qué es lo que Dios dirige?", le pregunté.

Dirige todo, lo nuevo y lo viejo. ¿Entiendes, mamá?

"¿Y qué me dices de Jesús?".

Él es amor. Él salva. Él une todo al Padre. Él construye un puente. Mamá, es grande amar así.

"Mmm, ya veo. Esto es fantástico, genial e increíble. ¿Y qué me dices del Espíritu Santo?".

Al Espíritu Santo le encanta librarnos de nuestras prisiones. El Espíritu Santo trabaja para hacernos pensar como Dios y albergar sus deseos poderosos en nuestros propios cuerpos.

El Espíritu Santo está verificando mi propia alegría cuando llevo mis prisiones a sus ojos. A veces me siento golpeado cuando tengo que enfrentar mis días sin palabras. Me siento muy plantado en tristeza. No soy poderoso para ponderarlo como mi salvavidas las veces que estoy triste.

¿Enfrentar los días sin palabras? El corazón se me puso pequeñito. Para reanimarme, me concentré en la verdad de las palabras inspiradoras de Josiah. A pesar de la desdicha humana, o "prisiones", el Espíritu Santo existe para garantizarme gozo permanente. Si sabía esto, ¿cómo no podría enfocarme en una visión mejor y mayor? Caí de rodillas y comencé a entonar canciones de adoración apasionada para el Padre, el Hijo y el Espíritu, diciéndole a Dios cuánto lo amaba y lo adoraba. Y que rendiría mi vida delante de Él.

Dios en su bondad había permitido que Josiah presenciara a cada miembro de la Trinidad. Él los había visto separados, pero fluyendo juntos en unidad. Sus palabras me recordaron lo que la Biblia dice sobre la creación del mundo por medio de la palabra de Dios, mientras que el Espíritu Santo, un participante activo, flota sobre la superficie del abismo. Y que Jesús, el Verbo que era Dios y con Dios, ya nos había amado tanto como para morir por nosotros. Él fue sacrificado desde la creación del mundo (Apocalipsis 13:8).

Siempre me enseñaron a pensar en la Trinidad como el hielo, el líquido y el vapor, tres formas diferentes de la misma sustancia, así que esto me hizo llevar mi comprensión a un nuevo nivel, que suscitó mi deseo de saber más.

A veces Josiah decía verdades con cuentagotas; otras veces, las verdades fluían de él como el agua de una manguera. Una fresca tarde de otoño, cuando caminábamos por los alrededores de nuestro lago favorito, me preguntaba si mi deficiente comunicación con mi padre terrenal pudo haber afectado mis sentimientos hacia mi Padre celestial.

Josiah se veía tranquilo, tanto mental como físicamente, así que cuando vi una banca de madera, aproveché la oportunidad.

"JoJo, eres muy bueno explicando cosas. ¿Puedes describir un poco más a Papá Dios? ¿Tal vez decirme cómo luce?".

Mamá, la claridad es tan buena. Mi mundo en sus manos. Sintonízate con su risa y reirás. Dios demuestra que es "padre" en cada movimiento de su vida. Padre amoroso, alegre, audaz en todos los sentidos, pero amoroso con la gente que enfrenta el pecado. Él se fundó a sí mismo para ayudar al mundo a transmitir la fe nuevamente.

El Padre está en todos lados. Él nos enfrenta en donde quiera que estemos, ¡quien quiera que seamos! Si Él necesita actuar, dice a toda voz: "Fuerzas, ¡muevan este instante! Yo soy Dios, les guste o no. Mi mundo es para ser de esta manera, no de aquella, ¡así que serán silenciadas, fuerzas de Satanás! ¡Mueve esta montaña ruidosa ahora!". Luego, ¡la honda! ¡Bum! Ahora se ha terminado. Así lo pronunció Dios y una montaña hecha nada.

Me encantaba hablar sobre el poder de Dios, pero quería entender algo más.

"Josiah, ¿qué tan cerca estás de Dios?".

"Ven a mi regazo", dice Él, "Ricamente tú eres una boca futura de mi mundo, Josiah. Presenta mis palabras que el Padre vela constantemente por ti, hijo". La mayoría lucha durante años con este Dios. No, ¡no lo hagan! Digan solamente: "Te necesito, Padre".

Lentamente llena mi alma con órdenes para ser amigo de quienes no tienen amigos, para sanar a los enfermos, para clamar la liberación de los esclavos. Él es poderoso, así que Él es como fuerte, pero suave a la vez. Muy blando, así que es como papá, pero tan fuerte como para ser una deidad.

Josiah sacaba la mano constantemente para rasguear con sus dedos la madera de la banca, pero yo se las devolvía con suavidad.

Mamá, Él es ardientemente maravilloso. Iracundo no es con

la gente. Los ama a todos. Él los inspira para que ellos puedan escoger que Él sea Padre. Él dice: "Los pequeños días oscuros en los que el hombre escucha a Satanás me ponen tremendamente triste". Él es como un padre que desea ayudar, pero su bienvenida es llamarlo.

Sus piedras de fuego son su centro iluminado. El brilla con colores fuertes y exquisitos para decir: "La verdad es la verdad. El orden es el orden. El santo es santo". Las piedras son la base sobre lo que todo se sostiene. Es su corazón. Piedras de verdad.

Santo es este Dios, totalmente digno. Rico en sus últimos días. Rico en sus días primeros. Alto en los portales. Alto en las montañas. Alto en el trueno que golpea. Pero suave en su interior. Divertido. Un artista inigualable de nuestro diseño. Lento para el enojo, rápido para amar. Él es como Papá, como Padre, como Papá.

Le encanta decir: "¿De verdad me retas a amar más que mi Hijo? ¡Está ocurriendo! Yo también lo reto a amar más que yo. Es una competencia. El juego ha estado empatado durante siglos".

Los transeúntes pasaban y los perros ladraban, pero yo no les prestaba atención. Apenas podía moverme. *¿Qué pasaría*, me pregunté, *si Joe y yo imitáramos el carácter del Padre y pasáramos la vida entera tratando de amarnos más de forma desinteresada? La vida sería seguramente más alegre y libre.*

"Josiah, esto es increíble".

Me sentía debilitada por la emoción, y me preguntaba cuánto tiempo más Josiah estaría dispuesto a permanecer sentado.

"¿Puedes hablarme de Jesús?".

Oh, Él es eterno. Él es poderoso. Él es justicia. Él es el flautista mágico de los liberados, trabaja diariamente para llamar los ratones que nos roban la paz.

En el cielo, Jesús es como un hombre jovial, original, espiritual y alegre que siempre está sonriendo. Los hombres dicen que puede ser que Jesús sea delgado. No, Él es masculino, fuerte, y líder. Su talla es como la de los hombres que se ejercitan fuertemente. Él es muy fuerte con los demonios cuando dice: "¡Deja a mi pueblo, o provocarás mi gran rugido!".

El aspecto de Jesús es sorprendente, transcendente en su poder dunamis. Tiene los ojos azules como si el mar estuviera dentro de ellos. Cambian de mar a fuego, a praderas exóticas, a magnífico bajo el musgo de los árboles, a un desvío atractivo de mantener tu imagen en la pupila, como si fueras la niña de sus ojos.

La luz del sol danzó repentinamente en los ojos de Josiah. Sentí el calor de su cuerpo. Lo abracé en ese momento especial, mientras él continuaba.

A veces usa una corona. Casi siempre cuando me escucha, se quita la corona y solo se ve su cabello, para ser informal conmigo, me imagino. Para decirme secretos como mi amigo acostumbrado a Él. Para escuchar sus pensamientos, nombrar sus mandatos, transmitirme misiones cuando dice: "Lucha con esto, ¿puedes?". Y luego dice: "Dime tus ideas también. Me gusta mucho escucharlas".

Él usa ropa de rey cuando no tiene una túnica blanca. La túnica blanca lleva un cinto que es triunfal y significa su misión espiritual para ayudarnos, para sanarnos, para liderarnos. Transmite sus reflexiones y los colores del cinto cambian dependiendo de lo que Él esté hablando.

El verde es sanación, y el sonido es pensamientos de sanación en su corazón en este instante. Así que recuerda, una cuerda de tres hilos (mente, corazón y palabras) es el borde de un milagro. El cinto rojo desencadena el liderazgo de simple destino para alinearse con la sangre roja de Jesús. El último es púrpura.

Saltó y colocando su mano hacia arriba, comenzó a balancearla en el aire a la derecha y a la izquierda, como el periscopio de un submarino.

"Josiah", dije, halándolo hacia abajo. "Esto en verdad me ha dejado pasmada. Por favor, continúa".

Las manos de Jesús cuentan una historia de haber pasado por problemas. Sus manos están perforadas para ser santo a Dios para siempre. Solo la sabiduría sabe que esta es la razón por la cual Él todavía tiene agujeros en sus manos y pies.

Imagina el Cordero. Él dice: "Enseña a mi pueblo que yo tenía que ser crucificado así. Porque estoy ahora todavía tan perforado para decir: ¿Dónde está la muerte misteriosa? No es para que ustedes la carguen, porque yo la tomé para que ustedes pudieran estar tan ligados al cielo que su espíritu pueda ser libre mientras están en la tierra. Ustedes van a pasar toda la eternidad conmigo. Soy grande en mi mundo. No soy solo una historia alegre. Traten de vivir una vida plena, estruendosa, misteriosa y tendrán ambas clases de bendiciones que se han dado a ustedes porque pertenecen a mi mundo. No me cohíbo de decir que mi palabra les pertenece a ustedes en la tierra también. Es cierto. Estoy contratando gente fiel que sean mis colegas".

Así que levanta las manos para decir: "¡Escógeme Jesús! Soy esa persona que se asociará con tu plan para ser la plenitud de los milagros en esta tierra".

Sentí la gloria revolotear en mi interior, y no pude sino responder. *¡Escógeme Jesús! Yo me asociaré con tu plan.* Llena de alegría, apagué el iPad y estiré los brazos.

"De acuerdo, ahí vamos", dije.

Empezamos a avanzar hacia el automóvil, pero nos desviamos hacia la heladería. Quería darle una sorpresa a Josiah. Un pequeño incentivo divertido antes de que pudiera revelar más misterios.

Nos sentamos en una mesa en la parte externa y empezó a saborear su helado de vainilla a cucharadas llenas. Oh, bueno. Al menos nunca tenía que decirle que no hablara con la boca llena.

"Oye Josiah", le dije, dándole un toquecito al iPad, "¿me puedes hablar por favor sobre el Espíritu Santo?".

Verás, Él es como fuego, como el destino que brota en nuestra alma. El Espíritu Santo suscita directamente el amor por Jesús y el Padre.

La imagen que la gente tiene del Espíritu Santo es muy razonable. Muchos hombres piensan que es un espíritu rápido e insensible usando un milagro rápido aquí y luego dice: "Aquí estoy". No, Él no es un espíritu insensible. Él es la vida que nos es dada diariamente para vivir estimulado musicalmente por Dios en esta tierra. Cuando el Espíritu Santo está en nosotros, las rápidas alegrías nos ayudan a ser amigos de una vida simple, audaz y divertida.

Escuchen esto. La vida es espíritu. Ricamente, ¿por qué no tener un espíritu que es totalmente de clase mundial? ¡El Dios poderoso en nuestro cuerpo!

Josiah fluía con la pasión de un predicador. Casi que podía escuchar el volumen de su voz ascendiendo y descendiendo.

El Espíritu Santo es como esperanza veloz, una alegría peligrosa, pasión trascendental, modelo de paz, escucha al mundo diariamente. Es cierto. Él es el oído que escucha las oraciones que no se dicen en voz alta. Él ora: "En conclusión, Padre, lo que esta persona en verdad quiere decir cuando ora es esto…". Así que Él le dice rápidamente a Dios quiénes somos en realidad.

El Espíritu es alegre, divertido, contemplativo, tiene clase, es locuaz, estimulante, un estruendo interno dentro de las iglesias. Él es el deseo a tiempo completo de nuestros corazones.

Como el Espíritu es vida, Él está en todos nosotros (pasado, presente y futuro), pero alaba la elección educada: o es recibido con gozo o fuertemente rechazado en los hogares del corazón.

Ser llenos del Espíritu es ser llenos de gloria. Me encanta el espíritu original que estimula fuertemente mi historia, mamá. Él es mi canción para este mundo.

"Vaya", dije, dándole toquecitos en la cara con una servilleta. "Siento que tengo ganas de gritar. O es hora de continuar, o es hora de que todos seamos salvos de nuevo".

Lo tomé de la mano y cruzamos el estacionamiento. Llegamos a la acera y pude aspirar la fresca esencia del otoño en la brisa que movía mi cabello.

Caminamos un rato.

"¡Mira!", le dije. "Hay una linda banca cerca de un monumento. Sentémonos a beber un poco de agua de nuestras botellas".

En cuanto lo hicimos, le pregunté si había algo más que quisiera compartir.

El Espíritu Santo es fuego por adentro y fuego por fuera. Él es la razón por la cual somos la luz del mundo.

Decir que estamos sentados en altos aposentos con Dios es decir que el Espíritu de Dios está sentado en el cielo, pero también dentro de nosotros.

Bajo el Espíritu está la verdad. El orden es verdad. La simplicidad es verdad. La obediencia es verdad. El amor es verdad. Vive esta vida en espíritu y en verdad. Y la Biblia en papel bailando en sus manos para decir: "Veo este mundo vivo y activo y más afilado que una espada de dos filos".

Son la plenitud de Dios en Cristo. Resuélvanlo.

Me reí. Resuélvanlo. Sí, claro. Como si fuera una simple ecuación matemática. Le di un suave abrazo y terminamos por ese día. ¿Tenía mi hijo de ocho años alguna idea de cuánto me habían sorprendido estas revelaciones? Mi hijo, a quien yo le había leído la Biblia para niños, ahora me enseñaba la plenitud de la Trinidad. Mi hijo, con el que nunca pensé que podría conectar en la tierra, seguía conectándose con Dios en el cielo.

Una pareja columpiaba alegremente a su pequeño tomándolo de las manos, mientras las nubes se deslizaban en el cielo como si se estuvieran mudando para siempre. El mundo de repente me parecía más pequeño. Y cada una de las tres partes de Dios, más significativa.

Aun teniendo un asiento en primera fila de la naturaleza de Dios, algo me decía que, como la mujer sangrante que tocó el borde del manto de Jesús, yo apenas había rasguñado el borde de la superficie.

21

Los lugares altos

"Esta mano valiente está levantada hacia la
torre fuerte de aquel que todo lo ve".
—Josiah Cullen

Yo parecía una empleada doméstica mientras bajaba las escaleras atacando las bolas de polvo con el plumero. Había escuchado que había posibilidad de tormenta, así que de vez en cuando echaba una mirada al televisor tratando de ver la información del clima.

De repente, el presentador hizo una pausa y hubo un cambio de tópico inesperado. Bajé mi plumero y me acerqué a ver la historia especial. Resultó ser la promoción de un retiro de silencio. De forma extraña, retomaron la programación abruptamente. Me acerqué a la pantalla, tratando de recordar el nombre del lugar del retiro. Era algo con la palabra *pacem*. Recordaba *pacem* por la canción de un coro, la traducción al español de esa palabra latina es "paz".

Señor, ¿estás tratando de decirme algo? Porque si es así, te escucho.

Yo había estado pidiéndole que agudizara mis oídos a sus palabras. Una cosa era escuchar la música y otra muy diferente concentrarse y distinguir las notas.

No tenía idea de lo que Dios me quería decir con este lugar, *pacem*, pero reconocía claramente cuando el Señor me estaba llamado.

Al día siguiente, mientras sorbía un *latte* y oraba por sabiduría con respecto al retiro, busqué *pacem* en Google. Bingo. *Pacem in Terris*, o "Paz en la tierra". En su página de internet, el lugar se describía como una ermita con múltiples cabañas, que se extendía más de 60 acres. Y lo mejor, quedaba a solo una hora de distancia. Yo no había estado buscando un escape, pero sí que Dios me hablara sobre mi futuro en el ministerio. ¿Podría ser este un buen lugar para desconectarme de las distracciones de la vida y orar en soledad, como lo hizo Jesús?

Cuando le mencioné la idea a Joe, se rió.

"Tú, ¿quedarte callada durante tanto tiempo?".

"Oye, no te pases", le dije, dándole un golpecito en son de broma.

"Es tu decisión", dijo él. "Un tiempo a solas quizás te haga bien".

Lo tomé como una luz verde y me inscribí para asistir desde el martes hasta el viernes de la primera semana de junio.

Cuando les conté mis planes a algunos amigos de confianza, no esperaba recibir correos electrónicos. Ciertamente, tampoco esperaba que alguno soñara conmigo.

Querida Tahni. Esto no me pasa a menudo, pero soñé contigo y no sé si tú sabes lo que eso significa.

Estabas de pie, en la cima de una hermosa colina cubierta de verde césped, viendo hacia abajo otras colinas más pequeñas, también cubiertas de césped. El cielo estaba despejado. Podía ver que tu corazón se había transformado en oro puro y latía lleno de pasión.

Cuando hablabas, tus palabras se hacían visibles frente a ti, eran palabras que flotaban en el aire y luego se convertían en gotas de agua, como una fuente que regaba la colina que estaba debajo de ti.

Jen

Cuando recibí un segundo correo electrónico de parte de Michelle, mi amiga de Facebook, lo comencé a tomar más en serio.

Tahni, cuando comencé a orar por ti, vi a una flor que se abría. Sus pétalos se desdoblaban "ordenadamente". El Señor me dijo: "Las cosas que florecen en orden son mías. En esto ella está bien".

Luego vi un valle y un arroyo con césped creciendo en la orilla. Pude ver un solo tipo específico de flor. Era blanca y tenía cuatro pétalos. El Señor dijo: "¿No sabes dónde está plantada esta? Está plantada en tierra fértil".

Luego, me llevó a una montaña alta, que tenía arena en la cumbre. En la arena estaba dibujada la flor que estaba en el valle, cerca del arroyo. "Pregúntale esto a Tahni", dijo Él. "¿Cómo pudo alguien dibujar esto aquí?"

Le leí la carta a Josiah y cuando le pregunté qué pensaba, no titubeó.

La flor es una imagen de una mamá cada día como la mejor gema que ora. Los demonios no pueden estar en los lugares altos.

¿Los demonios no pueden estar en lugares altos? ¿Esto quiere decir que no se pueden encontrar demonios en lugares altos, o que Dios no quiere que estén en lugares altos?

La mañana en que llegué a *Pacem in Terris*, las nubes estaban grises y caía una llovizna, pero los árboles formaban un paraguas natural.

Al salir de mi automóvil, comencé a tiritar. Parecía octubre en vez de junio, pero en cuanto comencé a caminar el largo y sinuoso sendero de ladrillos en dirección a las instalaciones, la paz de Dios se posó sobre mí como una cubierta inquebrantable de fortaleza.

Abrí una vieja y pesada puerta y entré hasta un salón vacío, cuyas paredes brillantes y acogedoras estaban recubiertas de esculturas y pinturas elegantes. Vi una capilla con la puerta abierta y me acerqué para ver. En ese momento, escuché una voz detrás de mí.

"Hola".

Una mujer mayor con una sonrisa se presentó y me llevó a la habitación de orientación. Allí me recibió un hombre.

"Hola, soy Justin. Esto es para ti". Me miró con ojos amables y me entregó una canasta con queso de Wisconsin, una naranja, un pastelillo de fibra, una rodaja de pan y dos manzanas rojas, maduras. "Disfruta. Somos muy flexibles aquí. Por las tardes, puedes volver aquí y reunirte con los demás para cenar, o puedes ayunar, o lo que quieras. No tenemos servicio de telefonía celular ni Wi-Fi, pero tenemos una línea telefónica en caso de emergencias".

Hice una última llamada a Joe. Luego le di mi maleta a Justin, la montó en su Bronco y nos dirigimos hacia mi cabaña.

"Aquí está el anexo", dijo alegremente. "Y aquí está tu ermita. Cada cabaña tiene un nombre diferente y la tuya es San Juan, el amado".

Dejó mi maleta en el porche, abrió la puerta y señaló con la cabeza la mecedora que estaba frente una ventana abierta.

"A veces solo debes mecerte y este es el lugar para hacerlo. Mécete, ora, grita y después haz silencio ante Dios. Aquí tienes un bolígrafo y un cuaderno para que tomes notas. Todo lo demás está en la cabaña".

Le di las gracias y me despedí. Me pregunté que debía hacer después. La habitación estaba equipada con botellas de agua, un lavabo, una tetera, un quemador individual para té y café, una lámpara de propano en la pared, una cruz, una imagen de Jesús, un reclinatorio, una Biblia, unos cuantos votivos, un pequeño porche techado y, por supuesto, esa bonita ventana grande que daba hacia el bosque.

Hola, Señor. Aquí estoy. Lo hice. Oye, ¿cómo está todo? Sabes, realmente estoy ansiosa por escucharte.

El silencio gritaba. Tiempo a solas con Dios. Estaba emocionada. Me puse mi pijama, me hice una taza de té e hice lo que casi cualquier madre con un poquito de tiempo a solas haría: me dormí.

Un par de horas más tarde, me levanté con una nueva canción en la cabeza, completa con su letra. Mi primera canción. Qué regalo de Dios. La repetí varias veces, para que no se me olvidara.

En vez de salir a cenar con los demás, me di un banquete con las escrituras de Juan, el amado. ¿Me estaría viendo él desde el cielo? ¿Sabía él que su nombre estaba en la puerta de la cabaña?

Buenas noches, Papito. Voy a apagar las luces ahora. Por favor, no dejes que los ruidos, de los insectos, los animales, y especialmente de mi propia imaginación me asusten. Gracias.

Al día siguiente, me despertó el suave sonido de las gotas de lluvia. De pie en el porche, inhalé el fresco olor de la vegetación mojada. El bosque brillaba de vida. Las aves se posaban sobre los árboles mientras los rayos de luz se abrían paso entre las nubes, fluyendo a través de las relucientes hojas empapadas de gotas de agua.

Recordé mi primer entrenamiento del RPM con Erika. "Tahni, habla con él como si fuera ciego".

Fue allí cuando llevé a Josiah a un parque y le hablé de las venas de las hojas. En aquellos días, él prestaba más atención a los detalles que yo, tanto para lo evidente como para lo oculto, y a duras penas podía seguirle el paso.

Dios de toda la creación, te alabo...

Oré durante horas en mi pequeño porche cubierto. Las aves

cantaban, las hojas se agitaban con el viento y no tenía ningún visitante, excepto una ardilla que se asomaba de vez en cuando.

Tomé la Biblia que estaba en la cabaña, una Biblia católica, y la hojeé. Vaya. Tenía más libros de los que yo estaba acostumbrada. En la tabla de contenido busqué Tobías, el libro que mencionaba al ángel Rafael, el que trae sanación. Cuando le di una ojeada, leí algo sobre unas personas que le ofrecían sacrificios a sus ídolos en "lugares altos". Qué repugnante. Había leído sobre esta práctica detestable en el Antiguo Testamento y siempre me había parecido muy ajena y extraña. ¿Dios me había señalado esto para que yo reflexionara en las palabras de Josiah?

Tomé mi propia Biblia y, utilizando mi concordancia, identifiqué todos los versículos que mencionan lugares altos. A la luz de la lámpara parpadeante, leí cuidadosamente las Escrituras, como la gente de antaño.

Salté de rey en rey, notando que la mayoría de ellos les habían dado espacio a los ídolos demoniacos en los lugares altos, aunque Dios les había advertido claramente que los derribaran. Cuando llegué a 2 Reyes, vi algo descabellado. Josías, que fue hecho rey a los ocho años de edad, ¡fue el primer rey en quitar todos los santuarios de los lugares altos! Él también fue considerado uno de los reyes más justos, porque restauró las costumbres del Señor.

Me arrodillé. *Oh, Señor, nadie podrá tomar tu lugar alto. Ningún demonio en el infierno. Ningún poder en la tierra. Te exalto, Rey Jesús. No hay nadie más que tú.*

Un versículo de la Biblia vino a mi mente: "Por sobre todas las cosas cuida tu corazón, porque de él mana la vida" (Proverbios 4:23).

Dios me había hablado en el pasado sobre cuidar las puertas de mi corazón. Por alguna razón, sentía como si Él quisiera que yo limpiara mi casa una vez más. El Espíritu Santo me impulsó a derribar todos mis lugares altos, cualquier pensamiento que pudiera haberse levantado contra el conocimiento de Jesús.

Josiah había escrito una palabra fascinante sobre la importancia del corazón. La busqué en el iPad, preguntándome cuanto tiempo tendría antes de que se le acabara la batería.

Haz una vid de tu cabeza a tu corazón y construye un enrejado

con tu columna. ¿Ves el arte en el bautismo? Es el corazón debajo del agua primero, luego tu mente riendo hacia esta renovación.

El rey Jesús dijo que las vides son el saludo del corazón hacia el follaje remitente, trayendo todas las respuestas que necesitas desde tu corazón. Las vides son las viñas del corazón. Poda tu corazón. Es su sistema circulatorio entero. Las vides son los capilares. Las uvas son las células.

Jesús es el jardinero que poda tu corazón. El hombre es el remitente de todas esas hojas que van al cerebro. Haz correcto al corazón primero. Haz que el cerebro produzca frutos. Nombra a tu corazón podado para que sea el nuevo mensajero hacia tu cerebro. Envía viñas importantes. Las acciones son la voz de tu corazón podado.

Un viejo cántico de las Escrituras fluyó libre y naturalmente de mis labios: "Crea en mí, oh Dios, un corazón limpio, y renueva un espíritu justo dentro de mí".

El tiempo que pasaba en oración era como lanzar rocas de pensamientos en el agua, en los que los círculos concéntricos se multiplicaban y se hacían cada vez más amplios. Oré por mí, luego por mi familia, por mi iglesia, por mi ciudad y por la sociedad.

Gruñía, me sacudía, caminaba, me arrodillaba, reía, lloraba y me postraba. Declaré, decreté, combatí y, por supuesto, esperé. Dios me había llamado a asociarme con Él, y de ninguna manera me perdería un ápice de sus pensamientos. No. Yo quería sus mismísimos latidos.

En las últimas tres décadas, Dios me había enseñado mucho acerca de la oración. Pero, últimamente, Él había utilizado a mi pequeño mensajero para hacerme superar los límites de mi entendimiento. Finalmente, reposando mi cabeza sobre la almohada, reflexioné en las palabras más recientes de Josiah.

Corre al teléfono y llama a tu mamá. Esta es la unión en el espacio entre tu mamá y tú. Así es cuando se conectan el cielo y la tierra. La llamada es representada como ir muy lejos, pero a la vez es muy cerca. El Señor de la vida está más cerca que tu aliento.

La gente ordena cosas por la internet, ¿verdad? Una larga lista de cosas para almacenar en la despensa de la casa, y te llega, ¿verdad? Así es con Dios. Ordena cosas de su lista y obtendrás cosas de su lista. Ordena algo del mercado de tu némesis y obtendrás cosas de su lista.

Pero supongamos que te entregan un paquete equivocado. Ordenas un paquete a Dios y ellos llegan de primeros con su paquete. Tú no ordenaste eso, así que recházalo no permitiéndolo desde el principio.

Tal vez el que te va a entregar tu paquete te convence de recibirlo. Si estás pensando en cómo eso se puede amoldar a tu mundo, lo aceptas porque de otra forma no sabrías que hacer con eso. Aprende a devolverlos con un "de ninguna manera". Obtén tu recibo de devolución al remitente original, ¡la dirección está equivocada en esos paquetes!

Limita las oraciones tentativas.

Si ordenas algo de la lista de Dios, deberías obtenerlo. Si no lo obtienes de inmediato, deberías llamar de nuevo y preguntar el porqué. Ordénalo de nuevo. Entonces deberían decirle a los del almacén que tú quieres eso y verificar si está en la lista de las cosas que Dios quiere que tengas. Aguanieve miscelánea, lluvia o nieve no impiden al cielo entregar un paquete que está asegurado desde que dejó la bandeja de salida de Dios.

Una cosa más. Tal vez estés esperando un paquete. Recibes uno y lo abres ansiosamente en tu casa. Pero ves que no es lo que ordenaste, así que lo devuelves, ¿cierto? Bueno, podrías haberlo revisado afuera, ver la dirección, agitar el paquete primero para averiguar que hay dentro. Si suena como a nada, recíbelo. Si suena a algo roto, no lo recibas. Devuélvelo inmediatamente por el canal apasionado que se mantiene enviando las cosas que no ordenaste, sin reparar en gastos para llegar a ti una y otra vez. Envíalo de vuelta al remitente original, no lo dejes quedarse ni por un minuto.

Siempre me ha fascinado Daniel 10. Daniel había quedado tan impresionado por una visita angelical, que se quedó dormido y experimentó el resto de su revelación en una visión. Mientras Dios corría el velo celestial, el ángel de la visión le dijo a Daniel que su búsqueda de sabiduría había sido escuchada desde el primer día que oró por ella con humildad.

No solo eso, sino que cuando el ángel de Daniel trató de brindarle ayuda celestial, un demonio, el príncipe de Persia, batalló contra este ángel durante veintiún días. Dios vio lo que ocurría y envió al ángel Miguel, uno de los príncipes jefes, para que ayudara al ángel guerrero y que este le pudiera entregar el mensaje a Daniel.

Este es un capítulo que nos muestra perfectamente el trabajo oculto del mundo espiritual.

En mi último día, el sol hizo su mejor aparición, transformando el lugar con su calor y su resplandor. Que día tan perfecto para orar recorriendo los senderos cubiertos de verdor salpicado de grupúsculos de flores púrpura.

Encontré un estanque con cañas, gladios y nenúfares y lancé una piedra. Luego, de rodillas frente a una gran cruz de madera, inhalé profundamente y exhalé mi alabanza.

En tu nombre, Señor Jesús, cada rodilla se inclinará algún día y cada lengua confesará que tú eres el Señor de la gloria de Dios Padre.

Me puse de pie y caminé un poco más. Vi una banca y me pregunté qué diría Josiah si estuviera allí. Sorpresas y misterios siguen brotando de él, cada vez en mayor número, cada vez con mayor claridad y madurez. Francamente, me sentía muy pequeña cuando se trataba de saber lo que Dios quería que hiciera con todo esto. Pero como dijo mi mamá, Dios me enseñaría.

Cuando regresé a casa, pensé otra vez en los lugares altos y de repente sentí un deseo repentino por revisar algo.

Abrí Google y escribí: *"¿Cuál es el punto más alto en Minneapolis?"*. Entre otras cosas, apareció *"Witch's Hat Water Tower"*, con una foto de su arquitectura, como un sombrero puntiagudo. Al leer, descubrí que el lugar ya no era una torre de agua, sino un sitio histórico que celebraba su centenario. Un periódico independiente en línea de corte pagano afirmaba que brujas y paganos se reunían bajo la sombra de esta singular torre para hacer decretos sobre la ciudad y sus vías fluviales.

Mi corazón se aceleró. Un momento, Dios me había mostrado la importancia de controlar las puertas, porque quien controla las puertas, controla la ciudad. ¿Por qué la gente del reino de las tinieblas estaría decretando cosas sobre nuestra tierra? ¿Acaso los cristianos saben de esto? ¿Qué puedo hacer yo con respecto a esto?

Varios meses después, solo unos días antes de Halloween, mi mamá nos visitó desde Washington. Se sentó con Josiah, viéndolo soltar palabras.

¿Vas a ocupar la carpa tubular en Minneapolis? Roba el sombrero de fiesta fuera de la torre. Muchas embestidas en oración requiere que el jenga se caiga y trucos para ser obsequiados al luminoso Jesús. "Levántate", me dijo Jesús, "y fortalece tus piernas, porque le voy a llevar la cena a mi pueblo en Minneapolis. Con tu semilla de mostaza de fe, serán rosas mañana para aturdir a los demonios de su vigilancia".

Miré a mi mamá.

"Oh, Dios mío. Me había olvidado la torre. Ni siquiera le había contado nada al respecto. Él hace esto todo el tiempo...solo sabe cosas".

"Josiah, ¿estás tratando de decir que debemos ir para allá?".

Sí, vayan para allá.

Se me secó la garganta. Había escuchado historias sobre gente que se había atrevido a enfrentar al diablo y, bueno, simplemente no quería que las cosas que les sucedieron a ellos me sucedieran a mí.

Pero, ¿y si Dios quería que yo fuera para allá? ¿Y si Él planeó el retiro de silencio para prepararme? ¿Podría esto tener relación con los sueños y visiones de mis amigos, en los que me veían de pie en lugares altos, mirando hacia abajo? ¿Y la mujer que me vio levantando una trompeta de plata para irrumpir en la atmósfera? ¿Y mi propio sueño realista?

Recientemente, había tenido un sueño en el que mi mamá y yo íbamos a una institución mental a orar por la gente, y qué espectáculo. Todos estaban demasiado cansados y sedados como para tener una conversación.

Una enfermera susurró: "Tal vez piense que todo está bien y en calma...pero espere a que aparezca el demonio".

Mi mamá y yo sabíamos que teníamos que tomar una decisión. Podíamos quedarnos allí y orar, o huir rápidamente. Decidimos orar.

Más tarde, cuando acompañábamos a un hombre joven, sucedió

algo. Una enorme criatura demoniaca emergió detrás del sofá. Tenía las uñas largas y el cabello de color marrón desordenado, como un hombre lobo. Le chorreaba saliva de la boca y se dirigía hacia mí, gruñendo y rugiendo.

"¡Detén tu espectáculo!", le ordené. "¡En el nombre de Jesucristo, te ordeno que te alejes de esta gente!".

Instantáneamente, la gran criatura se redujo a una cosa pequeña que parecía una mezcla de flamenco y pájaro dodo.

Cuando me desperté, sabía que Dios me había mostrado una imagen diferente de Satanás y los demonios. Los vi como seres espirituales que obran a través del miedo, el engaño y la intimidación. Josiah los llamó "la falsa autoridad". Mi sueño me mostró que cuando el enemigo quiera posar sus garras sobre la autoridad, no tengo nada que temer, porque tengo la verdadera autoridad de Dios.

Entonces, ¿qué quería Dios que hiciéramos? ¿Y si Minneapolis había abierto el paquete equivocado? ¿Quería Dios mandar algo mejor?

Mi mamá y yo oramos y ayunamos hasta el atardecer. Luego, Dios dijo: "Vayan". Mi mamá llamó por teléfono a unos cuantos intercesores, para que oraran por nosotros. Yo llamé a Sue Rampi, y Sue llamó a su intercesora y amiga misionera, Jeanette.

La mañana siguiente, las cuatro nos encontrábamos en la entrada de un empinado camino que lleva hasta la base de la *Witch's Hat Tower*. No tenía idea de lo que iba a pasar, pero me sentía unida con estas madres de la fe y maravillada por la forma en que Dios había preparado todo.

Sue y Jeanette querían mucho a su ciudad. Habían sido misioneras en el pasado, así que habían sido testigos de cómo la opresión espiritual y el engaño pueden agobiar a la gente en territorios y regiones específicos.

Les di a todas un fuerte abrazo. "Gracias por ser tan locas como para adentrarse en lo desconocido".

Mi mamá tenía problemas en las rodillas, así que optó por quedarse en un banco en la parte de abajo, con Sue. Desde el instante en que las presenté, congeniaron como si fueran amigas que no se veían desde hace tiempo.

Jeanette y yo subimos la cuesta empinada hacia la base de la torre. Puse música de adoración en mi iPad y caminamos alrededor de la torre, como si fueran los muros de Jericó. Nos sentíamos energizadas por las fervientes oraciones de mi mamá y Sue en la parte de abajo. En esta mañana fresca y nublada, podíamos ver la ciudad entera. Mientras oraba en voz alta, me imaginaba a Jesús de pie sobre Jerusalén, clamando por un cambio.

"Señor, estamos aquí para obedecer y cruzar la brecha en nombre de los quebrantados, los hambrientos y los desesperanzados. Oramos por las siete montañas de la sociedad: negocios, gobierno, medios, arte y entretenimiento, educación, familia y religión. Pedimos perdón en todas los aspectos en los que te hemos rechazado y en los que hemos cambiado la verdad por la mentira".

"Oramos por los líderes. Que hagan eco de tu corazón en sus decisiones. Transforma el corazón de quienes tienen ambiciones egoístas, codiciosas y lujuriosas; llena sus corazones de generosidad, pureza y compasión. Liberamos la luz para desplazar al reino de las tinieblas".

"Destierra los espíritus del mal que están detrás del terrorismo, el crimen, el aborto y el tráfico sexual. Sabemos que tu corazón se entristece por aquellos que están atados y victimizados por estos espíritus destructivos y mentirosos. Nuestra batalla no es contra seres de carne y hueso, es contra los dirigentes, contra las autoridades, contra los poderes de este mundo oscuro y contra las fuerzas espirituales del mal en los reinos celestiales. Echamos abajo los ídolos en los lugares altos, desmantelamos todos los principados demoniacos sobre las puertas de la ciudad y cancelamos todas las brujerías, maldiciones y decretos. Hacemos equipo con los ángeles para recuperar las puertas para el bien, no para el mal. Levanten sus cabezas, puertas. Levántelas, antiguas puertas, que el Rey de gloria va a entrar".

Dos grandes aves cruzaron dos aberturas arqueadas en la torre, rápidamente, de un lado al otro. Después noté un peculiar punto de luz reflejándose desde un edificio lejano. Apenas sí le prestábamos atención a la gente que caminaba y trotaba, pero ellos probablemente sí nos prestaban atención a nosotras. "Hola", le dije a una sonriente pareja, antes de volvernos a enfocar en nuestro propósito.

"Señor, tú reinas. Lo dice Isaías 52:7: '¡Qué hermosos son, sobre los montes, los pies del que trae buenas nuevas; del que proclama la paz, del que anuncia buenas noticias, del que proclama la salvación, del que dice a Sión: "Tu Dios reina!'". Padre Rey, reina en Minneapolis. Que venga tu Reino, que sea hecha tu voluntad en la tierra como en el cielo".

"Liberamos tu amor, Señor. Rompemos ataduras, disolvemos todos los espíritus de mentira y les ordenamos a todos los velos que se caigan, en el nombre de Jesús. Amado Padre, gracias por venir a liberar a los cautivos. Jesús, tú eres el camino, la verdad y la vida. Nadie llega al padre sino por ti. Trae sanación a aquellos que no tienen hogar, a los explotados y a los solitarios. Fortalece a los pastores, a los creyentes y a los obreros para que hagan tu trabajo.

"Jesús, toca los cuerpos abatidos de la gente que está al final de su camino. Gracias, porque por tus heridas somos sanados. Trae sanación a quienes sufren discapacidades y trastornos. Detén esta creciente epidemia de autismo. Bórrala del mapa. Atamos y rompemos toda maldición y anunciamos sanación y bendición sobre esta tierra".

"Huéspedes del cielo, alcancen los corazones de aquellos que están lejos de ustedes. Que su mensaje se extienda rápidamente y que sea ampliamente diseminado en esta ciudad. ¡Que traiga un avivamiento!".

Esa noche, cuando arropaba a Josiah en su cama, me di cuenta de que mis oraciones realmente habían avivado mi cariño por la ciudad.

"Adelante, JoJo", le dije, "¿algún pensamiento final?".

Fue una tremenda ruina que utilizó música para gritar verdades por la defensa de la libertad. Sean completamente gozosos en todas las cosas. El gozo desarma a los enemigos de Jesús. Súbanle al gozo. Los demonios no lo soportan. Levántenlo. Corran hacia mí. Confíen en mí. Alimenten el gozo.

"Amén, te amo", le dije, dándole un abrazo.

Oré mientras me dirigía a la sala, donde estaban mamá y Joe.

Siento tu grandeza, Padre. No sé a dónde vamos a llegar con esto, pero aquí estoy. Envíame.

22

Los ángeles

"Recibe la visión genuina e ingeniosa del Salvador. Somos guerreros audaces, pero el Salvador se enfrentó a un soplo de muerte hace dos mil años, poniendo al reino de Satanás fuera de órbita".
—Josiah Cullen

Diciembre de 2013

Un día, en McDonald's, Josiah estaba inusualmente callado, contemplando la pared.

"JoJo, hace un segundo te veías como si estuvieras hambriento y ahora ni siquiera te estás comiendo tu hamburguesa. Solo estás contemplando la nada. ¿Pasa algo?".

No la quiero. Estoy contemplando a un ángel impresionante.

"¿Qué? ¿Un ángel? ¿En dónde ves a un ángel?".

Sobre el cuadro del barco.

Un escalofrío recorrió mi espalda.

"Bien. ¿Por qué está allí?".

Está en una mejor misión para visitarnos y está escuchando nuestra conversación

"¿Escuchando?", dije, mirando hacia la pintura. "Este… hola, ángel".

Él dice hola. El ángel impresionante está justo aquí, y quiero tocarlo. Estoy pasmado. Su belleza original es impresionante.

"Vaya, 'impresionante' significa mucho, especialmente después de todo lo que me has contado sobre el cielo. ¿Cómo luce?".

Su cabello cae hasta sus hombros. La Torá está escrita en su cinturón.

¿Qué podría ser más extraño? Los niños típicos tienen amigos imaginarios, pero nunca había escuchado de un amigo imaginario con las instrucciones de Dios escritas en su cinturón.

"Mi amor, ¿él dijo o hizo algo específico?".

La banda está tocando. Es vida. Es verdad. Celebra la verdad. Las mentiras son peligrosas. Las mentiras están rotas en un nivel espiritual. Alimenta las posibilidades confiables. Las truchas están diseñadas para nadar corriente arriba, no corriente abajo.

Hace frío ahora, pero vivir debajo del agua está repleto de vida, incluso aunque no la puedas ver. Yo presento verdades debajo de la superficie. El hielo no significa muerte. Más vida está en camino, como en la temporada de truchas. Van corriente arriba hacia el origen de lo posible. Vuelve a las canciones corriente arriba donde la Roca de los siglos apila piedras de verdad. Ven corriente arriba para reproducir.

Sus palabras me dejaron nadando, flotando, elevándome. Estábamos siendo observados. Hablando de darle un nuevo significado a la frase "sin saberlo hospedaron ángeles".

Esto volvió a ocurrir en el Museo de los niños, en el área de los refrigerios.

"Mira", dijo Joe. "Qué raro. Josiah está mirando por la ventana, prácticamente hipnotizado. Lo único que hay es un hombre de color saliendo de su automóvil y cerrándolo. Oye, compañero, ¿qué estás mirando?".

Joe y yo miramos de cerca mientras aparecían las palabras.

Ese hombre es cristiano y acaba de dejar a su ángel esperando en su automóvil. Un ángel asombroso está en su automóvil.

Joe y yo intercambiamos miradas, mientras yo me esforzaba por comprender. ¿El hombre había orado por su automóvil, o algo parecido? ¿Alguien más había orado por su protección? ¿O este ángel en particular existía para acompañarlo todo el tiempo?

Me acordé del Salmo 34:7: "El ángel del *Señor* acampa en torno a los que le temen; a su lado está para librarlos".

Que extraño es estar tan consciente de las Escrituras haciéndose realidad. Con Josiah a mi lado, nunca más podría ver el mundo físico de la misma manera.

En el transcurso de los días siguientes, decidí hablar más sobre los ángeles.

"¿Cuán a menudo los ves?", le pregunté, sacando una servilleta de su boca.

Veo ángeles muy a menudo. Tal vez una vez al día, mientras estoy despierto. Casi todo el tiempo durante la noche. Los veo en mi casa, en la sala de estar, en el trayecto a los lugares puedo ver ángeles interceptándonos. Ver a los ángeles es bonito porque abrazan mi vida para plantarme en mis mejores lugares.

Escucho a los ángeles más de lo que los veo. Escucharlos es grandioso para mí. Grandes ángeles me edifican para decir mis buenos hechos útiles para hacer que mi mamá conozca sobre las cosas.

"Me encanta saber todo esto", le dije. "¿De qué tamaño son?"

Pequeños, medianos, grandes y gigantescos.

"¿Todos tenemos un ángel desde el momento en que nacemos? Es decir, ¿uno que básicamente está con nosotros toda la vida y nos ayuda?".

Allá afuera, ¡sí! No es solo un mito. Es real. Es grandioso anhelar este entendimiento porque les agradas mucho a los ángeles guardianes. Son tan perfectos para ti. Te reciben. Es muy bueno tener un ángel guardián.

"El otro día mencionaste algunos nombres específicos de ángeles. Como Banfa, por ejemplo. ¿Cómo es él?".

Banfa es un ángel grande, de los que cantan. Él está haciendo muchas aplicaciones ingeniosas de soluciones de vida para unir a los ángeles en la búsqueda de la actitud de Dios en esta tierra. Fue grande por una causa mayor. Fue más que todo un ángel líder de solución para cosas con soluciones desconocidas. Él es un luminoso líder de luz de la época de sanación. Fue grande solo saber que golpea un tambor por el autismo, en este mundo, para que se solucione.

Aunque usted podría pensar que ya estoy acostumbrada a esto, sus palabras me siguen estremeciendo.

"Bien, también te has referido a Ronda como tu ángel guardián. ¿Quién es ella? No creo que exista algo así como los ángeles hembras".

En el cielo, macho y hembra no es como en la tierra. No es un asunto de partes masculinas y femeninas. Los ángeles insisten en una cosa, verse como nosotros en algunas cosas. Es como Dios. Es su imagen. Su imagen también es un gran grupo de ángeles. Otros pueden tener orejas puntiagudas y grandes bocas como de animales. Como una especie de gente león. Es difícil señalarlo, porque simplemente son diferentes. Mucha gran variedad. Muchos colores. Simplemente no soy poderoso para buscar ángeles en particular porque no me corresponde.

Ronda es mi ángel guardián. Luce femenina. Es muy buena conmigo. Tiene alas muy largas. Es mi ángel para trabajar en mí, nada en mi vida es más grande si mi alegría es más grande. La gran Ronda mide unos nueve pies. Es rápida a mi lado. Es grandiosa para apartar merecidamente de mí a los demonios desagradables mientras oro. Está peleando por mí todo el tiempo.

"Vaya", dije, "suena como si los guardaespaldas más poderosos en la tierra no tuvieran nada que buscar con estos seres de gloria. Me pregunto algo más. Muchos cristianos hablan sobre la guerra espiritual. ¿Sabes cómo es esto?".

La guerra no es poderosa en mi vocabulario. Son grandes demonios volviéndose importantes porque el hombre no se está volviendo importante en su trabajo de vida para plantar y cosechar en las maneras ágiles de Dios. Lucifer está trotando alrededor, construyendo sus palacios en puntos significativos en su reino, pero él no se compara a nuestro Señor. Es un gran hablador y un gran mentiroso.

La guerra es la humanidad fiel sosteniendo a Jesús contra un mandato culpable de Lucifer que está apurado para detener nuestros pies y manos. Nuestras manos y pies tienen el propósito de nombrar vida a nuestro mundo. Él está en un combate con nosotros, pero esta misma idea no es como un combate cabeza a cabeza. No es él y su ejército contra nosotros y el ejército de Dios. Es el gran Salvador insistiendo en que es el ganador y nosotros somos más que conquistadores. No es ganar sino proteger. No estoy peleando. Estoy sosteniendo su suelo.

"Necesito recordar esto la próxima vez que vaya a enfrentar una batalla", dije. "Esto es realmente importante. También has escrito sobre un ángel llamado Gamma, especialmente cuando comenzaste a escribir".

Sí. Este es Gamma. Es diez veces ganancia. Tú recibes ganancias netas con resultados naturales por problemas que te aquejan en justicia divina. Gamma duplica la bendición por tus problemas.

Gamma es muy grande, como de tal vez quince pies de alto. Luce como una hembra, pero no tiene nada que lo haga una hembra. Solo se ve hermoso. Es un gran ángel del tipo recolector. Cosecha lo que está sembrado para ti y te da montones de gozo. Gamma no estaba solo en el cielo, también está aquí.

"Vaya", dije. "No pretendo entender todo esto, pero es muy fascinante y te estoy escuchando con total atención. También me preguntaba si podrías contarme acerca de Jehud".

Jehud era un gran ángel de alabanza. Él me asombró cuando cerró a nuestra familia en alabanza para amar a Jesús más como nuestro Señor. Parecía como de fuego en su apariencia. Actúa para hacer nuestra iluminación que sea natural mientras nuestro gran Dios salva nuestras verdaderas vidas mientras lo alabamos. Mide alrededor de seis pies.

Es grandioso ver tus ángeles también, mamá y papá, pero esto solo me he es dado una vez cada cierto tiempo. Es muy bueno ver tu ángel haciendo delicadamente que ames más, y el ángel de papá haciendo que piense más como un hombre de iluminación de gran gozo.

"Oh, Josiah", dije, agarrándolo del hombro. "A veces no se ni que decir. Gracias por compartirlo".

Decidí buscar los nombres de los ángeles en Google y ver que aparecía. Comencé con Banfa, el ángel que supuestamente lo llevó a un lugar en donde habló chino mandarín.

Yo no lo sabía, pero Banfa resultó ser una palabra en chino que significa "método o manera", significa "solución", exactamente lo que Josiah dijo que proveía Banfa. Estos descubrimientos avivaron mi curiosidad.

El nombre Ronda significa "lanza buena". Perfecto para un ángel guardián.

Y, ¿por qué no estaba sorprendida de que Jehud fuera más que una ciudad en Israel? Significa "alabar", precisamente lo que quería hacer mientras reflexionaba sobre estos extraños descubrimientos. Me senté en el sofá y levanté las manos, sintiéndome pequeña y grande al mismo tiempo.

Te alabo, Padre. Señor de los cielos y la tierra, porque has escondido estas cosas de los sabios y las has enseñado y revelado a los niños pequeños. Gracias por abrir mis ojos y por favor continúa abriéndolos aún más.

23

Patrocinadores y fábricas

"Arruiné mi corazón abierto un día alegre,
ordenando pastel en el cielo".
—Josiah Cullen

Marzo de 2014

Después de un divertido paseo en el museo de la torre de harina en las ruinas de la fábrica harinera Gold Medal, necesitaba un descanso. Joe hacía fila para comprarme un café, mientras que Josiah, que había estado escribiendo sobre las fábricas terrenales, de pronto comenzó a enfocarse en las celestiales.

"¿Fábricas celestiales?", pregunté. "¿A qué te refieres?".

Se acercó su zapato al rosto y luego lo lanzó al suelo, antes de continuar.

La fábrica de reto de manzana es la fábrica de la rica oportunidad de Dios de hacer algo que normalmente no haríamos. Recibimos una manzana de la máquina para llevarla a la tierra en las manos del ángel guardián a la persona que necesita asumir un reto.

"Estoy confundida", dije. "¿Quieres decir que todo empieza con una especie de fábrica en el cielo?".

Las fábricas son divertidas de explicar. Parece una fábrica en su interior, pero toma mucho menos tiempo producir algo. Es como que uno lo piensa, y es radicalmente producido delante de nuestros ojos.

"Vaya. Suena raro. ¿Estás seguro?".

Tienes que entender. El espiritual es como el mundo físico, pero más real que nuestro mundo. Con todo, los retos están en las manzanas, por ejemplo, porque son dulces recompensas para quienes las escogen, para quienes las prueban.

No entendía nada.

"¿Los retos están en las manzanas?".

Es una manzana, espiritualmente hablando. La persona comienza a sentir un fuerte deseo de darle un vuelco radical a las pruebas del destino que la hacen necesitar a Dios más para cumplir tal hazaña. Así es como funciona.

Josiah subió la mano por encima de su cabeza como si fuera una marioneta hablando, y luego la bajó.

Mucha gente trabaja en la fábrica de reto de manzana para pensar en retos para transmitir reflexiones a la gente en su próximo paso. Las órdenes vienen de meditaciones que dicen: "Esta persona necesita esto. Esta persona necesita aquello. Haz un buen reto. Llévalo a eso".

La orden se emite y se coloca en una caja y los ángeles mensajeros entregan los retos. Afortunadamente, ellos saben si nosotros tomaremos el reto con base en nuestra elección cuando ellos están allí, frente a nosotros. Si lo aceptamos, dejan una recompensa dulce. Si no, la traen de regreso.

Regresamos a casa para la cena, y Josiah y yo retomamos nuestra charla en el sofá, mientras Joe nos observaba.

"Todavía no lo entiendo", dije. "Tú afirmaste que las órdenes eran emitidas en el cielo. ¿Cómo funciona eso?".

Los patrocinadores hacen fila a los pies del Padre para decir: "Por favor, Padre, ayuda mi mundo revuelto. Es una preocupación diaria que entristece tremendamente a mis seres queridos. Como la fe está baja, Padre, simplemente dale de tu fe a ellos". Una orden se emite y Él envía la fe a la tierra con los ángeles.

"Me impresiona pensar que la gente que está en el cielo de verdad trabaja con los ángeles", dije. "Dudo que pueda hacer una investigación teológica sobre esto, pero extrañamente tiene sentido. Así que, si ellos están reunidos en el cielo, ¿significa que están conscientes de nosotros los que estamos en la tierra?".

Escribió tres palabras: **Ellos nos miran.** Luego tocó unas notas en su pianito de juguete.

"Oye, esto es bueno para nosotros dos. Por favor, continúa".

Sabía que lo más probable era que quisiera hacerlo, pero necesitaba un poco de ayuda, así que lo llevé de nuevo al sofá.

Ellos recuerdan las tormentas cuando algo malo sucede, así que nos patrocinan diciendo: "Padre, ayúdalos".

"¿Eso fue lo que hizo la tía?".

La tía me vio luchando mucho para ver. Ella luchó para ver. Ella tenía un cerebro, pero no podía ver para aprender, así que cuando era niña estaba muy triste. Le entristecía que yo me estuviera entristeciendo. Ella le pidió a un ángel que me diera fe para presentarme. Así que me guiaron a decir: "Ya no soy ciego a la vida".

"Así que la tía le dijo a un ángel", dije, hipnotizada. Yo sabía que la tía había sufrido episodios de ceguera durante toda su vida y que eso le había impedido ser maestra. Era increíble pensar que ahora ella estaba ayudando a otras personas como nosotros a ver estas cosas.

Este es el trabajo diario del patrocinador: ser más de lo que creemos que podemos ser.

Extraordinario, ¿verdad, mamá? En el cielo se trabaja por dos razones: una, es para trabajo de mansión, para preparar los lugares para los que llegarán un día al cielo; dos, es para ayudar a quienes están en la tierra. Y probar todo esto es el placer de los habitantes del cielo.

Observa que la mayoría de los trabajadores hacen la música para transmitir fe a tiempo completo para la gente en la tierra de nuevo. Oh, estoy tan feliz de decirte esto. Nuestros seres queridos nos siguen ayudando aquí abajo. Ken es un operador de retos de manzanas increíblemente rápido. Él fabrica retos de manzanas.

"¿Mi padre?", dije, con asombro. Me lo imaginé mirándonos con una gran sonrisa, mientras Josiah seguía dándome suficientes retos de manzanas como para llenar una cesta completa. Me costaba respirar. "Josiah, estoy boquiabierta. ¿Qué hacen las demás personas en el cielo?".

Dean trabaja en un espacio rico, original, que vierte ideas mundiales que parecen partes de repuesto innovadoras. Él es el supervisor de ideas innovadoras para ayudar a que las ideas sean creadas, porque en la tierra, él ayudaba a la gente a innovar en la manera de hacer las cosas para que pudieran tener éxito.

"¿Mi hermano?", dije, confundida. Apenas pude pensarlo cuando empezó a escribir sobre la madre de mi madre.

Mary Anderson remienda corazones rotos. Eso es lo que hace. Los ángeles los entregan. La orden es cumplida cuando un corazón remendado es recibido, utilizando la fe para hacerlo completo otra vez en nuestra alma. Ella sabe cuál corazón es el que está remendando, y lo alinea con palabras de vida que dicen: "Piensa en estas cosas: amable, puro, buen informe, niño. Sácalo y vivirás de nuevo. Así que sácalo".

Mary tuvo que hacer eso en la tierra cuando perdió a su hijo, Gordon, así que ella está animando a otros a sacarlo. Así como ella se volvió a Dios, ellos se volverán a Dios para que tu dolor sea remendado. Ella remienda corazones.

Me pasé la mano por el cabello y me acordé de la vez que mi madre me había hablado del accidente fatal de Gordon, su hermano mayor, que dejó una viuda y tres hijos pequeños. Es decir, que al igual que en 2 Corintios, ¡la abuela Mary ahora consolaba a los demás con el consuelo que ella había recibido! ¿Puede ese versículo sobre el consuelo llevarnos a las dimensiones celestiales? Mi mente no dejaba de pensar y toda mi atención estaba concentrada en el iPad.

A la tía le gustaba la comida buena y saludable, así que ella prepara buenas comidas para esta tierra. Hace trigo, avena, frambuesas y muchas melazas buenas de los árboles. A ella le gustaban las melazas.

Bueno, en eso también tenía razón. A la tía siempre le había gustado la comida saludable y solía comer melaza con pan de maíz casero.

Recuerdas que le gustaba. En el cielo ella hace buena comida para sanar la tierra, sanar el estómago, sanar lo que produce el sistema orgulloso para que sea más sano para el cuerpo de la gente. La mejor comida es la que libera espiritualmente.

Rusty se hace amigo de la gente, así que fielmente hace ricos grabados originales de ranchos.

"¡Oye, espera!", dije. "¡Regresa!".

Demasiado tarde. Ya se había escabullido del sofá, trepando el viejo baúl de madera que estaba frente a nuestra ventana y dado un gran salto en el aire.

"¿Puedes terminar tu oración?".

Lo tomé del brazo y le hice cosquillas.

Finalmente, se derrumbó en el sofá, se dio una buena halada en el cabello y volvió a la escritura.

Verás, te he contado sobre la vida en el rancho. Rusty me contó sobre ello. La vida en el rancho es el grabado que él diseñó para enviar a la tierra.

Me quedé mirando, atónita.

"¿Esa palabra sobre los caballos vino de mi abuelo? No puede ser".

Pero Josiah ya se había distraído con su piano de juguete. Mientras tanto, leí las palabras que había escrito semanas atrás y que yo había guardado.

Hay dos ranchos. Uno tiene cuatro ponis y uno tiene un caballo. En el rancho con cuatro ponis están ganancia, orgullo, demora y automajestuosidad, imaginados en el mundo actual, tratando de poner a la gente a los lomos de esos ponis. Para ponerse a lomos del único caballo, el poder de Dios, hay que apreciar sus pruebas como las únicas que valen la pena atravesar, para ser contritos en obediencia, no actuando como si fueras dueño de ti mismo.

Mucha gente dice que el rancho de los ponis es su mundo. Bueno, no necesariamente. Podrías vivir en el rancho del caballo, a lomos del único caballo que puede con todo. Dirás que el rancho de ponis es difícil, pero deambulaste hasta llegar a ese rancho. Y es difícil allí, así que, ¿y si mejor te quedas en el rancho del caballo en vez de estar siendo arrastrado por ahí por unos ponis?

En el rancho del caballo, trabajan unidos abundantemente para decir: "Me gusta aquí, así que me quedaré aquí". En el rancho de Dios tienes todas las cosas para traer justicia a este planeta.

Entendí la analogía de Josiah mejor que cuando la leí por primera vez. Mi abuelo había criado a mi mamá y a sus hermanos en un rancho de caballos en Dakota del Sur, así que, de una extraña manera, tenía sentido que en el cielo mi abuelo tuviera un trabajo como ranchero, más rico, más profundo y más pleno que el que tuvo en la tierra. ¿Por qué no diseñaría tal "grabado" para que los ángeles lo liberaran en la tierra?

Un día al regresar de la iglesia, Josiah quería hacer algo que disfrutaba de vez en cuando: pintar un dibujo. Cargó su pincel con un gran pegote de pintura acrílica roja e hizo una larga raya brillante por toda la parte superior del papel.

"Bonito cielo", dije.

Me recordó el delgado velo que separa el cielo de la tierra y cómo Dios lo había estado abriendo lentamente.

"¿Listo para limpiar todo?", le pregunté cuando terminó. "Ven, déjame limpiar la pintura roja de tus manos".

Despejé un espacio para el iPad.

"Josiah, me pregunto ¿qué tanto conocen sobre nosotros nuestros familiares pasados?".

En el cielo nada es incierto para nuestros seres queridos. Son conocidos nuestros temores básicos y nuestros mejores momentos. No es un asunto de que ojos que no ven, corazón que no siente. Nuestros seres queridos averiguan sobre nosotros.

Me aclaré la garganta.

"Así que, ¿justo ahora podrían estar viéndonos y trabajando en nuestro beneficio? ¿Mi papá y alguien más?".

Mucha gente pone sus talentos y dones a trabajar en el cielo de la manera más perfecta para que ellos puedan ayudar en la tierra. Se pueden ofrecer ideas, se puede ofrecer justicia, se puede ofrecer consuelo, se puede ofrecer gozo y mucho más.

La obediente Mary Anderson hace rondas por su familia todo el tiempo. A diario está ante Dios con peticiones. Ella aviva la fe para la simple familia al decir:

"Cubre sus vidas con fe, Padre, para que puedan ser imágenes de tu Reino. Que cada vez que una preocupación diaria los reclame, les aumente la fiebre en el Espíritu, Señor. Ahora te estoy pidiendo que envíes fe a Richard, Rosannah, Boyd, John, Sharon y para la familia de Gordon, para las familias de todos mis hijos, para ayudarlos hoy a volverse hijos ante ti, tal como yo lo soy ante ti. Aviva sus corazones. Escoge sus vidas para que sean resueltas, llenas hasta rebosar de orden, simplicidad y confianza en ti. Deléitate en bendecirlos. Padre, ellos abundantemente serán mi trucha en la tierra para nadar corriente arriba, no para ir corriente abajo".

"Amén", dije, mientras un pensamiento me venía a la mente. ¿Podría ser posible que la frase "así en la tierra como en el cielo" significara más de lo que siempre había pensado? Le pregunté a Josiah y él no dudó en responder.

Es una nube de testigos para decir: "Corre la carrera". Es el trabajo de tiempo completo que a diario hacen los altos sirvientes de Dios para que su mundo en el cielo ayude a su mundo en la tierra. Este es el ciclo de los santos de Dios. Cuando estás en el cielo, estás en casa. ¿Tiene sentido? Ahora soy tan rico en mi mundo aquí y allá, ambos al mismo tiempo.

Después de decir eso, Josiah se deslizó por debajo de la mesa y comenzó a hacer ruidos.

"La, la, lii…"

"Bien, vamos al sofá. Más tarde quizás me puedas contar cómo los patrocinadores pueden vernos".

Lo ayudé a ponerse de pie y nos fuimos dando tumbos. Desplomándose, se movió por todos lados antes de que yo guiara su mano hacia el iPad.

Los seres queridos nos ven cuando van a las cornisas de las inusuales casas en el cielo que tienen un porche de tamaño gigante. En estos porches, se ve parte de muchos mundos y ellos pueden ver hacia la tierra a través de la oscuridad. Es una explosión de: "¿Qué estará pasando en mi mundo en este momento?". Los ángeles suben y bajan constantemente.

"¿Así como en el sueño de Jacob donde los ángeles subían y bajaban la escalera?", le pregunté, pero para ese momento él ya estaba en modo de juego. Rodaba como una rueda, dejando mis pensamientos girando igual de rápido.

Sabía por las Escrituras que Dios siempre tiene sus ojos puestos sobre nosotros, así que, ¿no sería absurdo que la gente del cielo, que está constantemente con Dios, no tuviera idea de lo que estaba pasando en la tierra?

Tomé mi Biblia buscando más respuestas y cuando llegué a Samuel 28, me enderecé en mi asiento. Casi había olvidado esa historia.

El rey Saúl era incapaz de escuchar a Dios de la manera tradicional, así que hizo algo que no debió haber hecho. Le pidió a una vidente que conjurara al profeta Samuel, que había muerto. Cuando el rey Saúl tuvo ese breve intercambio con Samuel, este último ya sabía muy bien qué había ocurrido en la tierra desde su partida.

¿Será que, en estos últimos días, Dios quiere correr el velo por iniciativa propia y mostrarnos más? En medio de mi dolor diario, este tipo de verdades ciertamente me hacían anhelar mucho más mi hogar celestial.

Al día siguiente, antes de ir a la escuela, Josiah retomó el tema de los patrocinadores.

Así como los faros traen a los barcos al puerto, nuestros seres amados sostienen nuestras vidas mientras estamos en mar abierto. El amor los deja ver dónde está el barco en su brillante recorrido.

Si no está yendo por su camino designado, está yendo a la deriva sobre las aguas. Ellos tal vez no conozcan detalles, pero saben si nuestra fe no nos está llevando hacia nuestro faro. Ellos dicen: "Este es un miembro de mi familia, o mi amigo. Deseo muchísimo verlo en el cielo".

Pensé que era muy natural saber estas cosas, mamá. ¿No lo es? Es atrevido saber que la Biblia habla de esta gran idea. La respuesta es grande si la ves.

La vida en mi limitada tierra no es toda la vida. Es para la eternidad que fueron hechos nuestros corazones. Nuestros noventa años de vida, o menos, pueden parecer largos, pero no son nuestra vida entera. Nuestras vidas continúan.

Su autobús llegó y se detuvo frente a nuestra casa, así que le di un rápido abrazo y un beso y lo acompañé hasta afuera. Él había abierto una caja extraña y maravillosa, y yo estaba demasiado ansiosa de escuchar el resto.

24

Las mansiones

"Las mansiones son distintas y tienen amigos
como gatos rayados y perros peludos que
tuviste de niño. ¡Yo ya tengo una mansión!".
—Josiah Cullen

Abril de 2014

Un día, al salir de la escuela, Josiah y yo charlábamos sobre sus maestros y las materias, cuando de repente la conversación cambió a su tema favorito: el cielo.

Las mansiones enormes no son moteles ni tiendas de campaña, o alojamiento como nada que conozcamos aquí. Las mansiones son nuestras vidas en múltiples capas construidas en nuestro hogar externo. La misma idea de que tenemos hogares individuales en el cielo es estupenda. ¿Por qué? Porque cada persona es diferente. Las mansiones son la expresión personal de esta persona en forma de casa.

"Vaya, es increíble. Estoy ansiosa de ver eso. ¿Hay mascotas allá arriba?".

Los felinos que amamos son los felinos que tenemos. Las alegrías de nuestros largos años como niños, de ellas recibes un abrazo agradable y fuerte. Solo debemos pensar en lo que de verdad nos gustaba y lo tendremos en nuestra mansión.

"Oh, de acuerdo. Yo prefiero los perros a los gatos. Así que me imagino que eso significa que veré a Fluffy, a Tria y a Rags".

Se frotó los ojos.

Anónimamente, nuestra familia pide para nosotros que grandes amores nos estén esperando. Es agradable que una banda agradable convierta nuestra mansión en un lugar tan agradable incluso antes de que lo veamos.

En una rápida reunión familiar, mi abuelo Ken se estaba

jactando de las muñecas de mi abuela. Dijo que ella era grande para hacer estas muñecas poquito a poquito en su sala de costura del sótano. Era básicamente un placer para ella hacer muñequitas y ropitas pequeñas.

"¿Tú sabes sobre las muñecas?", dije, enderezándome. "¿Cómo? ¿Qué te dijeron?".

Él dijo que te encantaba Hercermer, que él era tu muñeco preferido. Él hizo una linda cama litera para tus muñecas. De la cama litera, construyó una cuna grande para Hercermer. Tenías un muñeco bebé de cabello rubio en tu cuarto de muñecas. Él notó que se parecía a mí, mamá. Era tu favorito. Eras puro amor con Hercermer.

El iPad tembló en mi mano. ¿Cómo sabía sobre Hercermer?

Él estaba construyendo nuestra familia tal vez desde antes de que yo naciera para tener un muñeco como yo, mamá. El niño real vendría, pero a ti te encantaba ese muñeco de cabello rubio. ¿Tú muñeco Hercermer se parecía a mí, mamá? ¿Era tu muñeco favorito? Todos mis balbuceos fueron geniales naturalmente, ¿verdad, mamá?

Balbuceos. Oh, Dios, sí. Su hilera de palabras de bebé me derritieron desde el primer día. Se las había aprendido con alegría y mucha práctica. *Mamá, papá, queso, no-no, JoJo, galleta, abejita.* Luego, un ladrón se las robó, dejando en su lugar un vacío enorme, una herida abierta.

Recuerdo que mi madre me contó que ella y papá en una ocasión habían perdido su negocio y no pudieron comprar regalos de Navidad. Yo tenía solo siete años. Mi mamá se negó a dejar que la tristeza se apoderara de ella. Se fue directo a su habitación de costura y derramó toda su decepción ante Dios. En ese momento Dios le recordó su dicho: *Hay que tomar lo que hay, y hacer algo con eso.*

Caminando apresuradamente alrededor de la habitación, encontró un viejo patrón y recortes de materiales. Y así hizo sus primeros muñecos, Matthew y Mandy. Los suaves muñecos de veinticuatro pulgadas parecían gemelos.

El infortunio de mi madre se convirtió en material para las ferias de artesanías, y los muñecos también resultaron obsequios fantásticos para sus amigos.

Dos años más tarde, mamá me hizo un bebé vestido de blue jeans con cara de repollito que sonreía en medio de un nido de cabello de lana amarilla. Mi muñeco favorito, Hercermer. Mis ojos volvieron al iPad.

Ken sabía que te encantaba, así que lo hizo para ti como él recordaba. Hercermer estará allí.

Y con eso, se fue presuroso a su habitación.

"Oye, ¡espera! ¡No hemos terminado!".

Sus palabras se repetían en mi mente, mientras iba tras él. Lo alcancé cuando estaba en su cama y le pasé la mano por el cabello, tratando de lucir calmada.

"¿Estás diciendo que hay una réplica de Hercermer en el cielo?".

También, algo que estará en tu mansión son las sandalias que usaste como Medea en esa obra con papá. Te encantaban esas sandalias y las usaste en el escenario. Los trabajadores santos le pidieron a la otra abuela que las hiciera para ti. Las sandalias usadas cuando comenzaste a salir con papá. Para él fue un impulso divertido ser tu compañero, así que tendrás sandalias allá.

Por favor, que alguien recoja mi quijada del suelo. Nunca le habíamos contado a él *nada* de eso. Ciertamente Josiah no sabía que en mis últimos años en la universidad, yo tenía un par de sandalias de cuero cruzadas, de estilo griego, que se amarraban en los tobillos. Parecían algo que Jesús habría usado, pero eran perfectas para mi papel y siempre habían sido especiales para mí. Así que, ¿también sabía sobre ellas? Lo miré con gran interés de saber que más sabía.

Me encanta mi mansión. Es grande y allí está mi piano. Mis dedos plantados lo tocan con música como otros pianos nunca han escuchado. Está diseñado como si estuviéramos adentro, pero no molesta los oídos para nada. ¿Dirá que estoy encendiendo un piano un día en la tierra? Eso significa para mí.

Ir por mi mansión me da una felicidad que nunca había sentido, ver barras de mono en mi propia casa.

Mi parte mayor es esta luz en el techo. Se ideó como un enorme candelabro de cristal, pero no lo es. Es mi papel alegre que he

escrito, como si estuviera iluminando la alegría de mi vida dentro del candelabro de cristal.

Parte de mi propia mansión tiene muebles empotrados que me encanta ascender a nuevas alturas para saltar en ellos.

Josiah se puso de pie y comenzó a saltar encima de su cama.

"Oye, ¿qué estás haciendo?", le dije. "¿Tratas de darme una demostración? Discúlpame, pero no estamos en el cielo todavía y no creo que tu colchón lo pueda resistir, así que por favor para".

Riendo, lo agarré de la cintura y lo senté a mi lado.

Mis muebles tienen tantos resortes, me falla a responder como a cuán alto es el techo. Mi hogar aún no está listo, pero es mío. Tiene mi vida hasta ahora. Como que si yo fuera su diseñador, pero no lo soy.

Siempre veo mansiones. Veo dentro de la mía y algunas de las suyas y básicamente, no puedo decirte nada más que no sea sobre Hercermer y esas sandalias que te encantaban. Solo veo el exterior. Es todo muy diferente en sus aspectos y sus tipos. Es como cada persona. Nuestra mansión es modificada a medida que crecemos y amamos cosas en nuestros aposentos celestiales.

Josiah mordió la orilla de la sábana. En silencio le di gracias a Dios por él y sus experiencias sobrenaturales. Luego fui apresuradamente a mi habitación para llamar a mamá por teléfono.

"No vas a creer esto", y le conté lo que me había dicho Josiah.

"Oh, Tahni, él ha visto a nuestros parientes", dijo con un suspiro. "Están más cerca de lo que creemos. Josiah también tiene razón con lo de las camas. Me había olvidado completamente de ellas, pero es totalmente cierto. Tu padre convirtió las camas literas de Matthew y Mandy en una cuna".

"¿Por qué?", le pregunté.

"Oh, no lo sé. Tal vez porque nos dijiste que Hercermer necesitaba una cama con barandas para no caerse".

Me reí.

"Eso no fue lo que quise decir. Quise decir que por qué le está pasando todo esto a nuestra familia".

"No lo sé", dijo ella. "Pero creo que debemos seguir confiando en Dios y agradeciéndole por todas estas revelaciones maravillosas. Quién sabe, tal vez algún día él también nos muestre un poco de los propósitos maravillosos que hay detrás de ellas".

25

Probar la verdad

"Jesús tomó un clavo asimétrico para
abrir un amor asimétrico".
—Josiah Cullen

Verano de 2014

Josiah se puso de pie frente al lavamanos, desnudo, como una estatua de piedra inamovible.

Pídeme que entre en la ducha, tecleó.

"Bueno. Entra en la ducha".

Pero en el instante en que abrí la cortina, él se lanzó hacia adentro.

"Oye, ¡basta! Es tan frustrante cuando dices una cosa y haces otra".

Unas horas después, me senté con él en el sofá, deseando poder comenzar de una vez la semana. El aire acondicionado, el automóvil, todo parecía estar desintegrándose en casa de los Cullen. Pero el comportamiento de Josiah me fastidiaba más que cualquier otra cosa, y no era la excepción en mi cumpleaños.

"¿En qué piensas, hombrecito?".

Mamá, la preocupación no es mi porción, para cargar. Así que históricamente, la preocupación no tiene absolutamente ningún valor bajo el sol y el Hijo.

Transmitir esa preocupación no es tu amigo negativo. Es la música que hace la nota discordante que detiene el opus muerto en sus pistas. ¿Contrataría las pruebas importantes para que sean tu centro de atención? Lo haría. Así que haz que la montaña vaya, o detendrá tu canción.

Ahora publícalo en Facebook.

Tres días después, se acomodó en el sofá y escribió otro pensamiento digno de reflexión.

Las pruebas son para la verdad, no para sufrir. Así que está

sintonizado para apurar la verdad a nosotros. No para herirnos, sino para apurarnos a ver la verdad más rápido de lo que normalmente haríamos.

Una prueba es la sintonía de nuestra alma para transmitir vida a las realidades que requieran cambios.

Jesús dice: "Prueba la verdad de cuerpo deteriorado, de sangre derramada. Haz que la verdad se encuentre con la verdad modelo: se ha terminado".

El mundo está siendo probado en este momento solo por la verdad. Rompan, prueben, beban, vean que la verdad es muy buena. Las pruebas son para la verdad, no son sufrimiento.

Tuve que leerlo una y otra vez. Dios mío, ¿esto lo había dicho mi hijo rebelde, el mismo que tenía que batallar para entrar en la ducha? ¡Tenía toda la razón! Mis pruebas no eran los problemas financieros, mi vida loca, ni nada de eso. Mi prueba era si creía o no las verdades de Dios. ¿Le creía a Dios cuando Él decía que satisfaría todas mis necesidades de acuerdo con las riquezas de su gloria? ¿Le creía a mi Dios, que había creado el mundo con sus palabras y que me amaba desde antes de que yo naciera?

Al final de la semana, Josiah estaba lleno de energía y con ganas de hacer algo.

Llévame a algún sitio donde haya música, escribió.

Afortunadamente, había un lugar al que podíamos ir. El festival irlandés.

Cuando llegamos, Josiah movía su cuerpo al ritmo de los violines, flautas, acordeones y tambores. Los bailarines giraban, los pies chocaban, las faldas revoloteaban y los niños reían. Mientras recorríamos las casetas con golosinas y actividades, Josiah parecía un pequeño irlandés con su sombrero aplanado y su franela de Irlanda. Los padres irlandeses de Joe estarían orgullosos.

Vimos hombres con kilts que tocaban sus gaitas, inflando las mejillas. Pálidas bailarinas pululaban por el lugar luciendo pelucas rizadas, que me recordaron a las muñecas de mamá.

Apreté ligeramente la mano de Josiah y la mecí hacia adelante y hacia atrás, luego le di un giro que lo hizo reír.

"Oye, JoJo, mira los perros irlandeses. Setters, terriers, perros ovejeros. Me pregunto cuántas manitas los acariciarán en los próximos días".

Vimos productos horneados en la tienda de comida, y le compré a Josiah un panecillo de canela. Recorrimos las mesas en la feria, observado joyería, camisetas deportivas, cuadernos recubiertos de cuero, cruces celtas, vestuario irlandés para perros y bufandas y sombreros de todo tipo.

"¿Les gustaría probarse un sombrero?", preguntó un vendedor.

"¿Por qué no?", dije. Me lo puse y posé frente al espejo. "¿Qué piensas, JoJo? Oh, te has sonrojado. Mejor salgamos a ver la naturaleza".

Salimos del área de las carpas y tomamos la acera que bordea las riberas del Mississippi.

"Mira, JoJo, los rascacielos de St. Paul del otro lado. Oye, ¡espera! ¡Basta! No te acerques tanto a la baranda".

No sería la primera vez que dejara caer al agua su gorra o sus lentes, pero lo más importante era que él no fuera a hacerles compañía.

Mientras caminábamos agarrados de la mano, pensé en mi última reunión familiar en Black Hills, Dakota del Sur. Fue la primera vez que Josiah participó en una de esas reuniones, y solo un mes después comenzó a sufrir de autismo.

Extrañamente, en la última reunión, Josiah le quería hablar a mi prima Talitha sobre los hijos de Mary y Rusty y sus familiares. No dejaba de hablar sobre el valor de la familia y cuánto lo apreciaba. Cuando tecleaba, sus ojos se llenaron de lágrimas.

Josiah es como un chico real. Quiero hablar y compartir con Talitha. Las lágrimas que ruedan son mi manera de decirles a los parientes de Rusty y Mary que estamos besando el cielo en este momento. Déjame decir que estoy muy feliz. Como la fe es la poesía. Todo es un círculo.

Joe y yo nos habíamos maravillado que él sintiera tal conexión con nuestros parientes, ya que no habíamos compartido mucho con ellos.

Contenta por la sensibilidad de Josiah, me devolví junto a él por la parte de la grama y nos dirigimos al gran toldo blanco donde serían las competencias de baile.

Perfecto. ¡Dos asientos juntos! Nos sentamos y las chicas sobre

el escenario comenzaron a girar. Josiah buscó el iPad en mi bolso y
apoyó su puntiagudo hombro en mi pierna.

Un linaje de alegría irlandesa. La imagen es hermosa. Básicamente ya lo he escrito en mi mente. Te digo que esto me gusta mucho.

Su cuerpo se movía al ritmo de los golpeteos de los pies de las bailarinas.

Envía el amor de Dios a la tribu irlandesa
Bendice las mujeres, bendice los hombres
Mueve los pies, mueve las manos
Tímido, escuchando a los brazos callados
Como furiosos, escuchando los brazos están
Los brazos bendecidos por la calma
Mientras que las piernas rápidas no tienen reposo
Para sanar la tierra
Es cierto, la danza sana la tierra
Agradable es bailar como un niño para el Rey
Furioso, pero el origen es el gozo
Es como una retrospección peligrosa
Para apresurar el viento del santo
Para que sople en la ciudad

En ese preciso momento, una ráfaga de viento sopló, ondeando la
lona del toldo.

Un deleite trino sacude este agradable lugar
No soy solo un chico
Soy un chico irlandés, rico en herencia
Levanten su espíritu, hermanos y jóvenes
Las pruebas vienen y van
Está en su herencia, pequeños niños
Para contratar el baile
Para contratar la pequeña banda
Para contratar las pequeñas castañuelas
Para ser tus herramientas de fabricación benditas
Esa es su alegría

Sus palabras me hicieron imaginar cada cultura y cada tribu, amadas por su Maestro en perfecta equidad, bailando alrededor del trono.

Salimos y caminamos a la parte de atrás del escenario donde grupos de chicas con sus trajes típicos esperaban para ser llamadas al escenario. En ese momento, alguien del otro lado de la carpa captó mi atención: una mujer de unos treinta años con una grave discapacidad. Se sentó sola en una silla de ruedas que tenía una computadora instalada frente a su cuerpo encogido.

Me acerqué a ella.

"Hola, soy Tahni y este es mi hijo, Josiah".

Su rostro se iluminó, pero su cuerpo se tensó y temblaba cuando intentaba hablar. Oh no, como que cometí una imprudencia y la sobreestimulé. Pensé en escapar rápidamente, pero una voz mecánica me habló desde una máquina.

"Me llamo Siabon".

"Oh", traté de ocultar mi sorpresa. "Hola, Siabon. Veo que tienes una pantalla frente a tu silla de ruedas. Mi hijo Josiah sufre de autismo y utiliza una aplicación especial para escribir con un iPad. ¿Cómo usas tu pantalla, si no estás moviendo las manos?".

"Controlo la máquina con mis ojos", dijo la voz mecánica.

"Vaya, nunca he visto algo así antes", dije asombrada. "¿Estás disfrutando del festival?".

"Me encanta", dijo ella. "Soy irlandesa, ¿y tú?".

Noté que tenía un pequeño punto reflector en la frente y me di cuenta de que tal vez era un sensor que se conectaba con el teclado que tenía frente a ella.

"Un poco irlandesa", dije. "Pero Josiah es muy irlandés. Su apellido es Cullen".

Mi mirada iba de su rostro a la pantalla y vi que comenzaba a respirar entrecortadamente. Josiah estaba tan inmerso en su propio mundo que ni siquiera sé si escuchó nuestra conversación.

Al día siguiente, a la una y media de la mañana, Josiah comenzó a escribir compulsivamente.

"¿Esto no puede esperar?", le dije gruñendo, mientras me sentaba en el sofá.

Este levantar es para decirte que contrates la verdad misteriosa. La verdad es hacer lo que se dice o no es verdad. Así es con Dios.

La verdad es verdadera solo si se le hace seguimiento. Dios debe hacer lo que ha dicho, o Él es mundano como tu hijo para decir una cosa y hacer otra. Prueba esta verdad. Él dice, "Soy verdad y también soy verdadero".

Sus palabras me conmovieron. Una cosa era confiar en Dios con respecto a mí misma, y otra muy diferente era confiarle a mi propio hijo. La presa se rompió y comencé a llorar.

No lo entiendo, Señor. ¿Cómo es posible que Josiah esté en tu presencia y en presencia de tus ángeles y aún no haya sanado? Tú dices que eres verdad y verdadero. Bueno, en ese caso, ¿cuándo lo vas a sanar de verdad?

El dedo de Josiah enloqueció.

El sonido es tu Sócrates tratando de manejarlo, diciendo: "Bueno, si no lo veo, lo escucho, o no me beneficio, no está pasando". No es así. Su voz viene, así que Tahni, resiste. Su voz viene.

Así que tus abundantes sollozos muestran que entristecida dices: "No veo que Jesús esté haciendo nada en este caso. Luce muy mal en este momento. Mi hijo es muy autista. Está mucho peor de lo que nunca ha estado cuando se trata de su yo verdadero que se muestra". ¿Cierto?

Me sequé los ojos.

"Josiah, ¿qué se supone que debo decir?".

Lágrimas santas, sin embargo, tú lloras. Lágrimas santas para decir lo que crees que crees que tiene que hacerse realidad, o es solo una media verdad. Solo deléitate en mí y haré lo que dije que haría. Así que él hablará. Como un niño real. No con una máquina como esa mujer que vieron. Imaginando eso tal vez él pueda hacer eso con sus ojos algún día.

Es muy difícil para ella creer que será sanado, ¿verdad? Lo estoy viendo ahora. Ella está afligida por enfermedad. Así que levántala audazmente para decir: "Camina derecho. Enderézala".

Quiero que digas: "Los límites están fuera de este cuerpo, en nombre de Jesús".

Lo siento, mamá. El trabajador dice—la voz es muy fuerte—que transmita: "No más límites, en el nombre de Jesús".

Santa es esta palabra de mi Jesús para ti, mamá. Estoy seguro de que espiritualmente se te mostrará lo que pasa con los límites expulsados en la Biblia. Prueba la verdad ahora.

Respira, pensé. Honestamente, habría sido más fácil aceptar las cosas como eran antes de todo esto. Al menos no me estaría preparando para más decepciones. Por otra parte, ¿cómo podría aceptar nuestra situación actual, si Dios me seguía hablando por medio de nuestro niño milagro sobre milagros?

Dios sanador: tú dices que "todas las cosas son posibles". Por favor, recuérdame que "todas" incluye esto, que tú puedes sanar desde los efectos del autismo al cuerpo contraído de una mujer en silla de ruedas.

Si esta es mi prueba en cuanto a la verdad, que tú haces lo que dices y que nunca cambias, querido Señor, te pido que me ayudes a creerlo.

26

Cosas de niños

"Alaba a Dios con risas".
—Josiah Cullen

Verano de 2014

Como muchos padres amantes de los deportes, Joe soñaba con jugar béisbol con su hijo y asistir a los juegos de las ligas menores. Josiah no podía hacer nada de eso, pero al menos pudo unirse a un grupo de *T-ball*, una especie de béisbol para niños aprendices. Algunos jugaban en sillas de ruedas, otros no lograban concentrarse lo suficiente para mantener la coordinación, pero Joe no permitía que nada de eso lo molestara. Él simplemente necesitaba apoyar a su chico.

Joe había vivido los primeros nueve años de su vida en Nueva York, y naturalmente su padre lo llevaba a ver los juegos de los Mets. Adivine contra quién jugaban los Mellizos de Minnesota en el primer juego al que llevamos a Josiah.

"¡Vamos, Mets!", gritó Joe.

Él y Josiah parecían gemelos con sus camisas de los Mets, mientras yo animaba a los Mellizos con mi camisa de los Mellizos. Como apoyábamos apasionadamente a equipos rivales, nos tocó dejar nuestros superyós escondidos en la última fila. Cada vez que Josiah se ponía inquieto, me iba a caminar por ahí con él.

"¿Qué te parece si vamos a la tienda del equipo a comprar un juguete?".

Josiah sabía que podía escoger cualquier cosa, pero escogió una lufa, una de esas esponjas que se cuelgan en la ducha. La esponja venía pegada a un oso azul de felpa, que es la mascota de los Mellizos. Cuando volvimos a nuestros asientos, desarrollé un cariño especial hacia este oso azul de felpa. Nos salvó el día, ya que mantuvo a Josiah sentado en su silla hasta la séptima entrada.

Cuando los padres de Joe vinieron a visitarnos, queríamos que se unieran a la diversión, así que los invitamos a acompañar a Josiah en su segundo juego de los Mellizos.

Algo en este juego en particular despertó el lado aventurero de Josiah. Cuando un niño sufre de autismo, la comida siempre es un asunto delicado. Los niños con autismo a menudo se niegan a probar cosas nuevas. Así que cuando Josiah escribió que le gustaría probar las palomitas de maíz, todos nos emocionamos mucho. En efecto, se comió varios puñados.

"¿Qué te parecieron, JoJo?".

Nos llevó a un rincón donde hubiera silencio y comenzó a escribir.

Llama a las deliciosas palomitas de maíz mis preocupaciones sobre esas ricas explosiones en mi ardiente deseo natural asediará mis gozos. La primera vez que puse una en mi boca, fue empujada hacia adentro.

La siguiente vez, estaba dudando de ponerla allí, esperando que no estuviera equivocado en que eran buenas, como cuando las ratas ven un queso en una trampa. ¡No era una trampa! Con gusto, me comí otra. Vaya, fue un trabajo bien hecho.

Había preparado mi actitud hacia un frenesí sobre las palomitas. Ahora estoy dudando completamente de esa actitud básica.

Señor, ¿cómo este muchacho se las ingenia para transformar las palomitas en una lección de vida? Camino a casa, estábamos contentos por un día de jonrón.

Un día fuimos a Michaels para comprar acuarelas, pero Josiah tenía sus propios planes. Mientras yo miraba hacia otro lado del pasillo, Josiah, que estaba sentado en el carrito con cara inocente, comenzó a llenarlo con juguetes flexibles.

"Qué lindas orugas", le dije cuando la vi. "Eres muy gracioso, y como eres tan lindo te compraré una. ¿Cuál quieres?".

Levanté mi iPad y sostuve su mano.

Tantas orugas tendrán que salir rápidamente de mi colección de orugas. ¡Venta al azar! Me llevaré tres.

Carraspeé.

"Umm. Escoge una".

Ahora estoy indeciso. ¿Cuál escogeré? Digo que todas las orugas quieren venirse conmigo.

"Puedes llevar una", le repetí. "¿Cuál color te gusta?".

¿Es muy complicado si escojo dos?

"No, esta noche te tendrás que conformar con una. Bueno. Te voy a dejar llevar dos y es todo. ¿Qué colores quieres?".

Josiah metió la mano en el recipiente y los escogió de diferente color.

Alegría. Hay muchas orugas flexibles originales. Quiero la ana-ranjada y la amarilla. Bueno. Sería bueno devolver las demás como un niño bueno.

"Tienes razón", le dije. "Eso *sería* bueno".

Es difícil. Es como si las orugas estuvieran aplaudiendo pi-diendo mi pasaporte de oruga para salir de aquí. Es como si a diario vivieran sus vidas de oruga solo para no abandonar nunca ese recipiente. Es muy difícil ser una oruga aquí. Las orugas dicen: "Por favor, llévanos a todas".

"Lo siento", le dije. "Estoy segura de que habrá otros niñitos y ni-ñitas que puedan adoptarlas. Llevarás dos".

Josiah ladeó la cabeza y bajó el dedo.

Creo que escogeré la anaranjada y la amarilla. Las otras orugas quieren quedarse conmigo, pero no pueden, realmente, Josiah es-cogerá la amarilla y la verde. Oh, ¡venta al azar! Escojo tres.

"No", le dije. "Llevarás dos".

Soy rico, tengo el dinero.

"Oh, ¿de verdad? ¿Tienes el dinero?".

Deberías trabajar más.

"Qué agradable de tu parte".

Traté de contener la risa.

Ahora tendré que darles una triste despedida a mis orugas.

Pero antes de hacerlo, insistió una vez más

Déjame quedarme con mis orugas, ¡por favor!

"No te rindes fácilmente, ¿verdad?", le sonreí a un par de señoras mayores. "En serio", le dije, "te llevas dos. Debes escoger ahora".

Difícil elección.

Luego intentó otra táctica. Escribió en nombre de las orugas.

Llévame, Tahni, chuik, chuik, chuik. Yo también quiero irme contigo.

Chasqueó con la lengua e hizo un sonido agudo.

Me gustaría mucho llevar tres.

"Y también te gustará mucho llevar dos. Esta mi última y generosa oferta".

Josiah le dio una última mirada entristecida, luego escribió su despedida. **Orugas, quieren quedarse, pero mamá dice que no. Anuncien mi fracaso en ser su padre. Como hormigas a las tinieblas, deberán regresar. Lo siento mucho.**

No pude contenerme y estallé en carcajadas. Siempre supe que era encantador, pero esta fue su primera negociación.

"Qué bueno que no soy fácil de convencer", le dije, viendo como sus dedos buscaban el recipiente y escogían dos orugas de dos colores nuevos. "Ahora, vamos," lo empujé hasta la caja registradora, donde descargué el carrito y pagué por nuestras nuevas mascotas. "Es oficial, JoJo. Ahora eres el orgulloso dueño de tus propias orugas anaranjada y rosada".

27

Sonidos musicales

"La música es mi canción para lo que hice para redimir el mundo. Es de mí, para mí, a través de mí. Soy la plenitud de la música, así que soy el sonido que quiero que venga de mi iglesia".
—Josiah Cullen

Verano de 2014

"Tahni, tu hijo está revolucionando mi mundo".

Agarré el volante con una mano y mi celular con la otra. Qué sorpresa escuchar a Mark Bierle, un sujeto con el que solía hablar sobre Josiah cuando trabajaba en Eagle Brook. Mark se había inspirado en la forma en la que la tecnología le había dado una voz a Josiah y, como resultado, deseaba donar iPads para los niños con necesidades especiales de la iglesia. Habíamos charlado un poco desde entonces, aunque en realidad no nos conocíamos mucho. Sin embargo, su reciente interés en la página de Facebook de Josiah había cambiado eso.

"Mark", dije. "Todavía no conoces ni la mitad de la historia".

"Estoy segura de que has tenido que lidiar con muchas cosas", dijo y se aclaró la garganta, "pero quiero que sepas que Dios usó a tu hijo para darme una doble confirmación. Dios lo está usando para comunicarme cosas grandiosas y mis oídos están completamente abiertos".

Unos días después, recibí una palabra de aliento similar de parte de Scott Sample, otro compañero de la iglesia, esta vez, a través de un mensaje de Facebook. Scott es un artista increíble al que a veces, cuando me lo encuentro en el vestíbulo de la iglesia cerca de unos cuadros de su autoría, le agradezco por compartir su don.

Conocí a su esposa Stephanie en una actividad para mujeres hace unos años. Ella nos contó que Dios los sustentó cuando perdieron a su hijo de diez meses debido a un accidente en la guardería.

Stephanie había ido a escucharme predicar en un retiro de otoño. Allí me escuchó hablar de Josiah y comenzó a seguir su página de Facebook. Me encanta la historia que compartió sobre la conversación que tuvo con su esposo.

"¿Quién crees que escribió esto?", le preguntó a Scott.

"No sé", dijo él. "¿Brennan Manning?".

"No. Josiah Cullen, un niño de ocho años con autismo".

Scott comenzó a seguir la página de Facebook de Josiah en lo que supo de él, y le gustaban tanto sus publicaciones que me envió un mensaje porque no podía encontrar una de ellas.

"Uh…¿de qué trataba?", le pregunté.

"Era esa donde Josiah habla sobre el fracaso de la adoración".

Sabía exactamente cuál era. Venía incluida en una lista, así que se la envié completa a Scott:

Jesús dice que la espiritualidad es un asunto bastante pequeño aquí abajo, y que al Dios trino le gustaría señalar algunos problemas.

1. Volverse para usar los problemas queridos solo como una parte de lástima es un problema. Llámenlo gozo cuando enfrenten pruebas. Están probando que la fe funciona. Son las pruebas las que posicionan la fe para funcionar. Es problemático insinuar una atadura y nunca tratar de romper la atadura.

2. Revelar el secreto. Es ignorante tentar la casi mezquindad de los estadounidenses. Es juicio no cuidar a la madre o padre de otro. Molesten sus billeteras y patrocinen una persona mayor el día de hoy. Probablemente es el grupo más ignorado de los Estados Unidos.

Reúnan dinero para los ancianos y oren con ellos. Es orgullo que tristemente los deja defenderse por sí mismos. Es orgullo que tristemente los retrata como humildes y desconectados. Ellos son un linaje de ataduras rotas y ataduras que nacieron. Recipientes de amor deben ser enviados hoy a los ancianos.

3. La [falta de] risa es un problema. ¿Es difícil reír, reír de verdad? Solo rompe una calzada y miles de personas están de mal humor durante el día entero. Supérenlo. Tienen suerte de tener una casa. Gente, ¡es hora de reír!

A los negocios les cuesta sonreír a los demás. Es divertido que mi pueblo no se detiene a ver a los demás a los ojos y reír, fijándose en una hermosa camisa o bufanda. Es delicioso nombrar una bella cualidad de alguien. Háganlo con frecuencia, mi pueblo. Crea risas y elimina problemas. ¡Es bueno hacer esto, gente!

4. ¡Anótenlo! Las historias de milagros estremecedores deben difundirse mucho más. ¿Y si yo comenzara a sanar niños que sienten avisos para enderezar las cosas, y escuchan mal, y hablan con moderación, y ustedes empiezan a hablar sobre eso, dándome alabanza natural a mí?

Es la misión de este niño provocar al mundo. Es orgulloso Papá Dios que dispone todo, rutinariamente haciendo que bocas tontas hablen, diciéndole en verdad que hablen, ¡y ellas hablarán!

5. Trátense unos a otros con "amor participativo". ¡Participen de verdad! Saquen los palos de hockey de su espina dorsal y abrácense! No es tan difícil, gente. Los tontos saben abrazar mejor que mi pueblo. Los artistas abrazan mejor que mi pueblo.

6. Eleven música para mí que responda positivamente a mi pregunta "¿Ustedes me aman?". Apacienten a mis corderos. Son los cantantes, no los adoradores, los que balbucean palabras inteligentes, pero viven como si no les importara para nada alabarme con verdadero orgullo.

Está mal esforzarse en las cosas pequeñas y saltarse las importantes una y otra vez. Bolsillos de decisiones de doble intención sobre cómo cantar algo pierden el rumbo. Qué tal si solo contestan a la pregunta: "¿Tú me amas?". No se preocupen si es pegajosa. Solo asegúrense de que se cante con pasión y verdad. Es como un gong para mí si es inteligente, pero no gozoso o estimulante para el espíritu del aliento de Dios en nosotros. Anótenlo, músicos, e inclinaré mi oído para enriquecer su congregación.

Esa es. escribió Scott. *¡Gracias!*

No le conté sobre esta conversación a Josiah. Ni siquiera le mencioné el nombre de Scott, pero Josiah sabía. No solo eso: también tenía un mensaje personal para Scott.

El poeta está diciendo mayormente que la nota Sol está tan cerrada que, espiritualmente, adoran tipos de musas que terminan en Sol. El rey no lo estima como el uso más alegre de los músicos para tocar la nota Sol, ya que es una nota resonante solitaria. Está muy atrasado que nos toque con muchas nuevas cantidades de pequeñas jarras de ale para tocar música inusual. Las pequeñas canciones de amor clásicas me fascinan. Ahora escojo a Scott Sample, un hombre de fe, maduro, encantador del este, para alabar sobre todo con La, Si, Do, Re, Mi, Fa, no con Sol.

Scott respondió: *Sorprendente, esta referencia a la nota Sol ha sido una metáfora que he utilizado una y otra vez. Es muy específica a la nota Sol y a las palabras que terminan con ese sonido. No hay manera de que tú y Josiah hayan sabido eso, sino a través del Padre. Es realmente increíble.*

Las palabras de Josiah asombraron tanto a Scott, que me preguntó si podía enviarle algunas otras palabras anteriores de él relacionadas con la adoración, así que lo hice.

La adoración estudia nuestros brazaletes para sonar como caminando con un tintineo. Transmitir alegría es transmitir vida plena en mi Hijo.

Las dudas malintencionadas sobre la risa en la iglesia me divierten. No me siento insatisfecho con la risa, nunca. Es la música de la risa que se inspira en mi amor digno, se inspira en mi lluvia digna tremenda de playas arenosas.

Divertirse es tener mi poesía en funcionamiento para esconder la verdad en su estímulo para escuchar.

Correr para amar de esta forma daña la música de mi adversario que es muy, muy irritable. ¿Reiría Satanás? Solo para esconder su terror del poder que se agita en mis alumnos de amor garantizado.

Muevan la diversión para acelerar nuestros besos, no solo de historias que voltean la página, sino de historias, muchas historias, de voltear la subsistencia de la negatividad es su oído que escucha.

A la risa tangible y robusta le encanta volver del idioma del mártir al idioma del vencedor.

Scott respondió: *Vaya, vaya, vaya. Digamos solamente que es la primera vez que lloro en un taller de cambio de aceite automotriz. Lo*

*que de verdad me asombra es que ese aspecto "risueño" de nuestra fe
ha estado realmente ausente durante mucho tiempo. De verdad, eso ha
estado en mi corazón y Josiah tiene un don para encontrar la verdad.
Nuevamente digo que los tiempos de Dios son perfectos.*

Más tarde me enteré de que Mark había hablado con Scott, y los
dos descubrieron de que me habían estado contactando debido a Josiah, casi simultáneamente. Su interés mutuo en mi hijo los llevó
a contactar a un amigo que resultó ser un músico ganador de un
premio Grammy.

Nunca me imaginé que algún día estaría sentada en una mesa del
Lobster Smack Shack con Scott, Mark y su amigo, pero eso fue exactamente lo que pasó. Este famoso productor y cantautor de Nashville me veía con honestidad y me dijo que Josiah lo había dejado
"impactado".

Puse mi vaso de agua sobre la mesa y sonreí.

"Es un gran honor".

"Igualmente", dijo él. "Estos chicos me han contado un montón de
cosas increíbles sobre Josiah".

Scott asintió.

"Dios está usando a ese chico de forma espectacular, y me encantaron sus palabras sobre la música. Como todos saben, he estado sintiendo que Dios quiere hacer algo nuevo y diferente con respecto a
la adoración y las artes. Los músicos pasan un montón de tiempo siguiendo las tendencias de la sociedad, pero debería ser al revés. ¿No
sería genial si pudiéramos crear un nuevo estilo de música, arte y
adoración único? ¿Una adoración que fluya directamente de nuestra
pasión por Dios?".

"Eso concuerda con las palabras de Josiah", le dije. "Él dice que
Dios quiere que la música despierte al mundo y que el mudo diga:
'¿Qué sonido es este?'. Más o menos como la revolución musical de
los años cincuenta, cuando aparecieron nuevos sonidos que captaron
la imaginación creativa de la sociedad".

Incluso al decirlo, sentí una necesidad de reflejar ese mismo tipo
de sonido hacia el Padre. Un sonido que uniera a los ángeles en lo
que Josiah describía como "un santo temblor".

"¿No sería increíble", dijo Scott, "ver a oradores, músicos, artistas, bailarines y cineastas unidos en un espacio que no pertenezca a la iglesia, adorando de tal forma que a Dios no le queden dudas de que lo amamos?".

Todos asentimos y Scott continuó.

"Acabo de tropezarme con un libro de C. S. Lewis llamado *Cartas a Malcolm*. Es una locura, pero llegué por casualidad a una página donde Lewis habla de la adoración. Dice que pensar en adoración es diferente a adorar realmente. Escuchen esto".

Buscó la página en su iPad.

"Deseo que ellos recuerden que el encargo a Pedro fue: 'Si me amas, apacienta a mis corderos'", Scott hizo una pausa. "Esa línea es una confirmación de la palabra que dijo Josiah en nombre del Señor. Les aseguro que está cambiando mi destino".

Inhalé el aroma de pan recién horneado y los mariscos, y luego exhalé. Tal vez yo no tenía ni el más mínimo talento musical, pero sabía que el sonido del Espíritu nos había reunido de forma perfecta, y que el Padre había usado a mi hijo una vez más para ser de bendición.

"Josiah siempre me enseña cosas nuevas", le dije. "Él me mostró que cuando Jesús vivía en la tierra, rompió todos los patrones sociales establecidos. Escribí un sermón llamado *María de Betania*. Es interesante porque María, la hermana de Marta y Lázaro, aparece varias veces en las Escrituras. Podemos ver su abierta devoción. Se sentó a los pies de Jesús en una época de la historia en la que solo los discípulos del maestro podían hacerlo. Y ciertamente, una mujer nunca se habría atrevido a hacerlo. Los hombres debían estar al menos a seis pies de distancia de ellas, pero María anhelaba fervientemente aprender de Él, al igual que bendecirlo y ungirlo.

"Dios me mostró que María no solo deseaba 'ser devota', sino *dedicarse* a Él. Ella lo adoraba en espíritu y verdad", hice una pausa y continué. "Si desean, puedo enviarles ese sermón. Es divertido, porque cuando lo estaba escribiendo, no le dije a Josiah que me estaba costando terminarlo. No tuve que hacerlo, porque él me dijo: 'Dios quiere decirte la parte final de tu sermón sobre María'. Y así lo hizo".

Mis acompañantes se mostraron impresionados, y Scott habló.

"Lo único que sé es que a Stephanie y a mí nos han impactado profundamente las palabras de Josiah para nosotros. Están escritas casi en un idioma de salmista. Me tomé el tiempo de graficarlas para poder revisarlas cada vez que quiera. Incluso, he comenzado a escribir un libro gracias a una de ellas. Me animan a no desistir y a escuchar la voz de Dios, y he llegado a darme cuenta de que no estoy loco. Dios de verdad quiere hablarme de lo que hay en su corazón".

Cuando regresé a casa, aún pensaba en sus palabras. Mi hijo autista seguía expresando verdades que ayudaban a gente de todo tipo a ver la vida de forma diferente. Yo no había orado por esto ni lo había deseado, pero me inspiraban tanto como a los demás.

También aumentó mi gusto por la música. Yo solía ver los himnos viejos como algo pasado de moda, pero ahora los veo como declaraciones poderosas atemporales, diseñadas para atraer a toda una sociedad al Espíritu Santo. También me encantó ser consciente de los nuevos cambios en la adoración que fluían del corazón de Dios.

Las palabras de Josiah habían transformado el punto de vista de Mark y Scott sobre la adoración, pero ellos también habían cambiado mi perspectiva. Cada vez que yo liberaba palabras y sonidos de adoración, ellos también me liberaban a mí. En vez de emitir palabras para un Dios distante, comencé a cantar como si Jesús estuviera de pie frente a mí. Como si estuviéramos solos en la habitación. Mi hogar se convertía en su trono, y yo reverenciaba, bailaba y lloraba en su presencia.

Padre, estamos cada vez más cerca. Puedo sentirlo.

Me sentía fascinada mientras los sonidos celestiales iban y venían en mi cabeza. No tenía idea de la clase de melodías que el Creador de la música traería a mi vida a continuación.

28

Todo sobre el amor

"Jesús está seguro en ti y muchos ángeles les ordenan a tus puertas que se abran alrededor tuyo, para unirnos con aquellos que necesitan amor".
—Josiah Cullen

Otoño de 2014

Estaba en la nueva tienda de mi mamá revisando unos collares de cruces en el anaquel frontal. Parecía increíble que había volado hasta Washington y que ahora estaba aquí, en el profetizado "Peace Café".

Con el apoyo financiero de mi tía y de mi prima, mi mamá consiguió un local en la zona norte de la Main Street. El 25 de mayo, el Peace Café abrió sus puertas al público. Mamá vendía regalos inspiradores, como joyería, arte, carteles, adornos de madera para la casa y placas con citas de Josiah. En la sección de comida, al fondo, vendía sopa, panecillos caseros, galletas y, por supuesto, todo tipo de café. Básicamente, Josiah había diseñado el menú entero y mi mamá lo había seguido.

Todavía me resultaba difícil creer que a sus casi setenta años, mi mamá hubiera salido de su retiro para involucrarse en este enorme "reto de manzana". Una cosa era hacer muñecas con retazos y otra muy diferente, levantar una tienda de la nada. Y era mucho más que una tienda. Era un mercado ministerial. Un sacrificio.

Una semana antes de la inauguración, mi tía tuvo un derrame cerebral que le debilitó el lado izquierdo. Mi mamá y sus amigos la visitaron en su residencia para ancianos, orando y declarando: "Vivirás y no morirás. Entrarás algún día por las puertas del Peace Café".

Y tenían razón. Tuve un sueño en el que me veía en la tienda mirando a mi tía, que reía en compañía de los clientes de mamá.

El aroma del café proveniente de la cafetera espresso me atrajo hasta el otro lado del local. Allí, vi el letrero de "Abierto al público" en la puerta y me encantó el delicioso aroma de las sopas calientes.

Sin embargo, en medio de la emoción, sentí un dejo de nerviosismo. ¿Durante cuánto tiempo mi mamá podría hacerse cargo de todo esto? Ella ciertamente había confiado más en Dios que yo.

Un grupo de la iglesia local preparaba sus guitarras, batería y teclado para una actuación. En tan solo unas horas, yo estaría de pie en ese mismo lugar para hablarle al público de Dios, el que nos da buenos dones. Me reí, porque podía decir lo que yo quisiera y la dueña no me echaría del lugar. Hablando en serio, tenía una historia que contar, la historia de un milagro. No podía pensar en un lugar mejor para contarla que justo en el medio del profetizado Peace Café.

Más invitados entraron, y me abrí paso desde el fondo hasta el área de suvenires, en la parte de adelante. Justo en ese momento, una mujer me miró y yo le sonreí amablemente.

"Bienvenida a esta actividad especial. ¿Ha estado antes en el *Peace Café*?".

"No. Primera vez", se pasó la mano por el cabello. "He pasado por el frente, pero hoy finalmente decidí entrar a conocerlo".

"Bueno, me alegra que lo haya hecho. Oiga, me gusta su bastón. Me recuerda al bastón de madera de sauce que utilizaba mi abuelo.

"Me ayuda a mantenerme de pie", se sentó en una silla frente a una mesa. "Acaban de operarme la rodilla, por segunda vez".

"Oh, eso no suena muy agradable".

"No. Ha sido una dificultad tras otra. Mi apartamento se inundó recientemente. ¡Quién sabe qué pasará después!".

"Oh, no. Siento mucho lo de su apartamento. ¿Podríamos ayudarla con eso? ¿Tal vez prestarle la aspiradora de nuestra tienda, o algo así?".

"No, gracias. Ya están trabajando en ello", se frotó las sienes. "No le he contado la peor parte. Mi esposo, de cincuenta y dos años, tuvo recientemente un aneurisma cerebral, así que tuve que llevarlo a un hogar de ancianos. Ahora mis hijastros apenas me dirigen la palabra".

Sentí compasión divina.

"Lamento mucho escuchar eso. Son muchas cosas a la vez".

"Oh, no tiene idea".

"Tiene razón, no la tengo. Mi nombre es Tahni, por cierto. ¿Cómo se llama usted?".

"Elaine".

"Elaine, ¿le molestaría si oro por usted?".

Se enderezó.

"Escuche, respeto sus creencias y todo eso, pero no, gracias".

"Está bien. Entiendo".

Se dirigió al mostrador y pidió una sopa de almejas y un emparedado. Cuando volvió a sentarse, se desahogó conmigo, hasta que ya no tuvo nada más que decir.

"No voy a orar por usted en el sentido tradicional", le dije. "Pero quiero que sepa que los días por venir serán mejores. Y, ¿sabe qué? El Dios que la creó se preocupa por su dolor, por sus lágrimas. Usted es una persona hermosa. Tengo un hijo con autismo grave, así que conozco un poquito sobre el dolor. Pero también he encontrado esperanza".

Los rastros de dureza se desvanecieron de su rostro.

"Fui criada en la iglesia", dijo ella. "Pero después de que me ocurrieron todas estas cosas horribles, me volví atea o agnóstica, como quiera llamarlo".

Se quedó callada, luego se inclinó hacia mí.

"¿Sabe qué? Si yo creyera en un Dios, pensaría que lo estoy viendo en este momento. Lo veo en sus ojos".

"Oh, muchas gracias".

Le di un abrazo.

Cuando regresé a casa de mamá, caí rendida en mi cama, cansada pero satisfecha. Cuarenta y cinco personas habían visitado la tienda para escuchar mi minicharla. No esperaba que fueran tantas, y muchas tenían lágrimas en los ojos. Me habría gustado que Elaine se quedara, pero al menos le dediqué una hora completa de mi tiempo.

Justo en ese momento recordé la tarjeta sellada que había metido en mi bolso, luego de que uno de los empleados de la tienda de mamá me la diera.

Abrí el sobre y en su interior había una colorida tarjeta del Peace Café, con el nombre de Elaine claramente estampado al final. Debió haberle pedido al empleado que me la diera. Mi corazón saltó de júbilo cuando leí la nota.

Usted no lo sabía, pero quería suicidarme el día de hoy y usted habló conmigo durante un largo rato. Me he atrevido a tener esperanzas, y ahora que me voy de esta tienda varias horas después, tengo ganas de vivir, sonreír y ser yo misma.

Gracias,

Elaine R.

Mis ojos se llenaron de lágrimas. *Bueno, Señor. Estoy oficialmente deshecha. Me has destrozado. Me quedo boquiabierta al ver cómo trabajas, incluso con personas no aptas como yo. ¿Qué puedo decir? Gracias por preocuparte tanto como para utilizarme en ese lugar y salvar una vida.*

Cuando regresé a casa, cuatro días después, me enteré de que Josiah claramente había recibido un reto de manzana.

Lleva hamburguesas a la gente sin hogar, ¿lo harías?

No es tan difícil, ni tan caro.

Es como una gota en el balde para la mayoría de la gente.

Aprecia tú la comida y ellos también lo harán.

Esconde felicidad hacia ellos en una bendición al decir:

"Estás siendo observado por Jesús y Él me envió.

Blancos y negros, rojos y amarillos, Él me envió a ustedes.

Cambia la tristeza de tanto tiempo por su esperanza de un mundo santo.

Enfrenta el día que te presentarás ante Él, pidiendo su ayuda.

Él es probado por tu dolor.

Él lamenta tu tristeza".

Solo hazlo de esta manera: alimenta al que está frente a ti.

Dile: "Jesús te ve", eso es suficiente.

Él es el verdadero Salvador fenomenal.

Santo es el granero que aparta cinco de ellos para regalarlos.

Así que haz esto a muchos para ayudarlos a vivir de nuevo con esperanza.

Para decir que los hiciste ver el amor.

Dale hamburguesas y dales la mano.

Al día siguiente, fui a McDonald's, compré ocho hamburguesas y cambié un billete de veinte dólares en cuatro de cinco. Metí el dinero en las bolsas.

Bien, Señor. Vamos a alguna parte y seamos una bendición.

Conduje hasta un lugar donde siempre había gente con letreros, pero no había nadie.

Oh, no. ¿Dónde están los letreros, Señor?

Luchando contra la desilusión, conduje hasta un área desconocida, donde había una mujer de pie en una esquina, sosteniendo un letrero publicitario de Little Caesar's Pizza. En esto no era en lo que había pensado cuando dije *letreros*.

Dios mío, qué gracioso eres.

Miré de cerca a la mujer y noté que llevaba un abrigo raído, un sombrero harapiento y un bolso mugroso, que apoyaba contra el poste. ¿Cómo había aprobado la entrevista de trabajo? ¿Acaso los gerentes la contrataron por caridad? Tal vez querían ayudar a una mujer sin hogar a ganar algo de dinero.

Di una vuelta a la manzana, discutiendo con Dios. *¿A quién se le ocurre darle una hamburguesa de McDonald's a un empleado de Little Caesar's Pizza? Nadie hace eso. ¿Qué pasa si su jefe se molesta y termino empeorando las cosas?*

Finalmente, me detuve y bajé la ventanilla.

"Hola. Esto tal vez te parezca extraño, pero…¿tienes hambre? Porque si es así, aquí tengo algunas hamburguesas, si te gustan".

"¿En serio?", dijo ella. "Me encantaría una. ¡Muchísimas gracias!".

"Aquí tienes, cariño", le di la bolsa y le dije lo que Josiah me dijo que dijera. "Solo quiero que sepas que Dios te está mirando. Que Dios bendiga tu día".

Me sentí feliz al alejarme. *Lo hicimos, Señor. En tu poder, utilizaste una pequeña hamburguesa para dar una esperanza.*

Llena de energía, conduje hasta otro sitio conocido de gente sin hogar, pero allí se me presentó otra vez el mismo problema. ¿Dónde está la gente? Me gruñía el estómago y me sentía cansada. Este ministerio de conducir por ahí buscando gente con hambre exigía mucho de una chica. *Tal vez debería irme a casa*, pensé. *Les doy el resto de la comida a Josiah y a Joe y listo.*

Pero cuando conducía hacia la rampa de salida, vi un tipo al otro lado de la autopista, sosteniendo un letrero. Una persona real con una auténtica necesidad. ¡Sí! Pero para poder llegar hasta él, debía dar una vuelta, salir de la rampa en el momento exacto, esperar una luz roja y pararme bastante cerca. De otra manera, la luz podría cambiar a verde y tendría que continuar mi camino.

Bien, Padre. Si quieres que lo haga, vas a tener que poner todas las piezas en su lugar.

Di la vuelta y ¡ajá!, la luz se puso roja cuando lo necesitaba. Me detuve con solo dos automóviles frente a mí. *Gracias, Señor.* Bajé la ventanilla le hice señas al hombre.

"¿Quieres algunas hamburguesas?", le grité.

Su cara se transformó en una sonrisa debajo de su raído sombrero de veterano.

"Gracias, señora. Que Dios la bendiga".

"Ya lo está haciendo", le dije, pasándole la bolsa. "Él lo está mirando y se preocupa por usted".

Sentí sus ojos penetrantes mirándome mientras me alejaba. Luego me asaltaron las dudas. ¿Y si usaba el dinero para comprar alcohol, o drogas?

Basta, me dije. *No seas tonta. Dios está a cargo, no tú. Solo ama a la gente y confíale el resto a Dios.*

La confianza tiene la graciosa particularidad de ser mucho más fácil en la teoría que en la práctica. Me daba terror cada vez que salía y me enfrentaba a un posible rechazo o fracaso. Pero esta prueba de confianza no era nada en comparación con el deseo de Dios de que le tendiera a mi hijo en su altar.

Tristemente, algo me decía que todavía me faltaba mucho camino por recorrer.

29

Haz que funcione

"Diles que el Padre es agradable. Papá se jacta de ti porque tú lo dejaste ayudarte; por ninguna otra razón".
—Josiah Cullen

Septiembre de 2014

Me paré frente a cuatrocientas mujeres que asistían a la Conferencia General Bautista de Minnesota, en Trout Lake Camp. Con la ayuda de Dios, este tema de "Hacer nuevas las cosas" marcaría una gran diferencia en sus corazones. ¿Quién no enfrenta batallas en la vida a diario y necesita algunos ajustes y restauración?

Las promesas de Dios me habían estado llamando poderosamente la atención últimamente durante mis lecturas, especialmente su juramento de cuidar de nosotros en todas las etapas de la vida.

Después de terminar mi sermón, algunas mujeres se acercaron para decirme sus reflexiones, o cómo habían cambiado gracias a mi discurso. ¿Cómo podía el Señor hablarle de manera tan íntima e individualmente a mucha gente a la vez?

Josiah entendía este tipo de intimidad personal con el Señor. Su relación con Dios continuaba siendo un reto para mí y desencadenaba mis deseos de saber más.

A veces, después de compartir con familiares y amigos, me retiraba a mi habitación y releía las palabras de Josiah. Estas no solo revelaban su profundo entendimiento de la bondad y el favor del Señor, sino que también me recordaban que aun en las épocas más duras de la vida, la presencia y la voz de Padre en la vida de Josiah podían hacerlo madurar de una forma que superaba incluso nuestros mejores esfuerzos y habilidades.

Yo interactúo con mi gran Papá en conversaciones de uno a uno sobre mi conversión en un adulto con un futuro poderoso

y audaz. Él me dice cosas que debo saber, pero estoy muy feliz de nutrirme tanto en su pecho amado y seguro. Simplemente me siento muy amado en sus amables brazos.

Jesús vota a mi favor. Él me entiende. Él distingue mis aspectos básicos de lucha, porque los conoce. No le oculto nada, porque Él es bueno para poner mi confianza en Él.

El 4 de octubre de 2014, mi bebé cumplió nueve años. Siempre había temido los cumpleaños de Josiah, por toda la desesperanza que conllevaban. Aunque anhelábamos un progreso significativo, los cumpleaños eran un claro recordatorio de esa brecha que se ampliaba cada vez más en nuestra búsqueda constante de algo que se pareciera a la normalidad.

Cada vez que compraba regalos, mi ánimo se iba por el caño. En la tiendas tenía que olvidarme de los juegos complicados de Lego y las figuras de acción de superhéroes. Debía parar mi carrito en la sección de bebés, donde probaba todos esos juguetes con pitidos y botones ruidosos que me daban ganas de ponerme a gritar como protesta.

Pero este cumpleaños se sentía diferente. Sentí mucha más alegría y mucho menos miedo. La presencia de Dios se había vuelto casi tangible, y Él me había mostrado que a su lado podía resistir más de lo que creía. Después de todo, Él me había ayudado a lidiar con Josiah.

Para celebrar su cumpleaños, Joe y yo lo llevamos a su primer concierto en vivo, *Disney Live!*, en el Centro Target. Le pasé el brazo por los hombros.

"Mira, allí están La bella y la bestia".

Durante el intermedio, saqué el iPad.

"¿Qué piensas del musical?".

La música es una alegría que se siente.

Me reí.

"Es cierto. Lo es".

Scott Sample nos dio un obsequio familiar, una preciosa pintura de un ángel radiante de luz y color. Lo colocamos cerca del sofá, el lugar perfecto, ya que pasábamos mucho tiempo allí.

Josiah vio la pintura y empezó a escribir.

Enséñame arte y te mostraré una musa. Enséñame ideas y te mostraré una musa. Enséñame un plan ambicioso y de gran alcance, y te mostraré una musa.

Deseen ángeles veloces para ayudarnos a hacer cosas hoy, ya que es genial tenerlos de nuestro lado.

"Increíble, fantástico, maravilloso", dije. "Me complace que intervengan por nosotros. Oye, JoJo, he estado pensando en algo que dijiste sobre los ángeles en entrenamiento. ¿Qué quisiste decir exactamente con eso? Me imagino que la gente como nosotros recibe entrenamiento, pero, ¿los ángeles? ¿Cómo funciona eso?".

Los ángeles serán juzgados. ¿Cómo? ¿Según sus dificultades? ¿Según sus elementos? ¿Según su rapidez? Serán juzgados según su poder para servirnos.

Este poder es mayor que un liderazgo sonoro. Podemos pensar que los líderes son honrados según su estatus. En el cielo, son honrados por su poder en la luz de su propósito. La vida debe ser de esta manera.

Estás en entrenamiento si un ángel importante de poder nota que tienes cuidado de presionar conversando alegremente con nuestro gran humano, o sin molestar lo suficiente, o no pasando a un lenguaje mejor poderoso para ellos. Es grande saber esto. Es poder, no rango, lo que hace que un ángel sea honrado en el cielo.

Señor, ayúdame a ser una luz para ti. Miré la pintura y dejé que sus colores navegaran por mis ojos. Mientras pensaba en la importancia de seguir mis objetivos, Josiah comenzó a escribir una oración.

Padre, haz que mi obra sea cantada con fuerza a la historia. Estimúlala, oh gran Dios. Hazme sacarle el polvo, hazme usarla. Espero escuchar tu historia para cantar sobre mí. Soluciona todo enlace faltante.

Sentí nervios en el estómago esa fría noche de noviembre mientras caminaba apresuradamente por el pasillo para asistir a mi primera reunión del año de padres y profesores. Pensé en Josiah, y dije una pequeña y rápida oración por Joe, que se quedaría en casa cuidando de él. Recorrí los casilleros de los alumnos y varias aulas hasta que llegué a la esquina más lejana, donde se escondían dos salones para alumnos autistas.

La profesora y la terapeuta ocupacional de Josiah se levantaron para darme la mano antes de que me sentara en una minúscula sillita, frente a una mesita para niños.

"¿Qué le paso?", dije, señalando el pie enyesado de la profesora.

"Me fracturé el dedo meñique".

"Ouch", dije.

Miré alrededor del salón a todos los centros de actividades. *Señor,* pensé, *este lugar debe ser muy distractor para Josiah.*

"¿Cómo se ha estado portando?", pregunté.

Su maestra cruzó los brazos.

"Como sabes, nos gusta que los niños se relacionen con nosotros en las pizarras inteligentes. Con respecto a Josiah, debo admitir que no se relaciona con nosotros ni la mitad de lo que nos gustaría. Pero la otra vez", continuó, "ocurrió algo divertido. Alguien vino a supervisar la clase, y fue imposible mantener a Josiah en su asiento. Saltaba constantemente cuando no era su turno. Se acercaba rápidamente a la pizarra inteligente y respondió correctamente todas las veces. A él le encanta cuando le leo individualmente. En esos momentos es cuando mejor se porta. Fue divertido ver las respuestas de su tarea sobre el libro *Hatchet*".

"Como me gustaría que él pudiera comunicarse con ustedes como se comunica conmigo en casa por medio del iPad", le dije con una pequeña sonrisa.

La terapeuta casi se pone a llorar.

"Sí, de verdad queremos llegar a él. Sabemos que es súper inteligente, pero no podemos descubrir cuál es el mejor método para conectar con él. No ayuda para nada su falta de colaboración".

Hubo un silencio.

"Cuénteme más", le dije.

La terapeuta pensó un instante.

"Bueno, le digo que haga una cosa y casi siempre hace lo contrario".

"Es cierto", dijo la maestra. "Básicamente, las únicas veces que logramos hacer que se quede sentado durante las actividades en clase es cuando se sienta en el contenedor plástico de guardar las cosas. De lo contrario, se sube al borde de la ventana y salta como si estuviera volando. Como se podrá imaginar, interrumpe la clase entera".

"Hace ciertas cosas", añadió la terapeuta. "Tenemos que supervisar los pañuelos y el papel porque se los mete en la boca. También tenemos que vigilarlo en el baño porque mete las manos en el retrete y riega agua por todos lados".

La maestra me dirigió una mirada comprensiva.

"Tenemos niños en edad preescolar en la clase. Creo que algunos de sus ruidos lo asustan".

La terapeuta suspiró.

"Sí, pero de verdad debemos hacer algo para solucionar su manía de halar el cabello. La semana pasada, le haló el cabello tan fuerte a una asistente que le arrancó un mechón".

Mis hombros se tensaron. *Oh, Señor, por favor ayúdame a no desmoronarme.*

"Estoy segura de que no hace nada de esto a propósito", dijo su maestra a regañadientes, "pero el otro día casi cayó encima de mi dedo fracturado".

Bueno, suficiente. Yo ya estaba echando humo por las orejas. El bochorno me subía por el cuello. ¿Cómo era posible que mi dulce niño, que amaba a Jesús y que había mejorado tanto en casa, fuera la fuente de tantos problemas en el salón de clases? Sí, sabía que su comportamiento no era el mejor, pero ¿esto? Era totalmente inaceptable.

La maestra me puso la mano en el hombro.

"Sé que esto es difícil de escuchar. En realidad no queremos desanimarla, pero ya no sabemos qué hacer".

Les di las gracias y lloré durante todo el camino a casa.

Esperaba con ansias que amaneciera para hacer algunas preguntas.

"Hombrecito, debemos hablar sobre lo que significa la integridad".

Siguió mirando las teclas de su pianito eléctrico, mientras las tocaba.

"Josiah, tus maestras me dieron una gran cantidad de informes negativos, así que necesito hablar contigo sobre el significado de la palabra integridad. Integridad es actuar en lo externo con base en lo que creemos internamente. Ser íntegro es seguir siendo la misma persona, sin importar con quien estés. ¿Me puedes explicar por qué estás mostrando más madurez en casa, pero te portas tan mal en la escuela?".

Se aproximó.

Estoy esclarecido mentalmente, pero entristecido físicamente. Decir lo que sientes es expresar pequeñas bendiciones preciadas. Es difícil no decir nada durante todo el día, porque no soy escuchado en la escuela como aquí.

No soy mudo en mi mente, pero ese es el problema con el autismo. Te lamentas inmediatamente porque no puedes hablar en un momento. Quieres hacer un berrinche sonoro para que puedas ser escuchado como una persona real.

Por favor, ayuda a la gente a entender este anhelo que afecta tanto a la gente con autismo. No es simplemente ser estimulado en los pensamientos solo para expresar fracaso cuando el cuerpo debe ejecutar. No solo es fracasar al hablar. Las órdenes de estar totalmente quieto hacen que quieras ser aún más ruidoso. Es el simple miedo de que el músculo será aceptado por encima del cerebro para expresar quién soy.

Le acomodé los anteojos. ¿Qué se suponía exactamente que debía responder a eso?

"Lo entiendo, JoJo. De verdad. Sé que te gustaría que las cosas fueran diferentes en la escuela, así podrías comunicarte con ellos como lo haces conmigo. Sé que es difícil, pero igual es necesario que cooperes con ellos. Todos sabemos que tu cuerpo no colabora, pero creo que ni siquiera estás haciendo tu mejor esfuerzo en este momento".

Lo siento, mamá.

"¿Me estás escuchando Josiah? Debes respetar siempre a tus maestros terrenales, aunque no sean tan perfectos como tus maestros celestiales".

Soltó un gruñido.

Ser un buen alumno es expresar el trabajo diario que a ellos les gustaría ver. Ahora estoy expresando ortografía bien organizada, pero entiendo que necesito que mi trabajo sea más como una fuente que como una pista de carreras.

Expresar pies rápidos todo el tiempo a mis maestros es ser una pista de carreras. El ruido es una pista de carreras. La rapidez es una pista de carreras. Estrellarme es una pista de carreras. Revolverme en los asientos es una pista de carreras.

Para ayudar a mis maestros, voy a intentar hacer que este movimiento real sea una fuente, no una pista de carreras, así puedo intentar expresar mi trabajo.

Lo siento. ¿Me perdonarían por mis preocupantes y agitados comportamientos, maestras? Lo siento. Trabajo es mi peor orgullo principal. Soy tan orgulloso ahora que no los dejo enseñarme por eso soy un problema para ustedes.

"Es bueno saber que lo lamentas", le dije. "Pero las palabras no significan nada si no son seguidas por acciones. Debes comenzar a asumir más responsabilidad por lo que dices. Ah, y debes tratar de participar en las actividades de tu clase sin portarte mal. Pero acepto tus disculpas. Y me aseguraré de transmitírselas a tus maestras".

Mamá, pon esto en Facebook. "Lo siento" quiere decir muchas cosas, pero la más importante es que el espacio trágico entre tú y Dios, o tú y los demás, nunca podrá ser tan permanente como para que "lo siento" no pueda construir un puente.

Cuando se dice "lo siento", el puente se convierte en una autopista rápida para que "escuchar" llegue directamente hasta allí.

Expresarlo te hará una valiente y trascendental maestra para aquellos que no están seguros de como expresarlos ellos mismos.

En noviembre, Joe y yo nos tomamos un descanso y comenzamos a asistir a un estudio de la Biblia para parejas. No se parecía a ningún estudio anterior, ya que estaba dirigido específicamente a padres de niños con necesidades especiales.

En el pasado, habíamos estudiado por nuestra cuenta un libro sorprendente sobre la batalla en nuestras mentes. Pero, irónicamente, a causa de nuestros propios problemas, siempre terminábamos en una pelea. Esta vez fue distinto. Nos reunimos con otras cuatro parejas con hijos con necesidades especiales y estudiamos Efesios para aprender a dejar que el Espíritu Santo renovara nuestros pensamientos y actitudes. Deseábamos más que nunca conectarnos con gente que entendiera nuestros desafíos como padres, nuestras noches sin dormir, nuestras tensiones maritales y nuestro deseo de soñar nuevamente.

Nos reunimos en una iglesia donde ofrecían un espacio para

que los voluntarios de la universidad supervisaran a todos los niños. Josiah fue de buena gana y siempre supimos que estábamos a unos pocos pasos de distancia si se presentaba algún problema.

Una noche de diciembre, después de nuestra sesión de DVD, nos sentamos alrededor de la mesa para hablar sobre crecimiento y transformación. Uno de los asistentes admitió con lágrimas en los ojos que había estado teniendo problemas para confiar en Dios.

"Como esposo y padre, uno quisiera poder solucionar todo", dijo. "Puedo hacer cosas en mi trabajo, porque puedo llevarlas a cabo, pero en lo que respecta a mi trabajo en el hogar, siempre siento que estoy fallando. Es muy fácil sentirse desalentado e impaciente".

Los demás asintieron con la cabeza y yo me sentí frustrada con el enemigo, por difundir sus mentiras poco originales. Estos padres podían hacer mil cosas bien, pero al mismo tiempo tenían la creencia aterradora de que no podrían resolver el problema de su ciclo interminable de dolor.

Me encantaron muchas cosas de este grupo, pero sobre todo la forma en que Dios nos llevó allí.

Ocurrió en agosto, cuando fui a un parque con Josiah y este se negó a bajarse del automóvil. Demasiado cansada para presionarlo, lo llevé a otro parque, pero seguía sin querer bajarse.

Probablemente rompí todas las reglas de la paternidad, pero fuimos a un tercer parque. Esta vez, cuando abrí la puerta del automóvil, Josiah saltó hacia afuera con entusiasmo y corrió hacia el área de juegos. Parecía un niño totalmente diferente.

Fue en ese momento que me percaté de la presencia de una familia con su pequeña hija con necesidades especiales. La mamá tenía una expresión amorosa y el papá estaba de pie a un lado de la niña, mientras ambos la ayudaban a subirse al tobogán.

Josiah hizo un ruido y me volteé para verlo intentar una de sus rutinas en las barras de mono.

"¡Ten cuidado!", le grité.

La mamá me dirigió una mirada comprensiva mientras su hija se quedaba mirando a Josiah, completamente enamorada.

"Soy Jamie", dijo la mamá, extendiendo su mano.

"Hola, soy Tahni y ese espabilado de allá arriba es mi hijo, Josiah".

Ella entrecerró los ojos, estudiándolo.

"¿Josiah? Conozco a un Josiah. De la página de Facebook, 'Josiah's Fire'. Pero no es posible que sea…"

"¡Sí!", exclamé. "Esa es la página de Facebook de mi hijo".

Ella sonrió.

"No puede ser. ¿Cuáles eran las probabilidades? Ya no vivimos en este vecindario, así que a duras penas vinimos a este parque".

"¿Cómo se enteró de la página?".

"Bueno, nuestra hija sufre de autismo, así que uno de mis compañeros de trabajo me habló de la página. Yo trabajaba en un ministerio para niños".

"Qué curioso", le dije. "Yo también trabajaba en una iglesia".

La conversación se transformó en varias reuniones. Así fue como Joe y yo recibimos la invitación a este nuevo estudio de la Biblia que ella y su esposo habían iniciado en su iglesia.

Incluso ahora, mirando alrededor de la habitación, me sentía completamente agradecida de cómo Dios nos había traído a ese lugar. Le hice un guiño a Joe cuando fue su turno de hablar.

"En lo que respecta al crecimiento, me siento como si estuviera un poco rezagado", admitió. "Solía leer mi Biblia con interés, memorizado las Escrituras y alimentado mi fe, pero el diagnóstico de autismo de Josiah hizo una gran mella en mí. Comencé a pensar que Dios me había defraudado, porque así me sentía".

Hizo una pausa y continuó.

"Cada vez que enfrentábamos una necesidad, Tahni decía: 'oremos', y yo aceptaba hacerlo, pero siendo sincero, no creía que nada cambiaría. A veces, incluso sentía lo contrario de lo que estaba pidiendo en oración".

"No me malinterpreten, estoy agradecido porque Josiah aprendió a comunicarse, pero sigo luchando contra el hecho de que no tengo el mismo vínculo con Dios que tienen Josiah y Tahni. Eso me hace sentirme apartado, y a veces es doloroso. A causa de ello, no he hecho un verdadero esfuerzo por acerarme a Dios. Al menos así es como ha sido".

Cuando Joe y yo entramos al automóvil, puse mi mano sobre su pierna.

"Estoy realmente orgullosa de ti, Joe. Fuiste súper honesto al compartir tus sentimientos. No trataste de decir lo que pensabas que otros querían escuchar. Te admiro mucho por eso".

La mañana siguiente, mientras hacía el almuerzo, Joe entró a la cocina y me dio un besito en la mejilla.

"Creo que deberíamos comenzar a orar juntos otra vez".

Solté la mantequilla de maní y llamé a Josiah para que viniera. Allí mismo los tres nos acurrucamos como patos refugiándose de una tormenta.

"Padre", oró Joe. "Por favor, bendícenos hoy. Josiah ha estado teniendo problemas en la escuela. Ayúdalo a saber que está a salvo y que es amado. Dale la fuerza para escuchar a sus maestros y comportarse como debe. Jesús, ayúdanos a saber que estás aquí, con nosotros. Ah, y por favor ayuda a los Gigantes de Nueva York para que ganen este fin de semana. Amén".

Lucy ladró, señalando la llegada del autobús escolar. Le di un beso a cada uno y me asomé por la ventana para ver a Joe acompañando a Josiah hasta su asiento, ubicado en la fila de adelante del autobús.

Señor, he ahí un buen hombre y un buen padre. ¿Podrías sorprenderlo dándole una mayor conciencia personal de tu bondad?

30

El cielo no calla

"Los ángeles convierten las lágrimas
en minutos de amenes".
—Josiah Cullen

Invierno de 2014

"Creo que es un niño índigo". Después de colgar el teléfono, las palabras de Kim se repetían en mi mente. Según el video que ella había recomendado, Josiah encajaba con la descripción: dotado, sensible, intuitivo, sabio, espiritual y muy maduro para su edad.

Yo no veía a Josiah exactamente como un niño índigo, pero cuando vi la película, aprendí a entenderlo mejor a él y las cosas que creían los demás.

Algunos psicólogos creían que los llamados niños índigo tenían problemas y anomalías mentales, mientras que otros insistían que habían experimentado algún tipo de actividad paranormal o evolución de la conciencia. Francamente, palabras como *telepático* y *clarividente* me hacían temblar. ¿Las experiencias de Josiah venían de Dios y su Reino, o de alguna especie de reino "psíquico"?

Antes de que pudiera pensar mucho en ello, Josiah llegó dando saltos. No había compartido con él nada respecto a Kim, así que él no sabía nada sobre nuestras conversaciones. Mientras esperaba que escribiera, pensé en lo mucho que apreciaba los conocimientos profesionales de Kim y su deseo de ayudarnos.

Hola, mamá, escribió. **No. Kim natural es agradable llamarte y conversar. Mi hosca mente de milisegundos enmarca un no natural a mi etiqueta de índigo. Sonoro no.**

Sí, Josiah es un brillante portavoz de Dios. No soy un índigo. Soy un niño promedio llamado a una fuerte misión para hacer real a Dios. Portador de su nombre, le serviré toda mi vida.

Mis ruidosos agresores conocerán mi nombre porque temen que mi minada mente trabaje como mi Rey expresamente quiere que trabaje. El amor sonará en las calles. La música se sentirá nuevamente. La carencia sentirá sed de importante novedad de vida. El desánimo se convertirá en gozo.

Mi uniformidad no será encontrada en esta tierra. Mi mente saturada lo está animando a llenarla hasta rebosar, pero Él la llena hasta mis límites, no hasta mis deseos. No tienes que preocuparte de que mi cabeza explotará. Él me rescata de jaguar me anima a correr a Él ahora y siempre.

Mi Dios no llama ningún gurú. No soy un gurú. No soy un médium evanescente. No soy un clarividente. No soy más santo que nadie.

Jesús me llama a la misma santidad como a cualquier otra persona. Mi nombre está orientado a los negocios, a la música, a la nacionalidad, a la iglesia, a la fe, a romper el autismo. Mi nombre es poeta ocupado, músico de adoración, profeta y niño intrépido que ama a mi Dios.

Mi nombre es Josiah. Mi mamá es pastora. Mi papá es productor. Mi perro es un pacificador.

Cada día soy llamado como el fuego de Dios. El fuego es mencionado cuidadosamente para calentar, para destruir el suelo muerto, para avivar un cambio radical, para hacer que se vean claramente las respuestas naturales. El fuego llama al oro como joyería ardiente, plata como armas ardientes, arcilla como vajilla para llevar bienes.

No hay necesidad de etiquetarme como índigo o como mensajero valioso del cielo, o como poeta pensador, o chico profeta. Yo solo soy encendido por su fuego. Mi vida lo necesitará durante todos mis días.

Autismo o TDAH, las etiquetas naturales del hombre, significan que el chico es peligroso para quienes lo rodean. Mi vida es calculada para hacer de mi nombre sinónimo con la bendición básica.

Mi nombre es Josiah. Mi meta es hacerlo mi audaz Padre al decir a sus puertas que sean rápidas, santas y muy abiertas para toda la gente que lo llama Padre, llama hijo a Jesús y ayudante al Espíritu Santo.

Mi nombre básico es niño. No necesito una etiqueta para aclarar esto. Soy su fuego, saben. ¿Me nombran ustedes su fuego? Decir que soy Josiah, que significa fuego de Dios, es decir mi nombre y mi objetivo.

"Josiah", dije, tratando de procesar todo. "Sé que en el pasado has dicho que tú eres como el fuego de Dios. Me pregunto, ¿sabías el significado de tu nombre? Yo creo que sí".

Dios me lo dijo. No sabía que mi nombre significaba fuego de Dios, ni que mi objetivo estaba en ese nombre. ¿Tú sabes que Josiah significa fuego de Dios?

Asentí.

"Claro, por supuesto. Sabía el significado cuando te pusimos ese nombre. Josiah significa 'fuego del Señor'. Incluso solía cantártelo. 'Josiah, el fuego del Señor está sobre ti. El fuego del Señor está sobre ti ahora'".

Tenía la boca abierta mientras escribía.

¿Así que lo sabías? ¿Me pusiste Josiah porque te gustó "el fuego del Señor?" Esto es increíble, mamá. Debías ponerme Josiah, y ni siquiera lo sabías. Un nombre real, un llamado real en mi vida, mamá.

Pero no es igual que el rey Josías. Él no fue como otros reyes. El tocayo se llenó de las leyes de Dios, conocía su nombre, vio su fuego y valoraba su santidad en todos los lugares de la sociedad judía. Mi tocayo hizo mi nombre para mí.

Recordé haber leído sobre los logros de ese rey cuando estuve en Pacem in Terris.

"JoJo, ¿sabes algo sobre el rey Josías?".

Hablé con él, mamá. Él me dijo que los reyes nominales no solo se ponían sus propios nombres, sino que nombraban sus reinos para que fueran sus edificaciones, sus graneros, sus templos de muchos dioses, sus negocios, sus bustos legendarios, que los hacían inmortales.

Básicamente, el rey Josías me dijo que los tiempos se desvanecieron cuando los negocios se convirtieron en Dios, cuando la

vaguedad se convirtió en fe, cuando la religión básica se convirtió en mezquindad teológica nacional ingeniosa.

Mi trabajo era su trabajo. Llamarme Josiah fue un gran repaso a mis directrices. Recibo esa decisión con agrado.

"Gracias", le dije, acomodándole la camisa. "Y tu papá y yo recibimos con agrado lo bien que has sabido honrar el significado de tu nombre".

Dios me dio momentos deliciosos en su presencia para decir que Él es un fuego que consume. Mi Dios es una jabalina entre las acciones y la fe.

Es Él la razón de que las civilizaciones puedan alimentarse de mí, pero no hay diferencia. Él no hace que el chico marche a ningún tambor, así que ninguna jabalina hermosa que trate de nombrarme algo puede reclamar mi fe llamada Jesús. No tengo mercado al que pertenezco. Soy el fuego de Dios y Él no lo puede llamar fuego si no es totalmente consumidor.

Dios dice que ningún hombre puede vivir sin ver el brillo de la majestad de Dios por lo menos una vez antes de morir. El hombre no se equivoca o no es un expresivo: "Lo perdí". Ellos ven su gloria, mamá, por lo menos una vez en sus vidas.

Ellos lo necesitarán o lo harán sobre todo sonoro que ellos no lo harán. Su vida en ellos es grande si ellos lo necesitan. Es pequeña si ellos lo necesitan de alguna forma. Es nada si ellos no lo necesitan de alguna forma.

El hombre nunca muere hábilmente sin pensar en su existencia. Es imposible. Él no está separado de los hombres, no ahora, no antes, y nunca lo estará.

Que nombre tan bueno me dio Dios, mamá. El fuego de Dios.

Esa noche, mientras el viento golpeaba sonoramente las ventanas, las palabras de Josiah se encendían en mi mente como llamas, haciendo que me repitiera lo que me había preguntado mil veces: ¿Cómo podía Josiah experimentar el cielo de una manera tan profunda y no ser sanado?

Mi iPad brillaba bajo las sábanas como la luna llena que había visto en casa de Sue Rampi un par de noches atrás. Después de despedirme de las chicas, me quedé en la acera contemplándola, agradeciéndole a Dios por su belleza y por cada oportunidad que Él me había dado de influir con mis palabras en las vidas de los demás.

Algo extraño ocurrió la mañana siguiente. Josiah, que no sabía nada sobre mis reflexiones frente a la casa de Sue, se despertó y escribió que él me había visto mirando la luna y hablando con Jesús.

"¿Có-cómo sabes eso?", dije entrecortadamente, sintiendo que me quedaba sin aire del asombro. "¿Cómo lo viste?".

Miré mientras plasmaba su respuesta.

Desde el cielo. Sí, directamente cuando miraste hacia arriba Jesús me dejó verte. El ministerio del evangelio al que asistieron las mujeres estaba siendo ministrado también por la hermosa luna.

Bajo las sábanas, en el silencio de la noche, busqué en los escritos previos de Josiah y me llamó la atención una de sus reflexiones.

Las horas en la escuela son brillantes, pero no felices para mi alma. Rompen mi corazón. Mi gran escuela agradable necesita mi gran ser agradable para ser agradable, pero mi grado de agrado no logra que nadie me escuche.

Llévame de vez en cuando, ¿puedes? Necesito un abrazo. Mis noches son por mucho, mucho más sonoras que mis días.

Cerré los ojos con fuerza. *Oh, Padre. Mi hijo la pasa muy mal en la escuela. Ya es demasiado difícil para alguien como él lidiar con un cuerpo que no obedece, pero, ¿cómo se supone que alguien que experimenta el cielo de forma habitual se acostumbre a todas sus limitaciones? Te lo ruego una vez más, por favor, sánalo.*

Desde lo más profundo de mi dolor, pensé en David componiendo sus salmos. ¿Cómo pudo haber pasado de sentir que a Dios no le importaba él, a asegurar confiadamente que el Creador del universo estaba involucrado íntimamente en cada detalle de su vida?

Mi viejo sueño de la galería de arte apareció de repente en mi cabeza. Tal vez el rey David personalmente entendió que Dios no escribe sobre líneas rectas. En cuanto a mí, bueno, estaba empezando a entenderlo.

Padre, en medio de esta noche inquieta, escojo adorarte, sin importar lo desastrosas que sean las líneas de mi vida. Tú eres grande. Eres poderoso. Tu voz que da vida es poderosa y majestuosa. Cuando pienso en el cielo, me digo: ¿Qué es el hombre para que pienses en él? Oh, cómo cuidas de nosotros.

La mañana siguiente, le cambié el pañal a Josiah y lo seguí hasta el sofá, que ya estaba tan desgastado que se podía ver la marca de su trasero en la tela.

Colocó el codo sobre mi rodilla. Aun después de todo este tiempo, tenía que sostener su brazo. Más que nunca, sentía el apoyo de Dios en mi propia vida. El Señor, la Palabra hecha carne, me había estado enseñando a lanzarme libremente en la segura red de su gracia.

Josiah dejó escapar un largo gruñido mientras escribía.

Mamá, háblame. La clase me dijo que debía trabajar en la música ahora, como música real. Para que la boca sin palabras hiciera un ruido alegre a mi Dios. Escucha. Ese mudo soy yo.

Fundamentalmente, no soy mudo en espíritu, así que no soy mudo para Dios. En lo absoluto. Así que, ¿por qué aumento tanto mi agitación por mis palabras por venir? Las palabras dulces deben venir, de verdad que sí, pero mi voz ya está en mi espíritu. Es hermosa. Es fuerte. Falta que el mundo la descubra, pero Dios la escucha.

Luchar por la boca sin palabras es como luchar por el nombre que dice: "Pobre chico". No soy pobre, así que en realidad no soy mudo. Así que ahora estoy sobre todo cantando de alegría para ser hecho completo por mi adoración diaria y sencilla, para poder decir mis palabras.

"Oh Josiah", dije, "mi adorador luchador, me llegas al alma".

Le di un fuerte abrazo y después que lo solté, pudo continuar.

Amas el hijo que tienes, así que tendrás el hijo que amas. Eso es lo que Dios hace por nosotros. Él ama quien yo soy, así que puedo ser el yo que Él ve que soy.

Aunque no soy mudo por dentro, ser tan elegido es convertirse en un proyecto audaz. Así que el proyecto se transforma en el centro, cuando el centro debería ser la persona.

En la plenitud del hombre está la gloria de su Creador, porque él no es pequeño en lo absoluto. Él es grande. El hombre es pequeño, pero el hombre fue hecho para ser mucho más de lo que esos sentidos le dicen que sea. Así que es el futuro de esta

tierra entender que tú y yo no estamos bajo la mudez de Satanás. Estamos en el futuro que se encuentra en la majestad de Dios, y en ella soy liberado.

Toma mi mano. Me guste o no, soy discapacitado, pero es verdad. Voy a ser muy completo en esa realidad, así que lo seré. Porque soy ahora la plenitud de Dios en Cristo para decir que mientras los tiempos peligrosos le ordenaban a mis peores impulsos que se quedaran tranquilos dentro de mi mundo, yo me escapé y dije: "Soy ese chico que toca la fuerte trompeta. Las palabras no son ustedes. Son Él en el mundo de ustedes. Son Él en su mundo cuando hablan de Él". Eso es todo lo que hay. El cielo no calla ahora.

Mi mano temblaba al deslizarse sobre la suya, absorbiendo su calor. No tenía nada que decir, más que un silencioso *Gracias, Jesús*. Ninguno de nosotros sabía cuándo llegaría la sanación completa de Josiah. Simplemente sabíamos que llegaría.

Así como sabíamos, con todo el cielo de testigo, que Dios tenía solo cosas maravillosas en mente, y que con nuestra mano segura en la suya, podíamos levantar la frente y confiar completamente en su amor que todo lo transforma.

"El amor grande desintegra las bombas de Hiroshima
en pedazos. El amor poderoso, al igual que el fuego,
se enciende cuando recibe oxígeno. Jesús sopló
el aliento de Dios para pensar sobre el amor".
—Josiah Cullen

GUÍA DE DISCUSIÓN

1. Durante su batalla Tahni se sentía distante de Dios. ¿Cómo vino Él a rescatarla? Lea el Salmo 30. ¿De qué manera Dios ha venido a rescatarlo en medio de las dificultades?

2. ¿Qué efecto tuvo un niño con discapacidad en las relaciones de Tahni? ¿De qué manera las pruebas han afectado su vida?

3. Lea Proverbios 31:8–9. La incapacidad de hablar de Josiah con frecuencia lo hacía sentirse incomprendido. ¿De qué manera podemos hablar por quienes no tienen voz?

4. Describa los esfuerzos de Tahni para escuchar la voz de Dios. Juan 10:1–16 nos dice que podemos escuchar la voz de Dios y que es mejor ignorar ciertas voces. ¿Cómo escucha normalmente a Dios y cómo ese aspecto ha cambiado a lo largo del tiempo?

5. Describa los esfuerzos de Tahni para hallar la sanación de Josiah, en comparación con sus creencias y experiencias. ¿De qué maneras puede mantener la fe viva mientras espera que Dios responda sus oraciones? Discuta Lucas 18:1–8.

6. *El fuego de Josiah* tiene muchos aspectos sobrenaturales. ¿Cuál de las experiencias de la familia Cullen le sorprendió más y por qué? ¿De qué manera el libro influye en sus puntos de vista?

7. Josiah tiene un don de profecía. ¿De qué manera se demuestra esto en el libro? ¿Qué dice el Nuevo Testamento sobre la profecía? (Lea Juan 11:51; Hechos 2:17–18; Romanos 12:6; 1 Corintios 12:4–11; 1 Corintios 14:5, 29–33; 2 Pedro 1:19-21). ¿Conoce a alguien con este don?

8. En 1 Corintios 13:2 se nos dice que la profecía siempre debe ser demostrada desde el amor. ¿Cómo Josiah ejemplifica esto? ¿De

qué forma *El fuego de Josiah* nos anima a cambiar nuestro punto de vista sobre la profecía?

9. Dios le mostró a Tahni a través de Josiah que ella era una princesa. Mencione algunas formas en las que Dios ha tratado de mostrarle su verdadero valor.

10. La primera frase de Josiah: "Dios nos da buenos dones" nos recuerda a Santiago 1:17: "Toda buena dádiva y todo don perfecto descienden de lo alto, donde está el Padre que creó las lumbreras celestes, y que no cambia como los astros ni se mueve como las sombras". ¿Qué efecto tiene en su vida el conocimiento de la bondad de Dios?

11. Dios nos sorprende una y otra vez de maneras que el mundo puede considerar insignificantes (1 Corintios 1:27). Por ejemplo, Dios nos dice que debemos ser como niños pequeños para entrar en el Reino de los cielos (Mateo 18:3). ¿Qué significa este versículo en particular para usted?

12. Hebreos 1:14 describe a los ángeles como "espíritus dedicados al servicio divino, enviados para ayudar a los que han de heredar salvación". ¿Cómo reaccionó Tahni cuando Josiah vio ángeles? ¿Cómo piensa que usted reaccionaría? ¿Cómo afecta su vida el tener conocimiento de la presencia de los ángeles?

13. Hebreos 12:1 nos dice que estamos rodeados de una gran nube de testigos, héroes de la fe que han fallecido. Según la segunda parte de este versículo, ¿cómo podría ayudarnos esta afirmación? ¿Cuál de las explicaciones de Josiah sobre nuestros seres queridos en el cielo le gustó más? ¿Cree usted que Hebreos 12:1 puede aplicarse a sus seres queridos?

14. ¿Cuáles son sus versículos favoritos sobre el cielo? ¿Cuál de las palabras o poemas de Josiah sobre el cielo significó más para usted, y por qué?

15. ¿Quién es la primera persona a la que le gustaría hablarle cuando esté en el cielo? ¿Qué preguntas le gustaría hacerle?

16. ¿Qué le dijo Josiah a Tahni que había visto en su mansión? Si el cielo contiene algunas de nuestras cosas favoritas, esas que más nos gustaban en la tierra, ¿qué cree usted que encontrará allá?

17. De todos los capítulos en *El fuego de Josiah,* ¿cuál le sorprendió más, y por qué?

18. ¿Cómo podría usted utilizar este libro de forma creativa para mejorar la vida de alguien o influir en esa persona para la eternidad?

PALABRAS DE LAS AUTORAS

Dios no estaba bromeando cuando le dijo al profeta Isaías: "Así como los cielos son más altos que la tierra, así son mayores mis caminos que tus caminos, y mis pensamientos que tus pensamientos".

Pensaba que algún día podría publicar nuestra historia para preservar las palabras de Josiah y los actos poderosos que Dios estaba haciendo en nuestra familia, pero la idea de escribir conjuntamente todo este relato sorprendente con todos sus giros e imprevistos, jamás me había cruzado por la mente, hasta que fui invitada a *Christian Women in Media* y conocí a Cheryl Ricker.

Trabajar con Cheryl ha sido una colaboración increíble que se transformó en una amistad genuina y duradera. Diligente y continuamente buscamos la dirección de Dios mientras escribíamos este libro, tratando simplemente de seguir su plan perfecto.

A pesar de la siempre presente grabadora de Cheryl, ella siempre me hizo sentir cómoda durante las entrevistas. No fruncía el ceño, ni trataba de debatir sobre nuestras experiencias. Ella escuchaba e incluso avalaba, demostrando que podía manejar la "extraña" naturaleza y el riesgo de escribir este tipo de historias de la vida real.

Comprometida con la verdad, Cheryl demostró una habilidad magistral para formular preguntas claves, encontrar las palabras perfectas, escribir la historia más inspiradora con mi propia voz y ser siempre fiel a los escritos de Josiah.

Mi corazón rebosa de agradecimiento hacia Cheryl y hacia nuestros esposos, Joe y Dwight, quienes nos apoyaron incansablemente en esta aventura.

Las palabras de Josiah han quedado tatuadas para siempre en mi corazón, al igual que las palabras de Cheryl, haciendo que este libro sea una cuerda de tres hebras de Dios que ahora fortalece a muchas personas.

—Tahni Cullen

Cuando Dios me dijo: "Cheryl, tengo un proyecto interesante para ti en una reunión de *Christian Women in Media*", no estaba bromeando.

Tahni fue una oradora que llegó inesperadamente para reemplazar a otra que tuvo una emergencia familiar, pero nada ocurrió por casualidad. De inmediato me enamoré de la honestidad de Tahni, su compasión y su amor por Jesús. Dos semanas después, cuando la entrevistaba en mi casa, sentí que todo había sido planeado en el cielo y sabía que Dios nos guiaría.

Después de que transcribí las entrevistas y planeé cuidadosamente cada capítulo, Tahni se presentó para que yo pudiera hacerle otra tanda de mis difíciles preguntas, respondiendo con frecuencia por escrito para que yo pudiera maximizar los detalles y desdoblar capas adicionales con mi estilo de escritura novelesca.

Mientras tanto Josiah, continuaba escribiendo una serie de mensajes proféticos revolucionarios, dándole a la soldado Tahni la ardua tarea de descifrarlos, añadiendo espacios, puntuación y párrafos antes de enviármelos, de manera que yo pudiera pedirle a Dios que resaltara lo que Él quería que yo incluyera en *El fuego de Josiah*.

Qué oportunidad tan maravillosa de poder ver parte de la experiencia desarrollarse ante mis ojos. Cuanto más lo hacía, más veía las palabras de Josiah como un don que podía transformar incluso los corazones más desesperados.

Cuando Josiah me pidió que buscara una editorial que se mostrara feliz y entusiasta por las visitas de un pequeño niño al cielo, BroadStreet sobresalió entre los competidores. Desde el primer día, nuestra familia de BroadStreet se enamoró de esta historia fascinante, de la cual hemos sido simplemente portadoras.

Oramos porque la verdad inolvidable de este libro sea fuente de bienestar, paz, y gozo en su vida, directamente del corazón de nuestro Señor amado e ilimitado.

—Cheryl Ricker

SOBRE LAS AUTORAS

Tahni Cullen es una servidora, bloguera y conferencista que nos trae un poderoso mensaje de esperanza y restauración. Tahni trabajó durante trece años en una iglesia con varios recintos en las Twin Cities, Minnesota, en las disciplinas de ciencias de la comunicación y dirección de ministerio. Es comerciante independiente y se ha presentado en una gran variedad de programas en vivo dirigidos a mujeres. Tahni y su esposo, el productor Joe Cullen, crearon un documental galardonado llamado *Surprised by Autism*. Viven con su hijo Josiah en Saint Paul, donde disfrutan explorando los museos y destinos turísticos de Minnesota.

Cheryl Ricker es una escritora, bloguera, oradora y poeta que disfruta todas las ramas del arte. Escribe historias sobrenaturales de la vida real que despierten en la gente la pasión de seguir a Dios. Su primer libro de este estilo: *Rush of Heaven: One Woman's Miraculous Encounter with Jesus*, revela que con Dios, todo es posible. Cheryl estudió escritura creativa en la Universidad de York en Toronto, Ontario y teología en el Instituto de Cristo para las Naciones en Dallas, Texas. Cuando no está escribiendo libros, Cheryl pinta con acuarelas, o comparte su fe. Le encantan las conversaciones profundas con su esposo y sus dos hijos en su hogar al sudeste de Minnesota.

JosiahsFire.com